高等学校专业教材

中国轻工业"十三五"规划教材

# 中央厨房工艺设计与管理

肖 岚 主编

中国轻工业出版社

## 图书在版编目（CIP）数据

中央厨房工艺设计与管理/肖岚主编．—北京：中国轻工业出版社，2025.7

高等学校专业教材　中国轻工业"十三五"规划教材
ISBN 978-7-5184-3303-2

Ⅰ.①中… Ⅱ.①肖… Ⅲ.①饮食业—工业化生产—研究—中国　Ⅳ.①F719.3

中国版本图书馆 CIP 数据核字（2020）第 246948 号

责任编辑：马　妍

策划编辑：马　妍　　　责任终审：李建华　　封面设计：锋尚设计
版式设计：砚祥志远　　责任校对：吴大朋　　责任监印：张　可

出版发行：中国轻工业出版社（北京鲁谷东街5号，邮编：100040）

印　　刷：三河市万龙印装有限公司

经　　销：各地新华书店

版　　次：2025年7月第1版第4次印刷

开　　本：787×1092　1/16　印张：12.25

字　　数：320千字

书　　号：ISBN 978-7-5184-3303-2　定价：45.00元

邮购电话：010-85119873

发行电话：010-85119832　　010-85119912

网　　址：http://www.chlip.com.cn

Email：club@chlip.com.cn

版权所有　侵权必究

如发现图书残缺请与我社邮购联系调换

251006J1C104ZBQ

# 本书编写人员

主　　编　　肖　岚　四川旅游学院

副 主 编　　安攀宇　四川旅游学院
　　　　　　李燮昕　四川旅游学院
　　　　　　黄韬睿　四川旅游学院
　　　　　　何　莲　四川旅游学院
　　　　　　苏　伟　贵州大学

参编人员　　（以下按姓氏笔画排序）
　　　　　　李　锐　岭南师范学院
　　　　　　林　梅　浙江农业商贸职业学院
　　　　　　解春芝　徐州工程学院

# 前言 Preface

世界中餐业联合会发布的《餐饮产业蓝皮书：中国餐饮产业发展报告（2019）》显示，2018年，中国餐饮产业收入达到42716亿元，预计中国餐饮业有望在2023年超过美国，成为全球第一大餐饮市场。如此大的市场，餐饮业将如何发展？目前，随着互联网、机器视觉、云计算、大数据、物联网等新兴信息技术的不断突破，餐饮业已经迈入信息化的"大门"，下一道"关口"就是自动化、智能化。

中央厨房是食品科学与烹饪相结合的产物，是食品科学与餐饮业相互作用的结果，是餐饮走向工业化、智能化、自动化、信息化的必然产物。2011年，中共中央对外宣传办公室首次提出"中央厨房"概念，中央厨房才逐渐从餐饮行业和食品行业中分离出来单独作为一种新兴业态。中央厨房将生产加工的净菜、半成品、成品，配送服务于餐饮企业、学校、医院、航空、铁路、便利店、电商平台及家庭等，中央厨房不仅是承担采购、仓储、生产、加工、配送和销售终端的熟化、烹调、售卖及服务工作，更是推动了"第一二三产业"融合。由于"一二三产业"相加或相乘都等于六，所以将中央厨房称为"第六产业"。

据中国连锁经营协会发布的一项调查显示，截至2017年，我国成规模的连锁餐饮企业中的74%已自建中央厨房。可见，中央厨房是实现餐饮工业化、自动化和智能化的必经之路，可极大地降低人力和运营成本，保障企业高速度、高精度运行，为企业提高生产效率、产品质量，从而实现效益的提升。目前，国内本科院校食品相关专业开设有"中央厨房"相关课程的比较少见。为了适应中央厨房行业的快速发展，培养出更多的中央厨房行业急需的应用型专门人才，我们编写了《中央厨房工艺设计与管理》一书。本书以餐饮食品工业化转化为主要内容，将食品科学与传统烹饪有机结合，读者通过本书的学习，可将烹饪工艺学、食品工艺学、食品工厂设计、食品安全学、食品营养学、食品机械、食品工程原理等知识，以中央厨房产品工艺设计、中央厨房食品安全管理、中央厨房工厂设计的形式进行综合运用，以实现传统餐饮向工业化、自动化、智能化的转化。

本书由四川旅游学院肖岚负责第一章编写及全书统稿；四川旅游学院黄韬睿负责第二章和第三章第一节编写；四川旅游学院李燮昕负责第三章编写；四川旅游学院安攀宇负责第四章编写；四川旅游学院何莲负责第五章编写；岭南师范学院李锐负责第四章第五节编写；贵州大学苏伟负责第六章的编写；徐州工程学院解春芝负责第六章第五节编写；浙江农业商贸职业学院林梅负责附录整理。

本书的编写得到了哈尔滨商业大学杨铭铎教授、（国家）食品生产力促进中心袁超、深圳市普凡逊中央厨房科技有限公司王存山的鼎力帮助，在此表示感谢。

由于编者水平有限，不足之处敬请专家和广大读者提出宝贵意见。

编 者

2020 年 12 月

# 目录 Contents

## 第一章 中央厨房与餐饮食品工业化 ... 1
- 第一节 我国中央厨房概况 ... 1
- 第二节 餐饮食品工业化概况 ... 19

## 第二章 中央厨房规划建设 ... 31
- 第一节 中央厨房项目建设前的准备 ... 32
- 第二节 中央厨房规划设计 ... 37
- 第三节 中央厨房项目建设 ... 44

## 第三章 中央厨房运营管理与应用 ... 50
- 第一节 中央厨房运营管理 ... 50
- 第二节 中央厨房在团餐中的应用 ... 58
- 第三节 中央厨房在连锁餐饮业中的应用 ... 66
- 第四节 中央厨房在生鲜净菜行业中的应用 ... 68
- 第五节 中央厨房在美食广场中的应用 ... 69
- 第六节 中央厨房与O2O ... 69
- 第七节 第三方中央厨房与城市共享中央厨房产业园 ... 70

## 第四章 餐饮食品的工业化转化 ... 72
- 第一节 中央厨房适合生产的产品 ... 72
- 第二节 中央厨房主食产品工艺设计 ... 73
- 第三节 中央厨房菜肴产品工艺设计 ... 76
- 第四节 中央厨房小吃产品工艺设计 ... 87
- 第五节 中央厨房的贮藏与配送 ... 89

## 第五章 中央厨房的食品安全 ... 98
- 第一节 中央厨房环境及硬件系统的食品安全 ... 98

第二节　中央厨房产品的食品安全控制 …………………………………… 101
第三节　中央厨房食品安全管理相关要求 ………………………………… 110

## 第六章　新技术在中央厨房行业的应用 …………………………………… 117
第一节　食品安全溯源系统的应用 ………………………………………… 117
第二节　现代食品安全快速检测技术的应用 ……………………………… 118
第三节　高温灭菌技术的应用 ……………………………………………… 120
第四节　真空快速预冷技术的应用 ………………………………………… 121
第五节　气调保鲜技术的应用 ……………………………………………… 122
第六节　超高压灭菌技术的应用 …………………………………………… 123
第七节　液氮快速冷却（冷冻）技术的应用 ……………………………… 124
第八节　在线无菌包装技术的应用 ………………………………………… 126
第九节　水触媒食品净化技术的应用 ……………………………………… 127
第十节　IT技术与人工智能的应用 ………………………………………… 128
第十一节　餐厨垃圾转化生物质新能源技术的应用 ……………………… 133
第十二节　冷杀菌技术的应用 ……………………………………………… 134
第十三节　空气净化技术的应用 …………………………………………… 135
第十四节　其他技术的应用 ………………………………………………… 136

**附录一**　餐饮服务食品安全操作规范（2018版）………………………… 138
**附录二**　DB12/T 559—2019 天津市地方标准　冷链物流　保温容器技术要求 ……… 178
**参考文献** …………………………………………………………………… 183

# 第一章

# 中央厨房与餐饮食品工业化

"中央厨房"是由连锁经营模式催生的，最早起源于国外餐饮业，其主要作用是为连锁餐饮企业提供成品或半成品。然而，随着城市化进程不断推进，食品工业技术、物联网技术以及信息化技术地不断发展，"中央厨房"借助其集约化、模式化、定型化的优势，得到了快速发展，也带动了餐饮食品工业化的快速发展，餐饮业逐步向集约化、标准化、专业化、产业化、信息化方向发展，而中央厨房在餐饮食品工业化的快速发展中发挥着重要作用。以日本为例，许多成功的餐饮连锁企业都是在店面开设初期就积极运筹建设中央厨房。1971年，吉野家在日本仅有几家店时，就开始建设中央厨房，这为其目前在全球超过1100家店面奠定了坚实的基础。纵观日本，大多数成功的餐饮企业在发展初期便运用中央厨房经营模式推动企业的餐饮食品工业化发展。同时，中央厨房配套服务产业的发展也促进企业形成了专业化、系统化、全面化的服务体系。

我国的中央厨房建设起步相对较晚，虽然已建有许多中央厨房，但这些企业普遍存在经营规模小、自动化程度低、生产与配套技术落后、运营管理能力差等问题。同时，我国中央厨房行业还面临着行业规范、政策环境、操作程序、法律标准以及专业人才培养等缺乏的问题。随着国民经济地不断发展，我国食品行业迎来了发展的黄金期，但也应该看到"互联网＋"、大数据以及信息化技术的大背景下，我国在餐饮食品工业化道路上面临前所未有的挑战。在新时期下，中央厨房凭借其在成本控制、集中采购、标准化作业以及加工配送方面的优势，必将成为中国餐饮食品工业化发展的关键环节。

## 第一节　我国中央厨房概况

### 一、中央厨房的定义及构成

（一）中央厨房的定义

1. 法律定义

2011年7月1日，国家食品药品监督管理总局在颁布的《中央厨房许可审查规范》中第一次对中央厨房作为独立的新名词给予统一的解释，并确立了其是介于食品工业和餐饮服务业之间的一种新业态。中央厨房是指由餐饮连锁企业建立的，具有独立场所及设施设备，集中完成食品成品或半成品加工制作,并直接配送给餐饮服务单位的单位。

2015年10月1日,国家食品药品监督管理局在颁布的《食品经营许可管理办法》中对中央厨房定义重新进行了界定。中央厨房是指由餐饮单位建立的,具有独立场所及设施设备,集中完成食品成品或者半成品加工制作并配送的食品经营者。

2. 行业应用

在实际应用中,中央厨房的应用是大于《食品经营许可管理办法》规定的,除了餐饮单位建立的中央厨房,还存在航空食品公司建立的中央厨房、团膳企业建立的中央厨房以及零售企业建立的中央厨房等。

### (二)中央厨房的构成

从定义上不难看出,中央厨房的主要任务是将原料按照标准化的流程,统一加工成成品或者半成品,再利用物流配送体系将其配送到各门店或相关单位进行二次加工销售。因此,中央厨房涉及的行业主要包括农产品的种植以及养殖、物流配送、中央厨房设备制造、餐饮业以及食品零售业等。

中央厨房主要包括设备设施硬件系统和管理软件系统组成的载体(平台),如图1-1所示。

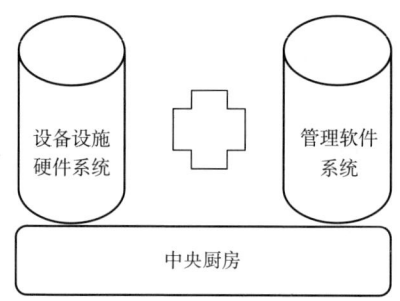

图1-1 中央厨房系统构成

(资料来源:王存山. 中国餐饮业中央厨房与餐饮食品工业化发展研究报告. 2017)

1. 中央厨房硬件系统

中央厨房是一个特殊的食品工厂,其硬件系统主要由车间建筑、公用系统及辅助设施有机组成,每个生产车间又有若干功能区域,如图1-2所示。

2. 中央厨房软件系统

中央厨房的软件系统是由"三个模块"和"五个链条"组成的一个完整管理体系,结合了企业管理理念,包括信息流、物流、人流、资金流、质量流等的管理方法及功能,如图1-3所示。

## 二、中央厨房的功能及建立的必要性

中央厨房不仅能够实现传统厨房的功能,还能凭借其在集中采购、标准化生产、检测检验、统一包装、信息化处理以及物流配送等领域的突出优势,实现餐饮食品工业化道路。中央厨房在生产内容和管理要求等方面具有工业产业的特点,因此中央厨房具有工业产业的部分功能。

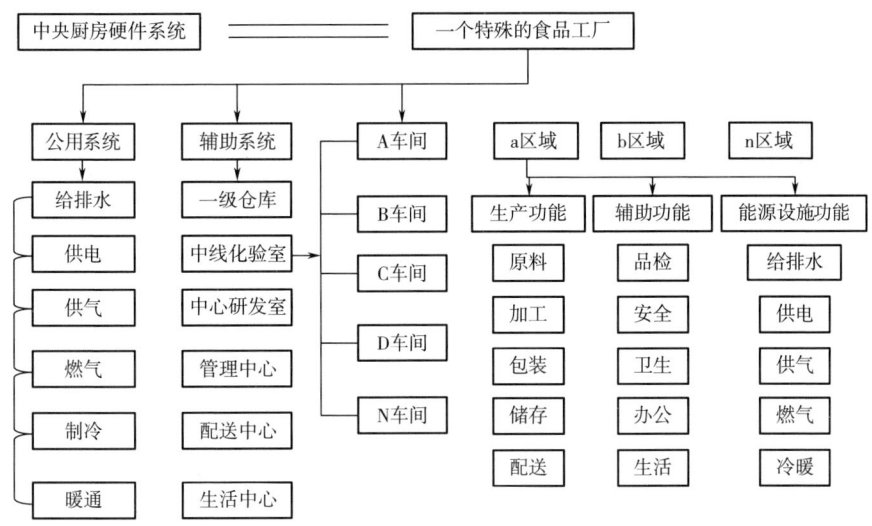

图1-2 中央厨房硬件系统

（资料来源：王存山. 中国餐饮业中央厨房与餐饮食品工业化发展研究报告. 2017）

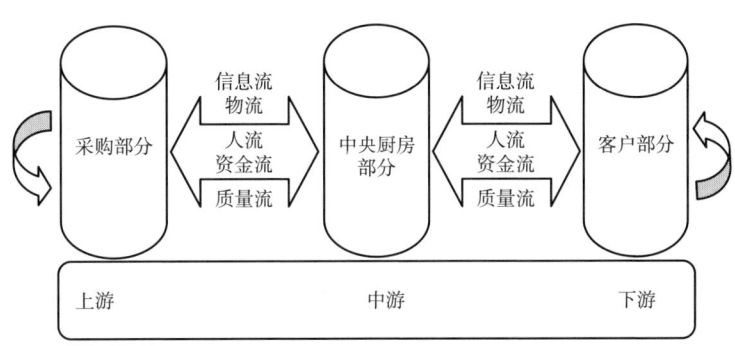

图1-3 中央厨房软件系统

（资料来源：王存山. 中国餐饮业中央厨房与餐饮食品工业化发展研究报告. 2017）

### （一）中央厨房的功能

1. 集中采购功能

集中采购，建立"期货式管理"运行模式。各餐饮门店、食堂、商超及便利店等统一向中央厨房下达订货指令单，结合中央厨房仓库库存和各供应商供应情况制定采购指令单，向采购部下达采购指令。企业能够根据所需食材价格变动情况，在价格低谷期集中采购，锁定整年的价格，降低中央厨房生产成本。

2. 生产加工功能

中央厨房按照统一的品种规格和质量要求，通过对目标菜品生产工艺进行单元操作的拆分，形成能够标准化操作的作业指导书，从而将大批量采购回来的原辅材料加工成成品或半成品，提高了工作效率，保证了产品质量。

3. 检验功能

中央厨房的品控部门对到货的食品原料、包装材料等进行质量检验，并对供应商资质进行核查,做到不符合收货标准的原辅材料不入库。品控部对生产过程进行制程检验和管控,不符合标准的半成品或成品不入库。品控部对生产车间的人员、环境、设备等进行检验和管控,确保生产环境达到预期要求,降低环境带来的食品安全风险。

4. 统一包装功能

中央厨房研发部门对产品的包装材料、包装规格提出具体要求并根据企业形象识别系统(Corporate Identity System,CIS)要求统一设计内包装或外包装,对各种半成品或成品进行统一包装。

5. 贮藏功能

中央厨房配有常温贮藏、冷冻冷藏贮藏、气调贮藏等设施设备,一是用于贮藏加工前的原材料,二是用于贮藏生产包装完毕但尚未配送的成品或半成品。具体包括原料、半成品、成品贮藏库以及车间内部待用原料、半成品的周转库,并根据种类以及贮藏温度进行分类贮藏。

6. 配送功能

中央厨房根据产品特性及贮藏运输要求,配备有各种运输车辆(常温运输车、冷藏运输车、冷冻运输车、保温运输车),能够通过运输设备的升级,最大限度地保证产品的最佳风味,同时物流配送系统能够提高中央厨房与各终端之间的运转效率,提高企业竞争力。

7. 信息处理功能

中央厨房是连锁餐饮企业发展的核心发动机,相当于餐饮企业的"中央处理器(CPU)";信息计划部是中央厨房的业务流程枢纽中心、控制与协调中心,相当于中央厨房的"CPU",以计划为运作龙头,向各业务部门发出执行指令,如采购指令单、领料指令单、生产指令单、配送指令单等。

（二）中央厨房的主要特征

中央厨房要满足少则几个、多则几百个门店的庞大需求,单靠手工劳作是无法完成的,只有实行工厂化管理,充分利用机械化设备,统一原料采购,对加工工艺和配方进行标准化控制,才能统一生产质量。因此,中央厨房主要特征表现在集约化、标准化、专业化、产业化,如图1-4所示。集约化包括集中采购、生产、配送以及销售。标准化包括建立原料采购标准、加工工艺标准、产品质量标准、配送标准以及服务标准。专业化包括专业的设施设备、专业化的管理以及专业化人才培养。产业化是指形成社会资源共享的产业链。

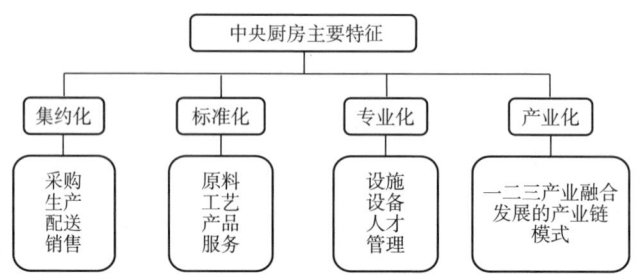

图1-4 中央厨房的主要特征

(资料来源:王存山. 中国餐饮业中央厨房与餐饮食品工业化发展研究报告. 2017)

### （三）中央厨房的优势

中央厨房的优势包括：集中采购、统一加工、易于质检、统一标准、综合信息处理，因此在产品质量、产品成本和扩张迭代上具有优势。

1. 规模化降低成本

（1）规模提升带来议价能力　上游采购的品质提升、价格下降、供给更稳定。按照目前餐饮业30%～40%的食材成本占比计算，假设议价能力带来10%的销售成本控制，则会影响3%～4%的利润率。

（2）集中采购易取得增值税票　2016年营业税改增值税后，餐饮业原本缴纳5%的营业税改为缴纳6%的增值税。2018年5月起，农产品增值税率从11%下调为10%。按照目前餐饮业30%～40%的食材成本占比计算，能否取得进项的增值税票将直接影响3%～4%的利润率。

（3）降低人力成本　餐饮业厨师的成本高昂，一般是普通服务员2～3倍，个别招牌菜厨师议价能力更强。中央厨房标准化生产可减少对大厨的依赖，此外，中央厨房统一制作后可减少后厨的洗、切、配等工作，降低后厨人员配置。一般而言，不配备中央厨房的餐饮门店，后厨人员占总人数的40%，后厨成本占到总人工成本45%。通过中央厨房配送可减少厨师等后厨人力成本，按总人力成本占营业收入约25%计算，能够提高3%～4%的利润率。

（4）减少门店租赁面积　对于前厅和后厨的面积规划，行业惯用的面积配比通常为中餐厅3:1、西餐厅7:3、后厨面积占比为25%～35%。按照目前租金占餐饮业营收比例8%～15%的水平计算，若能缩减60%的后厨面积，将带来0.8%～1.5%的利润率提升。

2. 产品标准化，加速产品更新迭代

中央厨房统一原料、配方、加工工艺，减少门店对产品质量的干涉，提高标准化同时促进研发。从2010年开始，商圈兴起，商圈与餐饮联动加强，餐饮在商圈中的地位上升，已是商圈最重要的引流手段，商圈的购物、餐饮、娱乐占比从7:2:1变化为1:1:1，部分商圈中的餐饮占比已经达到40%～50%。商圈出于成熟品牌和吸引客流的考虑，基本上只引进连锁餐饮品牌，餐饮业由此出现了菜单缩短、简化门店制作流程、高速自我迭代的特征。

过去的餐饮产品的更新和口味改良依赖于大厨的个人创新，属于"手工作坊"的形式，迭代较慢。中央厨房稳定的品质控制是目前品牌连锁化的最根本保障，中央厨房配备专业的研发团队进行产品研发，不断改进产品形态、口味以及推出新产品，加速产品更新迭代，以适应更追求新口味、优质产品的新一代消费者需求。

3. 仓配一体化，节省配送成本

仓储、配送全程管控，一方面减少餐饮企业制冷设备投资和电力能源消耗；另一方面，在配送上可规划可调配，保障菜品新鲜的同时也降低了采购配送成本。

### （四）建立中央厨房的必要性

（1）连锁经营企业必须抓住"统一经营"这个核心，结合餐饮业生产经营的特点积极扩张，形成一定规模，是连锁的前提。建立中央厨房，实行统一配送，通过多种途径提高餐饮业的科技水平和管理水平，则是目前餐饮业实现规范化连锁经营的必要条件，只有这样才能在一定规模基础上产出规模效益。

（2）建立中央厨房是标准化加工的必要保证。中式连锁餐饮业经营的难题之一就是菜肴品质无法实现标准化。中餐菜肴对风味要求较高，大多以现场烹饪为主，这决定了其不能像其他工业食品一样集中生产、分散供应。目前，行业内大多是后厨现场进行初加工，客人点菜后现烹制现出售，靠厨师个人掌握火候、调制风味。由于主观因素的影响，中式菜肴的制作从原料选择、初加工、烹调、摆盘及色香味形成等环节都会有一定差异，甚至同一厨师在不同时间制备出的同一菜肴也有质量差别。反观西餐简餐和快餐，各店菜肴的质量基本一致，究其原因是制作的标准化。中央厨房的建立是制作标准化的前提和保障。

（3）成功的西式快餐一般都建有完善的中央厨房或者使用中央厨房产品，原料采购、加工（包括分选、去杂、切配、初步熟处理）等工序全部由中央厨房完成，再配送至各连锁门店，各连锁门店分别按照统一加工方法进行加工。经中央厨房预处理后的半成品、成品配送到连锁门店，既能突出集中生产的优势和统一产品质量，又能发挥各连锁门店现场烹制的作用，保证菜品在色、香、味、形、质等方面的统一和标准化，以满足消费者的需求。

中央厨房通过大批量进货减少中间环节，使企业具有价格优势。中国各大菜系历来有选料讲究、投料严格的传统，但准备过程既复杂又难以统一。集中加工提高了原料综合利用能力，边角余料可以通过再加工进行使用，减少浪费、降低成本。中央厨房的建设，使原有餐饮门店缩小或取消了自有厨房，不仅可以改善环境，而且还扩大了一线店堂面积，减少了勤杂人员。各门店只需将订货指令单下达给中央厨房，中央厨房便能以最快速度将所需物品送至门店，有效提高了门店的效益。同时，餐饮门店精简了复杂的初加工操作，操作岗位简单化，工序专业化，有利于提高餐饮业标准化程度与科技含量。

（4）中央厨房可通过自建或共建原料基地，从而保证原辅料质量稳定，只有原辅料品质稳定，加工的半成品、成品的质量才能稳定。中央厨房可以对原辅料的质量、规格、包装、运输等做出全面规定以保证原辅料的品质。原辅料进入中央厨房会经过原料检验、制程检验、出货检验等一系列的检验；中央厨房的净料、半成品、成品配送到门店会经过实物质量检查、单据确认等一系列的检查，因此，为门店制作出统一优质的菜品提供了保障。国内成功的餐饮连锁企业大多采用中央厨房经营模式发展壮大，如真功夫、海底捞等。

（5）发展中央厨房是推进农业供给侧结构性改革的重要手段。国家层面已认识到中央厨房产业上游是连接"三农"，下游是连接市场和百姓，其促进农产品加工增值、农民增收、消费升级的作用非常突出，正日益成为"稳增长、调结构、惠民生"的重要力量。当前，我国已进入质量兴农、品牌发展的新时代，未来5～10年，将是中国农业品牌发展壮大的黄金时期。要举起"品牌"这杆大旗，推动"种养业与加工业"发展，用品牌覆盖农业全产业链条，打造区域品牌、企业品牌、产品品牌，即"新三品"，促进种养、加工水平以及农业质量效益全提升。2017年中央一号文件《中共中央、国务院关于深入推进农业供给侧结构性改革加快培育农业农村发展新动能的若干意见》就明确指出：大力推广"生产基地+中央厨房+餐饮门店""生产基地+加工企业+商超销售"等产销模式。

中央厨房在原材料基地附近建设，将经过分选、初加工及深加工并具有一定保质期的农副产品投入流通领域，降低运输成本及损耗，农副产品的废弃物或不可食部分移至就近环保处理。中央厨房作为农业农村创新的领域，具有优化农业资源配置，增强供给结构的适应性和灵活性，推动农业转型升级、农业供给侧结构性改革，开创新局面的重要作用。

（6）发展中央厨房是破解农产品滞销、促进农民增收的重要途径。通过餐饮企业建立中央厨房原料生产基地，引导餐饮产业链向前端延伸带动农户建设原料基地，向后端延伸建设物流营销和服务网络。同时，中央厨房企业可与农产品加工企业、上下游各类市场主体组建产业联盟。目前，国家农业部农产品加工局已启动现代主食加工业提升行动，科技部农村技术开发中心已启动中式菜肴及预制调理食品工业化项目，商务部已启动早餐工程和社区快餐项目，国家粮食和物资储备局已启动主食产业化项目。这些项目的建设可有效解决农产品难卖滞销的问题，带动农民致富。

（7）中央厨房有利推进农业现代化的进程。中央厨房是第一、第二、第三产业融合的有机载体。《中共中央关于制定国民经济和社会发展第十三个五年规划的建议》提出：推动粮经饲统筹、农林牧渔结合、种养加一体、一二三产业融合发展，走产出高效、产品安全、资源节约、环境友好的农业现代化道路。中央厨房将原料生产基地、产品加工及食品销售有机结合在一起，符合中共中央提出的一二三产业融合发展的政策，可有利推进农业现代化的进程。

中央厨房生产加工的净菜、半成品、成品，可以配送服务于很多的销售终端（如餐饮企业、学校、医院、航空、铁路、便利店、电商平台及家庭等），中央厨房经营模式的价值不但体现在中央厨房的采购、仓储、生产、加工、配送和销售终端的熟化、烹调、售卖及服务，更重要的是推动了中央厨房以及销售终端越过原材料中间商直接与原材料种养殖基地进行信息沟通与连接。中央厨房为核心的一二三产发展融合模式如图1-5所示，原材料种养殖基地属于第一产业，中央厨房属于第二产业，销售终端属于第三产业。

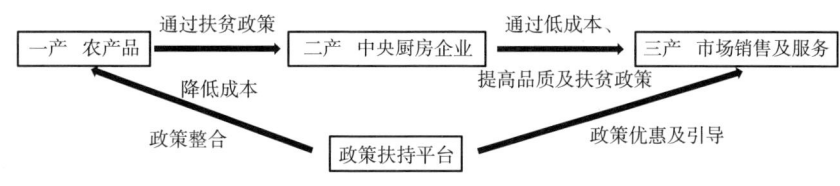

图1-5 中央厨房为核心的一二三产发展融合模式
（资料来源：王存山. 中国餐饮业中央厨房与餐饮食品工业化发展研究报告. 2017）

从中央厨房的供应链体系分析信息的流向，销售终端向中央厨房下达订货指令，中央厨房向种养殖基地下达采摘指令，种养殖基地根据采摘指令安排采摘工作。从中央厨房的供应链体系分析货物的流向，上游种养殖基地的原材料经过采摘、分选、预冷、包装、运输，到中游中央厨房进行粗加工、切配、烹调制作、包装等操作，到下游餐饮门店、食堂、用餐单位、便利店及其他销售终端。综上，市场需求信息由第三产业→第二产业→第一产业传导，农产品由第一产业→第二产业→第三产业运输，实现了市场需求信息拉动农产品种养殖与生产加工。此外，当市场稳定增长时，通过预测市场销售计划、原材料需求计划、农产品种养殖计划，即可实现"订单农业"模式，可以促进第一产业的种养殖企业、农业合作社和农民（农业职工）扩大规模和提升管理水平；第二产业的中央厨房便有了更稳定的原材料；第三产业的各销售终端及消费者就能得到品质好、安全性高、卫生有保障、价格适中的产品，提升消费者信心、增加购买频次。这就是一种将农作物种植（第一产业）、农产品加工（第二产业）和销售（第三产业）融为一体，提高农业附加值的经营模式，由于一二三产业相加或相乘都等于六，所以形成了独具特色的"第六产业"。

（8）中央厨房是增加社会就业的需要。餐饮业是扩大城镇就业的重要渠道。"十二五"期间，餐饮产业平均每年创造200万个就业岗位。这些岗位从餐饮业的原料生产基地、辅料生产基地遍布到大衔街小巷的各类餐饮网点，为扩大城镇就业做出了重要贡献。随着中央厨房的发展、餐饮食品工业化到来以及线上餐饮的高速发展，各类餐饮业更多出现，有助于提高"零就业"家庭人员和社会低收入群体的就业。

### （五） 中央厨房运营的痛点

中央厨房虽是餐饮食品工业化发展进程中的阶段性产物，但关于采用中央厨房模式还是服务于餐饮的食品工厂模式，还存在较大争议。生产加工是中央厨房的首要职能，以满足供应链范围内各门店对各类食材的加工处理需求，生产加工的产品品种较多、加工程度不一、成本较高，正是中央厨房生产加工的特点。同样的原辅料直接委托食品工厂加工，其产品却难以满足中餐餐饮行业的消费需求，例如，中高档中式餐饮强调菜品样式和风味的独特性。另外，食品工厂的物流配送功能是无法替代中央厨房的。中央厨房承担着连锁餐饮业、零售业供应链中任务最重要也是最核心职能之一的配送工作。对于这类餐厅而言，中央厨房是生鲜及日杂物流配送、食品生产加工的功能结合体，即中央厨房是"1号店+多功能的食品工厂"。因此，行业上提出了中央厨房与食品工厂有机融合的策略，将产品根据机械化程度、工业化程度、保质期、物流配送进行分类，有些产品适合中央厨房加工生产，有些产品适合食品工厂加工生产。中央厨房存在的劣势包括以下几点。

**1. 投入较大，需具备一定规模才能支撑**

一个 3000~5000 $m^2$ 的中央厨房的投资额为 1000 万~5000 万元，比如制作净菜半成品，面积为 4000 $m^2$ 的单一功能中央厨房，因其功能简单，无热加工设备且对温控要求较低，无须快速降温等冷链设备，投资额至少在 1000 万元以上。一家 500 $m^2$ 的餐饮门店，按照 1.5 万元平效，20% 餐厅层面利润率计算，年利润 150 万元。因此，一家中央厨房至少需要 15~20 家餐饮门店才能支撑。当中央厨房覆盖门店超过 20 家之后，中央厨房的经济性将凸现。例如支撑 25 家门店的 5000$m^2$ 中央厨房满负荷运转，每年将为企业节省约 500 万元成本（中央厨房年成本 1900 万元，门店成本 2400 万元）。可见，在一定门店密度和数量支撑下，建设中央厨房才能为餐饮企业节省成本，覆盖的门店数量越多，规模效应带来的经济效应越显著。

此外，规模效应配合冷藏、冷冻设备有利于平滑季节性波动。食材成本一般占餐饮业销售额的 30%~40%，假设主要食材占 30%，主要食材每 10% 的波动将影响 1% 的利润率。同时，食材的季节性很强，一方面是价格波动大，另一方面是优质食材供给有天然的季节约束。优质冷库可以平滑食材的价格波动，在屠宰季大规模采购优质的肉品并将库存周期延长到一年以上。例如，我国的优质羊肉产地锡林郭勒盟、呼伦贝尔市的屠宰季集中在 7~8 月，需要大型冷库才能储备充足的优质羊肉并保障全年供应，可以利用冷库在价格低点购入食材。大规模的采购可以将调味料的价格提前锁定，包括中餐常用的干货（辣椒、花椒、胡椒、八角、香叶等），有利于成本控制。

**2. 专业管理及专业技术形成的壁垒**

（1）食品安全控制是基础门槛　中央厨房加工的产品品种覆盖了 12 大类、60 多个小类，其中高风险食品占相当比例，包括生鲜和熟制的动物性食品：畜禽肉类及其制品、蛋类及其制品、水产及其制品、乳类及其制品；熟制的植物性食品：熟制米饭、熟制面食及熟制蔬菜；大豆蛋白制品：豆腐、豆浆等；其他即食食品等。高风险食品的生产加工、贮藏需要隧道式冷却机、真空冷却机等高标准的冷却设备，如果是热加工食品的中心温度无法在 2h 内降低到10℃以下，微生物污染的风险急速上升。此外，加工工具的清洗消毒，仓储贮存温度等环境控制，分装过程中的二次污染，在生产过程中配置新风系统，实验室相关检测设备、探头等安全监控设备以及强大的品控团队等都对硬件的设施设备以及技术、管理提出要求。食品安全问题是中央厨房运营的底线，需要高额的设备投资、工厂设计及落实、专业技术及管理，因此，食品安全是进入中央厨房的基础门槛。

（2）研发团队的更新能力　中央厨房节省了门店的后厨流程，也就将产品的研发放在了中央厨房。以中央厨房生产的面食为例，这类鲜食的毛利率较高，往往能达到40%左右，但竞争激烈、新品层出不穷，需要研发团队不断改进口味、推出新品，以维持产品竞争力。但部分中央厨房产品研发思路仍沿用传统餐饮研发思维，研发与设备利用不匹配，忽视产品的标准化，品质不稳定。

3. 配送半径

《餐饮业和集体用餐配送单位卫生规范》中对熟食（便当、面包）的规定较严格，一般要求运输储存温度在10℃以下或65℃以上，且烧熟后2h的食品中心温度保持在65℃以上（热藏）的，其保质期为烧熟后4h；烧熟后2h的食品中心温度保持在10℃以下（冷藏）的，保质期为烧熟后24h，但供餐前应再加热。基于此，中央厨房的配送半径通常不会超过30km。由于中央厨房占地面积较大，大型中央厨房不可能放置于城中心，支撑区域配送和超大城市配送的中央厨房须配置强大的冷链运输设备以扩大运输半径。

## 三、中央厨房的分类

### （一）中央厨房的分类

1. 根据中央厨房参与者不同分类

中央厨房通常是由连锁餐饮企业建立并服务于本企业，常见模式有"中央厨房+连锁门店"，如"大娘水饺""真功夫""面点王"等；"中央厨房+团膳客户"，如沈阳铁道双瑞供餐、深圳航空配餐、广州多满分学生餐等。但随着市场竞争环境的快速变化，中央厨房的经营早已不局限于餐饮，市场参与者更加多样化，来自餐饮、零售、互联网等不同行业背景的企业均纷纷着手建设中央厨房，根据中央厨房参与者不同可以分为以下几类。

（1）连锁餐饮企业自建自营的中央厨房或加工配送中心　据中国连锁经营协会发布的一项调查显示，截至2017年，我国成规模的连锁餐饮企业中74%已自建中央厨房。知名连锁如"海底捞""西贝莜面村""外婆家""避风塘""眉州东坡""鼎泰丰""丰收日""真功夫""永和大王"以及"大娘水饺"等品牌均配备有自己的中央厨房，其中海底捞旗下的蜀海供应链已成为国内第三方中央厨房的龙头企业。

作为行业内的传统商家，餐饮企业通常采用"中央厨房+连锁门店"的传统模式。然而随着网购、外卖、"最后一公里"到家服务等新消费形式的基础设施加速完善，我国中食产业（区别于内食、外食，定义为在外购买带回家简单加工的即食食品）快速崛起，传统模式逐渐迭代演变出了"中央厨房半成品+全渠道销售至终端用户"的模式。例如，主营湘菜的望湘园从2018年3月在天猫超市上线半成品产品，包括剁椒鱼头、夫妻肺片和酸汤肥牛等菜品，售价30～70元，分量偏小以适应小型家庭。招牌菜品剁椒鱼头首发三天内在天猫售出5000份，相当于一家门店近三个月的销量。无独有偶，小南国母公司国际天食也成立零售部，发展零售子品牌"煮好面"和"家宴"；湘鄂情也在京东上销售包括啤酒鸭、瓦罐红烧肉等半成品。

（2）团餐企业的中央厨房　在美国、日本等发达国家，中央厨房的另一个作用是服务于学生或团体午餐。团餐行业作为餐饮业的重要组成部分，主要包括企业员工餐、学生营养餐、高校供餐、铁路供餐、航空供餐、部队供餐、医院供餐、社区供餐、赛事供餐、会展供餐等，团餐由于用餐规模较大，一直是中央厨房传统的参与者。目前，中国的大型团餐企业品牌包括千喜鹤、快客利、北京健力源、上海麦金地、蜀王餐饮等。

（3）零售企业　随着中央厨房生产技术、物流运输的逐渐成熟，零售渠道企业以生鲜、熟食为切入口不断向食品上游供应链延伸，中央厨房的经营已发展成对接零售业的新业态，发展成为"原料基地＋中央厨房＋连锁零售网点"的模式。目前零售企业中以超市和便利店涉及中央厨房项目较为普遍。超市企业中，永辉超市、家家悦、中百集团等均大力推进中央厨房的投入和建设，用于供给自身超市渠道中的熟食、半成品以及生鲜商品。另外，除了零售商超企业以外，便利店也是中央厨房的重要参与者。Today、全时、7TT、WOWO 等本土便利店也兴建起大型中央厨房，其中，Today 便利店 2014 年与仟吉食品合作投资 4500 万元建中央厨房，提供便当、寿司、三明治、沙拉和汤等食品。外资便利店中，罗森也在合肥投资中央厨房，预期产能满足 500 家门店需求。

（4）互联网背景的新零售企业　新零售概念催生了零售企业逐渐向餐饮端延伸，互联网＋的新力量也加入了中央厨房的建设。其中，较为突出的是阿里巴巴旗下首次提出"超市＋餐饮"概念的盒马鲜生，另一个则是背靠传统餐饮品牌望湘园的净菜电商我厨。

位于上海青浦的 20000$m^2$ 的我厨自动化中央厨房，2016 年生产容量达到 2 万单左右；另外，我厨自主研发了管理信息系统（MIS 系统），将食材加工的每个环节实现了自动化和信息化，包括自动分拣流水线、扫码上下架、库存数据实时传输，由此大大提高了生产效率，使得蔬菜周转率能达到每月 43 次（高于行业平均水平的 20 次），月度损耗率最高仅 2%（低于行业平均水平的 7%）；在配送端，由于线上电商属性，我厨采取"中央厨房→站点→分拣"的两段式配送法，并根据热力图优化路线实现配送成本最优化。

盒马鲜生引领"超市＋餐饮"变革，使得餐饮成为超市的细分品类。2018 年 5 月，盒马鲜生举行"百大餐饮品牌零售战略共创会"，进一步提出餐饮零售化的构想。一方面，统筹上百个联营的餐饮品牌，基于零售场景打造微中央厨房概念，即餐饮品牌商在盒马鲜生店内的档口承担的是微中央厨房而非饭店的角色，所加工的产品可以在盒马鲜生线上销售，直达消费者；另一方面，2018 下半年，盒马鲜生还与具有中央厨房连锁经营管理能力的餐饮企业开启一个"冰柜合伙人计划"，在盒马鲜生售卖联营商家的产品。

另外，美团也成为中央厨房的参与者。2017 年 6 月，美团投资过亿元控股食材"B2B（企业对企业）"平台"亚食联"，未来还或将基于其新零售生鲜超市——掌鱼生鲜，打造生产加工中央厨房做"外卖＋中央厨房"的共享厨房概念，将掌鱼生鲜变成餐饮业态的孵化器。

2. 根据中央厨房产品配送要求分类

全热链配送中央厨房、全冷链配送中央厨房、冷热链混合配送中央厨房。

3. 根据中央厨房业态多少分类

单业态专业中央厨房、多业态综合性中央厨房。

4. 根据中央厨房生产加工流程分类

全流程中央厨房、半流程中央厨房。

5. 根据中央厨房经营模式分类

线上线下模式（即实体店和网上销售）、线上模式（网上销售）以及线下模式（实体店销售）。

### （二）中央厨房产品的分类

1. 根据产品原料性质分类

谷物类产品、杂粮类产品、果蔬类产品、水产类产品、乳品类产品、畜禽肉类产品、蛋类产品、饮料类产品。

2. 根据产品加工深度分类

（1）生制半成品　原料经挑选、清洗、分割、切配等初加工，不经热加工处理的非即食半成品。如半成品净菜、发酵面团、半成品肉馅、调理肉制品及水产品、蛋制品等。

（2）热加工半成品　原料经初步热加工处理后，仍需进一步加工制作的阶段性成品。例如经热加工的调理肉制品、速冻米面制品等。

（3）成品　消费者无须经过清洗消毒或煮熟处理，直接或简单加热后即可食用的食品。如熟食、糕点、面包、冰淇淋、豆浆、甜品、调味酱汁、即食果蔬等。

3. 根据产品包装形态分类

预包装产品、非预包装产品。

4. 根据产品包装形式分类

真空包装、充气包装、软罐头包装、无菌包装、热成形和热收缩包装等。

5. 根据产品食用方法分类

热食产品、冷食产品、生食产品。

6. 根据产品储运形式分类

冷藏产品（4～10℃）、冷冻产品（-18℃以下）、热食产品（65℃以上）、常温产品（18～25℃）。

## 四、中央厨房行业的发展现状及历程

### （一）中央厨房行业的发展现状

近年来，我国中央厨房行业发展异常迅速，处于成长期。2004年国内首个以中央厨房经营模式为核心的餐饮企业——福记食品在港交所上市，经历多年发展，直到2011年中共中央对外宣传办公室提出"中央厨房"的概念，才逐渐从餐饮和食品行业分离出来单独作为一种新兴业态。

1. 中央厨房在餐饮企业中的普及率

根据速途研究院数据，2016年国内中央厨房累计投资额已经达到4.2万亿元。据中国连锁经营协会发布的一项调查显示，截至2017年，我国成规模的连锁餐饮企业中74%已自建中央厨房。另外，为学生餐、列车餐、航空配餐、连锁便利店提供餐饮服务的集团配餐公司均100%建有中央厨房。目前，中央厨房行业已形成了较为完整的产业链，主要体现在以下几方面。

（1）有完整的原料供应及物流配送体系　在这一环节的企业中，一部分是做畜禽屠宰、水产加工、农产品初加工或食品加工的企业向中央厨房延伸；一部分是餐饮企业向下拓展到原料的生产与配送，甚至联合组建农业合作社，以确保原料供应及物流配送体系。产业链的双向延伸避免了农产品原料基地的盲目建设，保障了原料供需渠道的畅通和食品的安全性。

（2）营销体系逐渐健全　当前，中央厨房运行的主要模式有"中央厨房＋餐饮门店""加工企业＋连锁专卖店""团餐企业＋终端客户""加工企业＋社区商超网点""加工企业＋零售商"等，运营模式多样。

（3）配套服务企业初具规模　围绕中央厨房产业所形成的中央厨房设施设备制造、食品安全检测、原辅料供应、物流配送、技术服务等产业群日趋成熟。例如，国内从事中央厨房设备生产的企业多达上百家，2016 年销售额达到 100 亿元，而针对中央厨房提供技术、咨询、培训等配套的第三方专业服务市场也在 2016 年达到 70 亿规模。行业正处于快速发展的成长期，上下游产业链正逐步完善。

（4）新技术不断被研发和应用　近年来，随着可追溯信息技术、食品快速检测、空气净化、气调保鲜等众多技术在中央厨房行业逐步应用实践，中央厨房的自动化生产水平和安全管理水平有了很大改善，有利于解决制约餐饮业发展过程中的瓶颈问题，从而促进传统餐饮产业的技术创新和产业升级，实现餐饮产业持续、快速发展。例如，中食（北京）净化科技发展有限公司研发的水触媒净化技术，在大鸭梨等餐饮企业的试用中取得了良好的净化效果。

2. 中央厨房营业面积扩大

我国的中央厨房包括了大量的"小作坊"，各中央厨房的面积差异较大。2016 年 12 月份，中国饭店协会在江苏无锡市召开的"第二届中国团餐产业发展大会"发布的数据显示：在抽样调查的 85 家团餐企业中，有 50 家企业自建中央厨房，占总样本的 58.8%。在 50 家已建中央厨房的企业中，中央厨房面积在 1000 以下的企业有 8 家，占比 16%；面积在 1000～3000$m^2$ 的企业共有 23 家，占比 46%；面积在 3000～5000$m^2$ 的企业共有 9 家，占比 18%；面积在 5000$m^2$ 以上的企业共有 10 家，占比 20%。可以看出，团餐企业中央厨房面积在 1000～3000$m^2$ 的数量居多。

3. 设施装备水平一般，自动化、流水化生产线少

中央厨房所制作的食品种类繁多，这也导致中央厨房整体上的自动化程度一般，基本为手工或者半自动的主要原因。目前，中央厨房中的自动化设施主要集中在清洗、搅拌、切剁等粗加工环节，而更关键的烹调、分装环节主要依赖人工，这也是未来中央厨房必须突破的方向。

4. 中央厨房产能过剩问题突出

我国中央厨房在产能上存在较为严重的过剩，普通连锁餐饮企业通常按未来 3～5 年，现有产能的 3～5 倍进行中央厨房规划建设，对经营环境变化的悲观情况估计不足，开店速度远不及预期，甚至出现为满足中央厨房建设而加速前端开店的现象。

但是，随着中央厨房的应用从快餐业进入正餐业、零售业，应用领域覆盖面逐渐增大，产能社会化需求激增和行业产能过剩之间矛盾开始得到缓和。例如，蜀海食品有限公司、绿成餐饮供应链有限公司等专门提供中央厨房服务的第三方中央厨房企业正在兴起，企业能通过收购兼并有效整合市场上闲置的产能资源。近两年，河南、武汉等各地政府也正大力建设中央厨房产业园，由政府牵头建设并配套生养殖基地和物流配送中心，吸引各餐饮和食品企

业入驻，产业集群效应也将进一步缓解中央厨房建设成本过高、产能过剩的问题，加之食品工业化技术进一步发展，中央厨房产能在未来的利用率将逐步提升。

5. 与中央厨房相关的国家或行业标准规范较少

整体来讲与中央厨房相关的国家或行业法规、标准较少，但最近3年，中央厨房相关的国家或行业法规、标准建设还是取得了较大进展，如表1-1所示。

表1-1　　　　　　　　　　与中央厨房相关的部分法规、标准

| 法规、标准号 | 法规、标准名称 | 发布单位 |
| --- | --- | --- |
| 国食药监食［2011］212号 | 中央厨房许可审查规范 | 国家食品药品监督管理总局 |
| 国家食品药品监督管理总局令第17号 | 食品经营许可管理办法 | 国家食品药品监督管理总局 |
| 国食药监食［2011］395号 | 餐饮服务食品安全操作规范 | 国家食品药品监督管理总局 |
| DB 31/2008—2012 | 食品安全地方标准 中央厨房卫生规范 | 上海市食品药品监督管理局 |
| DB 37/T 2699—2015 | 中央厨房服务规范 | 山东省质量技术监督局 |
| T/GDFCA 008—2019 | 厨房食品存放管理规范 | 广东省食品流通协会 |
| T/GDFCA 015—2019 | 校园食品配送中心冷链管理规范 | 广东省食品流通协会 |
| T/GDFCA 005—2019 | 餐饮企业食品进货查验记录规范 | 广东省食品流通协会 |
| T/GDFCA 006—2019 | 预包装食品一物一码安全溯源体系建设技术标准 | 广东省食品流通协会 |
| T/GDFCA 003—2019 | 非预包装食品安全溯源体系建设技术标准 | 广东省食品流通协会 |
| T/CCFAGS 005—2018 | 连锁餐饮有害生物风险管理实施指南 | 中国连锁经营协会 |
| DB12/T 559—2019 | 冷链物流 保温容器技术要求 | 天津市市场监督管理委员会 |
| DB 31/T 526—2011 | 餐饮业中餐厨房管理规范 | 上海市质量技术监督局 |
| SB/T 10679—2012 | 主食加工配送中心良好生产规范 | 中华人民共和国商务部 |
| SB/T 10750—2012 | 主食加工配送中心产品质量检测室技术规范 | 中华人民共和国商务部 |
| SB/T 10559—2010 | 主食加工配送中心建设规范 | 中华人民共和国商务部 |
| DB31/ 2008—2012 | 食品安全地方标准 中央厨房卫生规范 | 上海市食品药品监督管理局 |
| DB 13/T 5066—2019 | 社区生鲜冷链智能终端建设规范 | 河北省市场监督管理局 |
| DB12/T 709—2016 | 农产品冷链物流配送中心建设与运营规范 | 天津市市场和质量监督管理委员会 |
| JB/T 13166—2017 | 餐厨垃圾自动分选系统 技术条件 | 工业和信息化部 |
| DB11/T 1119—2014 | 餐厨垃圾生化处理能源消耗限额 | 北京市质量技术监督局 |
| WS/T 554—2017 | 学生餐营养指南 | 国家卫生和计划生育委员会 |

续表

| 法规、标准号 | 法规、标准名称 | 发布单位 |
|---|---|---|
| T/SRCA000002—2018 | 团餐管理服务规范 | 上海市餐饮烹饪行业协会 |
| T/NTJGXH 001—2017 | 净菜加工技术规程 | 南通市农副产品加工技术协会 |
| T/CDZX 003—2019 | 生鲜果蔬冷链物流操作规范 | 常德市物流行业协会，常德市质量协会 |
| GB/T 36088—2018 | 冷链物流信息管理要求 | 国家标准化管理委员会，国家质量监督检验检疫总局 |
| DB13/T 3010—2018 | 冷链物流 冷库技术规范 | 河北省质量技术监督局 |
| DB12/T 3014—2018 | 果蔬冷链物流操作规程 | 河北省质量技术监督局 |
| T/FDSA 001—2019 | 集体用餐食堂食材配送规范 | 中国食品药品企业质量安全促进会 |
| T/TCYCYPR 001—2019 | 河北省团餐服务质量等级划分与评定 | 河北省团餐与饮食行业协会 |

6. 其他

中央厨房行业还存在一些其他问题，比如，与中央厨房相关的高等教育学科建设和社会培训滞后，专业人才紧缺；排风和净化系统设计缺乏标准；中央厨房企业对厂房清洗消毒及护理系统不够重视，并缺少设计标准；中央厨房的车间温度、气压及卫生智能化控制水平低；中央厨房的节能环保意识不强；中央厨房企业标准化体系建设仍然处于初级阶段；新工艺、新技术、新材料在中央厨房企业应用较少；中央厨房企业的产业及产品结构不合理，同质化严重；与中央厨房相关的配套服务体系不完善；中央厨房信息化、精益管理软件匹配度不够。

（二）中央厨房行业的发展历程

（1）1980年，中国首家中外合资的航空配餐企业——北京航空食品有限公司在北京成立，由此诞生了中国第一家具有中央厨房性质的企业，成为中国航空配餐业的"开路先锋"。

（2）1995年，中国首家中外合资学生餐配餐企业——北京都丽梦食品有限公司在北京成立，其主要以"热链"方式向北京市中、小学生供应营养餐，以"冷链"方式向世界百胜集团大中国区（必胜客、肯德基）、中国国际航空公司提供各类快餐产品。

（3）2004年12月，国内首个以中央厨房为核心经营模式的餐饮企业——福记食品服务控股有限公司在香港联合交易所主板上市。

（4）2011年，中共中央对外宣传办公室提出了"中央厨房"加工的新概念，这是国家层面第一次提及该名词。

（5）2011年5月，国家食品药品监督管理总局制定了《中央厨房许可审查规范》，从此中央厨房项目建设规划走上了法制化的轨道。

（6）2012年10月，国内中央厨房行业第一家社会团体组织——中国餐饮业中央厨房产业技术创新战略联盟成立，其主要致力于餐饮产业技术进步、中央厨房相关技术与产品的研究、开发及服务。

（7）2012年3月，国家食品药品监督管理总局发布了《关于进一步加强餐饮连锁企业食品安全工作的通知》，其中对中央厨房管理等做出了多方面强化，落实了主体责任。

（8）2012年底，上海市食品药品监督管理局制定了上海市食品安全地方标准《中央厨房卫生规范》，于2013年2月1日正式实施。

（9）辽宁、浙江、北京根据《中央厨房许可审查规范》的要求，分别颁布了各省市中央厨房禁止配送的高风险食品目录。

（10）2014年5月，商务部出台了《关于加快发展大众化餐饮的指导意见》，文中提到鼓励建设中央厨房。

（11）2015年8月，国内中央厨房行业第一个教育品牌——中央厨房第一课堂诞生，主要从事中央厨房及关联领域的培训、交流及研讨。

（12）2015年10月，国家食品药品监督管理总局令第17号《食品经营许可管理办法》对中央厨房定义进行重新修正界定。

（13）2016年1月13日，国务院常务会议决定，整合饭馆、咖啡馆、酒吧、茶座4类餐饮服务公共场所的卫生许可证和食品经营许可证，由食品药品监管部门一家许可、统一监管，并承担相应行政责任，完善食品安全保障机制。餐饮服务公共场所的卫生许可证和食品经营许可证的"两证合一"，大大减轻了企业的负担和成本。

（14）2016年3月，商务部发布了《关于推动餐饮业转型发展的指导意见》，提出积极建设中央厨房。

（15）2016年7月13日，《网络食品安全违法行为查处办法》由国家食品药品监督管理总局发布，自2016年10月1日起施行。宣告互联网餐饮再也不是法外之地。

（16）2016年9月，中国饭店协会餐饮食品工业化指导委员会于山东济南成立，该委员会将致力于推动中国餐饮食品工业化发展。

（17）2016年11月，农业部发布的《全国农产品加工业与农村一二三产业融合发展规划（2016—2020年）》提出，要建设3300个中央厨房、主食加工、预制菜专项目，国家层面明确指出中央厨房与餐饮食品工业化在社会经济发展中的作用和价值，并给出中央厨房建设的指导依据。

（18）2017年中央一号文件提出要大力推广"生产基地+中央厨房+餐饮门店""生产基地+加工企业+商超销售"等产销模式。

（19）2017年4月，国务院办公厅发布《关于加快发展冷链物流保障食品安全促进消费升级的意见》，鼓励发展"中央厨房+食材冷链配送"模式。

（20）2017年11月6日，《网络餐饮服务食品安全监督管理办法》由国家食品药品监督管理总局公布，自2018年1月1日起施行。利用互联网提供餐饮服务的，应当具有实体店铺并依法取得食品经营许可证。

（21）2019年7月17日，国务院发布《关于实施健康中国行动的意见》（以下简称《意见》），鼓励和引导食品产业的营养转型，创建和评比健康餐厅、健康食堂、营养学校，制定和实施集体供餐营养操作规范。

（22）2019年12月1日，经过修订的《中华人民共和国食品安全法实施条例》（以下简称《条例》）正式施行。《条例》严格落实"四个最严"要求，首次确立了"双罚制"，除处罚违法企业外，还将对单位违法情形下的个人给予罚款处罚，最高可处以上一年度从本单位取得收入的10倍罚款。

### （三）中央厨房行业发展前景与趋势

中央厨房未来的竞争格局将呈现跨区域竞争、连锁化竞争，行业可能会逐步向精细化、流程化、连锁化经营方式转变，中央厨房的应用范围逐步放大。

中央厨房行业未来发展趋势可能包括以下几种。

#### 1. 中央厨房成为餐饮业转型升级的有效运营模式

近年来，随着用户消费习惯的改变和外卖周边产业的衍化，巨大的市场空间使外卖"O2O"成为各个新兴创业公司必争的细分领域。为了适应外卖市场巨大的需求，逐渐诞生出一种新的发展模式"中央厨房+互联网+取餐机"。中央厨房进行食材的采购、加工、烹调，之后将成品统一包装、统一配送（全程采用65℃的热链配送，保温4h），配送车集中将外卖运抵白领密集的商务区，再由专人把外卖放进自助取餐机。用户如果想订餐，只需打开手机APP，找到距自己最近的取餐机，选择餐品种类和数量并下单支付，这样就可获得订单的二维码。到了午餐时间，用户来到取餐机前扫描二维码，外卖就从取餐机里送出（全程封闭且有监控，杜绝外界污染）。取餐机结合互联网技术创造了别具一格的取餐方式，在缩短外卖等候时间的同时，也令自助取餐本身充满了仪式感。

"中央厨房+互联网+取餐机"模式，除了适用于热链盒饭售卖外，也适用于冷链盒饭售卖，其工作原理有所不同，需要增加冷藏保温柜和微波加热腔功能。

#### 2. "餐饮工厂"将成为一种新型业态

目前，国内大部分成规模的连锁餐饮企业建立了自己的中央厨房，中小餐饮企业因受到资金的限制或谨慎的态度，暂时没有能力或不想建设中央厨房，这些餐饮企业期望有专门的中央厨房企业为他们提供符合需求的中央厨房产品或服务，由此诞生了中央厨房的"3.0版本"，即第三方中央厨房，又称餐饮工厂集群。餐饮工厂集群带来的是高度标准化、更高产量、更低成本、更安全和更稳定性的产品，不仅能帮助餐饮企业降低自建中央厨房成本，还能帮助餐饮企业把有限的资金投入到门店运营与服务中，进一步提升餐饮销售收入和利润，降低了投资经营风险。

餐饮工厂集群在共享中央厨房的基础上升级优化而来，餐饮企业按照股权分享及业务分享的合作模式，选择真正有实力的企业共同经营中央厨房产业园，包括仓储共享、采购共享、实验室共享、研发共享、工程维修共享、物流共享、办公共享、渠道共享、销售共享等方面，可以帮助餐饮企业至少节省10%的成本，加上销售渠道共享，甚至可以帮助餐饮企业提升30%销售额，如图1-6所示。

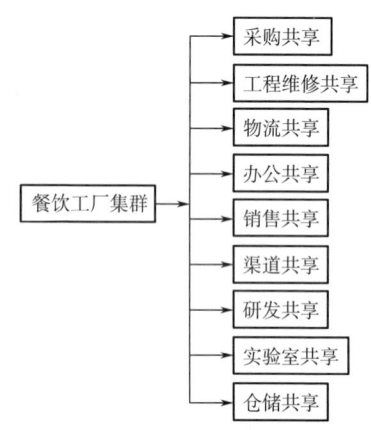

图1-6 餐饮工厂集群共享平台
（资料来源：王存山．中国餐饮业中央厨房与
餐饮食品工业化发展研究报告．2017）

3. 中央厨房成为餐饮产业链中关键节点和枢纽中心

2016年12月,"生产基地+中央厨房+餐饮门店"的产销模式被写入2017年的中央一号文件,作为"壮大新产业新业态,拓展农业产业链价值链"的一项重要举措而被提及。"生产基地+中央厨房+餐饮门店"的产销模式主要是通过建立餐饮食品原料(农副产品)生产基地、中央厨房、物流配送中心、餐饮门店,实现从田间到餐桌的"一站式"服务,压缩中间流通环节、缩短供货周期、降低损耗、降低物流成本、提升安全,实现农副产品销售和餐饮发展标准化、订单化、可追溯化,严格管控餐厨废弃物、肉类加工废弃物和不合格畜禽产品的资源化利用和无害化处理,严防"地沟油"流向餐桌。通过农副产品中央厨房提高加工深度、增加食品品种和增强食品功能,推出多样化、专业化、个性化的消费产品,开发细分市场、拓展市场深度、扩大食品产业利润空间,最后将开发和加工出来的食品配送到各个餐饮门店,实现一站式服务。

4. 中央厨房产业信息平台的形成

目前,国内大多数中央厨房企业业务集中在企业客户(B端市场),主要为会议餐、活动餐、团体餐、门店餐饮。由于B端业务竞争比较激烈,该市场一时难以进入,许多餐饮企业将眼光转向消费者(C端市场)。一些餐饮企业在保持原有B端业务基础上,将围绕提高原物料综合利用率、设备的开动率等方面下功夫,在家庭需求的盒装净菜、盒装配菜、盒装预制菜肴、主食等方面的研发与标准化发力,产品销售由初期利用原有B端业务的营销场地逐步扩展到在居民区自建生鲜便利店或直接到家,采用线上和线下下单,企业物流和第三方物流共同配送。部分餐饮企业甚至还提供餐饮烹调和就餐服务,如木屋烧烤中的中央厨房,除了为餐厅提供烧烤的原材料、半成品外,还直接对C端客户销售烧烤产品和提供烧烤服务。

5. 越来越多的高新技术在中央厨房中得到应用

中央厨房APP由一家厨具公司创建,是一款"C2M(用户直连制造)"、"O2O(线上线下一体化)"实体电商集线上线下服务于一体的手机门户APP客户端官方平台,中央厨房APP的建立给餐饮行业提供一个快捷、可信赖的产品展示及选购场所。该平台不仅具备中央厨房规划设计、商务咨询、实时询价、招标投标、产品交易、订单查询、商品搜索、行业资讯和产品评价等常用功能,而且还实现了手机版特有的会员注册、招商加盟开店等功能。目标是整合当地餐饮企业、食品机械公司、厨房公司的品牌商、生产商、经销商,为商家和消费者之间提供一站式解决方案。中央厨房APP现已初步建立了原料食材、工厂规划设计、食品加工包装、厨具生产安装和售后服务产业链,拥有一部分的餐饮企业群、食品机械群和厨具产品群等。中央厨房APP为中央厨房行业打造"行业信息平台+商城平台"的营销方式,帮助传统行业转型升级,及时抢占移动营销先机。

6. 中央厨房共享体系的进一步完善

共享即分享,将一件物品或者信息的使用权或知情权与其他人共同拥有,有时也包括产权。共享经济,是指"社会资源"拥有者有偿与他人共享"社会资源"使用权,从而优化社会资源配置,提高资源利用效率,创造出更多价值的经济形态。当前,共享理念日益被推崇,更上升为国家五大新发展理念之一,作为一种新经济、新消费模式,共享服务项目的推广应用最直接受益者是消费者。

共享中央厨房是中央厨房的2.0版本,又称中央厨房产业园。建设标准化的中央厨房产业园，可为众多餐饮企业同时提供原料采购、生产、配送，实现共配共给，可节省单个企业拿地建设等各种手续；能减少餐饮企业的门店设备投入，增加门店的环保指数，减少餐厨垃圾和油烟扰民，降低能源消耗；有利于标准化基础上的技术流程改造，有利于提升产品质量和出菜速度，对中餐企业统一标准、快速复制、规模发展、加盟连锁有着特殊意义。中央厨房产业园园区内除了各个企业车间外，属于基础设施的燃气站、锅炉房、污水处理站、垃圾房等可以共享，还将统一配套检测中心、收货中心、粗加工中心、仓库、冷库和物流中心等，真正实现规模化和集约化经营。这对提升餐饮行业的发展水平，将起到至关重要的作用。中央厨房产业园的建立为连锁餐饮企业尤其是新创立的餐饮的规模扩张和安全经营提供了重要支撑。

2013年，由河南省商务厅牵头，省餐饮与饭店业协会、河南国基实业集团联合开发的河南餐饮中央厨房产业园，落户于原阳县产业集聚区，项目占地56.4万$m^2$，总投资22亿元，首批就吸引了36家本土知名的餐饮和食品企业进驻。中央厨房产业园可年产1万t烘焙产品、2万t调料、2万t熟食、50万份套餐，覆盖4000万~5000万人，形成一个集交易采购、仓储物流、加工包装、分销配送、质检冷链于一体的链条式产业集群。

7. 中央厨房产业链中冷链物流将得到更大的发展

冷链物流是中央厨房经营模式中的核心之一，冷链配送是冷链物流的关键环节。中央厨房生产加工的净菜、半成品及成品等通过冷链物流配送可以较好地保持产品的品质，但要实现冷链物流高效快速地无缝衔接，其基础设施设备建设与配置还需要大量资金的投入，中小型餐饮企业对此望而却步。

随着冷链销售终端对产品配送质量与时间要求地不断提高，冷链物流共同配送体系建设得到更多企业和政府重视，即"冷链配送体系+第三方物流平台"模式。冷链物流共同配送体系建设符合国家冷链物流发展和保障食品安全的需要，有效地整合社会资源，在提高城市居民生活质量、改善城市交通状况、带动产业升级转型、提升城市经济竞争能力等方面将起到积极作用。共同配送，又称协同配送、联合配送，是冷链物流长期探索优化出的一种合理的配送形式，是欧美、日本等发达国家应用较为广泛、影响范围较大、组织方式先进的物流方式，它对提高冷链物流运作效率、降低物流成本具有重要意义。

目前，共同配送模式有一对多模式、多对多模式和多对一模式。"冷链配送体系+第三方物流平台"模式主要是实行一对多模式的共同配送，是指第三方物流企业或大型集团企业自营物流主导的共同配送。前者需要成熟的专业第三方物流企业组织实施，其通过与区域内各类型生产商贸企业建立物流契约的形式，整合区域内物流配送需求，通过高效、专业化的配送中心、配送车辆、调度系统等资源，实现门到门式的共同配送。由于第三方物流企业在专业化经营和规模经济方面的优势，这种共同配送模式服务的客户群较多，从企业到个人，是覆盖面最好的一种城域配送。自营配送与"冷链配送体系+第三方物流"平台二者比较，如图1-7所示。

综上，"冷链配送体系+第三方物流平台"不仅可以实现蔬果、农产品以及食品等冷链物流资源的合理配置，提高配送效率，满足商店超市等消费终端的需求，而且可以有效缓解城市交通压力，降低能源消耗。

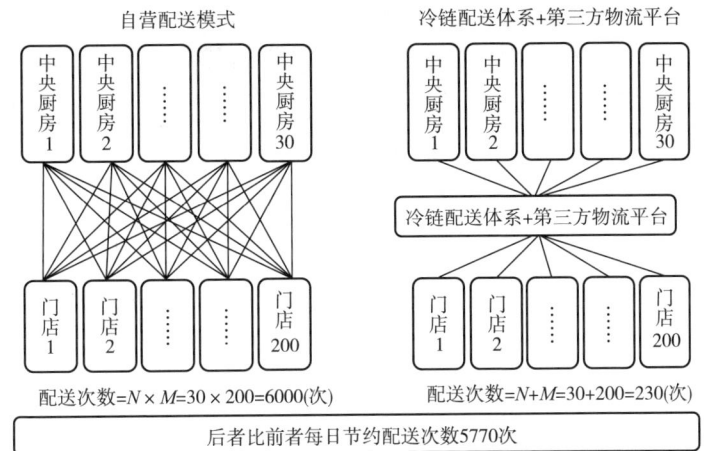

图1-7 两种配送模式比较

N—中央厨房数量　M—门店数量

(资料来源：王存山. 中国餐饮业中央厨房与餐饮食品工业化发展研究报告. 2017)

## 第二节　餐饮食品工业化概况

世界中餐业联合会发布的《餐饮产业蓝皮书：中国餐饮产业发展报告（2019）》（简称《报告》）显示，从改革开放40年以来的发展历程看，中国餐饮业长期保持了快速、稳定的增长。产业收入从1978年的54.8亿元开始，1983年突破百亿元，1994年突破千亿元，2006年突破万亿元，2011年超过2万亿元，2015年超过3万亿元，在2018年超过4万亿元，达到4.27万亿元，比1978年增长近780倍。中国已经成为仅次于美国的世界第二大餐饮市场。如果以近三年中国、美国的餐饮产业收入平均增速预估，中国餐饮业有望在2023年超过美国，成为全球第一大餐饮市场。

### 一、基本概念

#### （一）餐饮行业的定义

餐饮行业是通过即时加工制作、商业销售和服务性劳动于一体，向消费者专门提供各种酒水、食品、消费场所及设施的食品生产经营行业。按联合国经济和社会事务统计局《全部经济活动国际标准行业分类法》的定义，餐饮业是指以商业营利为目的的餐饮服务机构。在我国，据《国民经济行业分类注释》的定义，餐饮业是指在一定场所，对食物进行现场烹饪、调制，并出售给顾客，主要供现场消费的服务活动。

#### （二）餐饮行业的分类

根据国家统计局对餐饮业细分行业的数据统计方式，我国餐饮业细分行业分为正餐、快餐、饮料及冷饮和其他餐饮。具体情况如表1-2所示。

表1-2　　　　　　　　　　　餐饮行业的分类

| 代码 大类 | 代码 中类 | 代码 小类 | 类别名称 | 说明 |
|---|---|---|---|---|
| 62 | | | 餐饮业 | 是指通过即时加工制作、商业销售和服务性劳动等,向消费者提供食品和消费场所及设施的服务 |
| | 621 | 6210 | 正餐服务 | 是指在一定场所内提供以中餐、晚餐为主的各种中西式炒菜和主食,并由服务员送餐上桌的餐饮活动 |
| | 622 | 6220 | 快餐服务 | 是指在一定场所内提供快捷、便利的就餐服务 |
| | 623 | | 饮料及冷饮服务 | 是指在一定场所内以提供饮料和冷饮为主的服务 |
| | | 6231 | 茶馆服务 | |
| | | 6232 | 咖啡馆服务 | |
| | | 6233 | 酒吧服务 | |
| | | 6239 | 其他饮料及冷饮服务 | |
| | 629 | | 其他餐饮业 | |
| | | 6291 | 小吃服务 | 是指提供全天就餐的简便餐饮服务,包括路边小饭馆、农家饭馆、流动餐饮和单一小吃等餐饮服务 |
| | | 6292 | 餐饮配送服务 | |
| | | 6299 | 其他未列明餐饮业 | |

资料来源：王存山,中国餐饮业中央厨房与餐饮食品工业化发展研究报告,2017。

## 二、餐饮行业发展现状

《餐饮产业蓝皮书：中国餐饮产业发展报告（2019）》（以下简称《报告》）显示,中国餐饮业在改革开放40年的发展进程中,敢于进行融合创新,已经成为服务创新的"聚集地"。科技进步推动餐饮管理创新和商业模式创新,主要体现在以下四个方面。

（1）自动化生产和控制技术的发展推动了中央厨房的发展,变革了传统的餐饮供应链管理模式和门店生产模式,促进了中国餐饮品牌连锁模式的快速发展。

（2）中国餐饮业的信息化水平、数字化能力随着信息技术应用成本、学习成本下降而不断提高。特别是基于云计算的SaaS软件的广泛应用和互联网餐饮平台的快速发展,餐饮业的管理和渠道正在快速数字化,加快了从传统服务业向数字化服务业转型的速度。

（3）互联网推动餐饮产业平台经济蓬勃发展。互联网外卖平台的出现是餐饮外卖市场的重要商业模式创新,极大地推动了外卖市场的发展,同时也对餐饮门店、传统外卖企业乃至餐饮企业的经营模式发展带来了巨大影响。2018年,中国在线外卖市场规模已经超过了

2500亿元，是2011年的近10倍，发展势头强劲；在线外卖用户超过4亿人，比2015年增长2.9亿人，渗透率达到49%。

（4）随着人工智能地快速发展和技术逐渐成熟，在人口红利消失、劳动力成本压力日益提高的背景下，餐饮业智能化发展加速，以烹饪和服务机器人等科技应用为特色的智能餐厅、无人餐厅兴起。

与此同时，《报告》还指出，餐饮业的发展还与中国的对外开放进程深度融合。一方面，我国改革开放40多年来积极吸引外资餐饮企业进入中国，外国烹饪大师来华推动了中西方餐饮技艺和文化的交流与学习，满足了中国消费者和在华外国友人的饮食和文化交流需求。另一方面，中国餐饮业鼓励中餐立足中华传统文化的同时"走出去"，服务全球消费者。其中，中餐伴随着华人华侨的全球流动而广泛传播，拥有大量全球消费群体。随着中国全球影响力不断扩大，开放水平不断提高，中餐也成为中西方文化交流的重要内容。

## 三、餐饮食品工业化发展的必要性

随着消费升级和行业规模化发展，对供应链进行整合，实现生产的工业化、智能化是餐饮企业未来竞争的核心。传统餐饮业以人力驱动的生产模式正在向工业化、智能化转变，新零售的兴起也正在逐渐侵蚀传统的餐饮市场。因此，用现代工业化理念，采用标准化生产方式，导入食品加工技术，以工业化生产为核心，以机械化替代手工操作，实行品种系列化、生产标准化、经营规模化，将餐饮由厨房操作向现代工业化生产转变，从田间地头兴建农副产品深加工基地，用工厂化方式生产餐饮产品已成为餐饮工业化发展的必由之路。

餐饮食品工业化可实现农业工业化的对接，打通了一、二、三产业的闭环融合，实现了原料产地直通、生产过程控制，可减少食品生产流通过程中的安全隐患，降低食品安全风险；将厨余垃圾留在郊区，通过生物技术处理制成有机肥，达到循环利用的目的；可减少城市明火和油烟带来的危害；此外，餐饮食品工业化可使中式餐饮各大菜系的典型菜品实现标准化、规模化、产业化生产，改变了餐饮业传统厨房的结构、成菜方式、成菜条件和成菜场所，赋予其核心竞争力，大幅度提高生产效率、产品质量稳定性，延长保质期。

## 四、如何实现餐饮食品工业化

中式餐饮企业在发展连锁经营的过程中，遇到了比西式餐饮更为复杂、困难的问题，即中式菜肴加工的标准化和工业化。这个问题主要是因为中式菜肴加工工艺的复杂性和经验性导致的。中华饮食经过几千年的发展，形成了不同的菜系和不同的烹饪技艺。中式餐饮食品工业化发展不是简单的食品工业化流水线生产就能做到的，必须依靠食品工业进行创造性的转化，即应用多元化的发展模式将中式餐饮中复杂而又模糊的东西，通过科学的工业化方式进行简化、重组、改造和管理，使中华餐饮烹饪技艺更加科学、更富有竞争力。

餐饮食品工业化就是将餐饮业80%的工作量转移到原料产地、加工基地来完成，让餐饮业专事供餐，做好服务。加工基地专事加工，保证产品质量，让供餐更加方便快捷，使劳动生产率、原料利用率显著提高，运转成本明显降低，系统耗能大幅降低，节能减排。

餐饮食品工业化的关键是将传统厨房运营中的间歇式、应对式烹调方式转换为中央厨房的连续式、储备式标准化生产、规模化运营；将传统厨房运营中以烹饪为中心的热处理分配方式改变为以终端供餐为基准的热处理分配方式，使构成产品的各元素在整个加工过程中都处在稳定的保鲜状态下，延长产品食用期，直到上桌前再按需进行最终成菜处理，确保新鲜上桌，扩展终端经营的时空弹性，大幅简化终端供餐。具体做法包括如下几种。

（1）将传统中式菜肴的厨师技艺进行步骤分解，设计出适合工业化生产的工艺流程及工艺参数；对其配方进行分解，转化为标准化的料包形式；根据工艺流程、工艺参数、配方制定产品生产作业指导书。例如，将产品制作分解为各单元操作，在不同的车间完成各单元操作，即将中式菜肴在烹饪过程中单用锅炒、炸、蒸、煮的传统制作方式改变为采用各种专业设备进行的分段热处理方式，统一加热温度与时间。采用专业的设备进行加工，尽可能实现流水线作业，减少单机操作，提高生产效率；但对产品风味影响较大的单元操作可考虑手工操作，也就是适度的工业化。

（2）各类标准的制定，围绕原料、加工过程、成品、环境、储藏、运输等制定一系列标准以保证产品质量。例如，根据不同产品所用原料的加工特性制定原料采购标准、加工标准以及产品质量标准；根据原料的加工特性、工艺要求以及成品的配送要求、保质期要求，制定工作环境标准。例如，北京烹饪协会于 2019 年 1 月 4 日发布了《北京烤鸭技术规范》，对于传统挂炉、传统焖炉烤鸭在选材、制坯、晾坯、烤制及片制等各个环节形成相应的技术标准。标准中规定，京菜传统挂炉烤鸭、传统焖炉烤鸭都要求以北京填鸭为原料。其中，挂炉烤鸭以果木为燃料，在特制的烤炉中，以明火烤制成熟；焖炉烤鸭在专用烤炉中以全预混式无焰燃烧技术进行烤制。每一只烤鸭在到达餐桌前，都需要经过选鸭、充气、烫坯、挂糖色、入库、晾坯、准备燃料和烘炉、堵塞鸭坯、入炉、烤制、出炉、片制等 20 多道工序。该规范也对北京烤鸭的配料作出了详细规定，细致到了每一种配菜的用量（g）。两种烤鸭的配料均需荷叶饼 20 张、白砂糖 10g、甜面酱 120g、葱丝 100g 以及黄瓜条 150g。

## 五、中央厨房建成后餐饮企业发生的变化

中央厨房建成后餐饮企业的战略层面、运营层面、操作层面管理工作均发生显著变化。如图 1-8 所示。

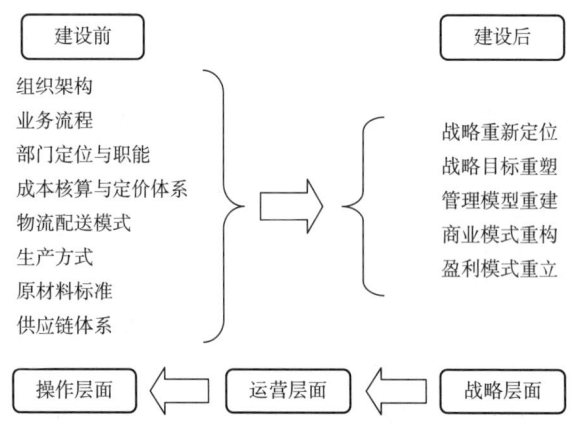

图 1-8 中央厨房建设后发生的变化

（资料来源：王存山. 中国餐饮业中央厨房与餐饮食品工业化发展研究报告. 2017）

## （一）企业管理战略层面

企业管理战略层面的优化升级，可以分别从管理和技术两个维度入手改善。

1. 管理维度

（1）组织与人力资源　梳理战略定位、战略目标、实现目标的方式；梳理组织架构、职能分解、主业务流程、人力标准；建立商业模式、盈利模式及管理理念。

（2）生产运营控制　单证管理；物料计划；生产计划；配送计划；投诉处理。

（3）财务审计　成本统计与核算；资产管理。

2. 技术维度

（1）产品研发　清晰定位产品、市场及目标客户群；建立中央厨房菜单体系。

（2）中央厨房产品系统　生鲜净菜、配菜（快捷菜）、速冻调理品、菜肴熟制（半）成品、汤料包、复合调味包、馅料、速冻面团、盒饭（冷或热链）、米制品、中西式点心等。

（3）售卖终端菜单系统　健康风味，中华美食（各地美食精选、地方特色餐），自助餐或简式中餐，中式面点（各类传统面食、粥品及五谷杂粮），亚洲简餐（日韩、东南亚、印度餐），特色西餐（美式、意式、法式餐），病人餐、女性营养餐、月子餐、清真餐等特殊要求餐食，便当组合（简单复热和外送需求的餐食），年节菜、大盆菜、特色小吃等。

（4）产品标准化　实现企业管理工作的可复制化。即复杂事件可简单化，简单事件可量化，量化事件可流程化，流程化事件可标准化，标准化事件可复制扩张。标准化体系的构成如图 1-9 所示。

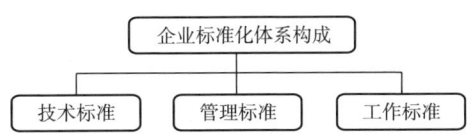

图 1-9　企业标准化体系的构成

（资料来源：王存山. 中国餐饮业中央厨房与餐饮食品工业化发展研究报告. 2017）

标准化体系建设的中长期目标即建立以技术标准为主体，管理标准和工作化标准为辅的企业标准体系。标准化体系建设的一年目标即以与质量有关的技术标准为切入点，以产品标准为核心的标准化体系。企业产品标准构成如图 1-10 所示，以卫生安全飞行巡检为例进行说明。企业通过内部单设机构或与外部第三方监管服务机构合作，采取不定期、不通知、不指定、突然到现场巡查了解真实情况。巡检内容：岗位描述，包括人员卫生和食品储存两个部分；原物料控制；清洁；设备和工器具的维护；餐具清洗和消毒；食物留样；文件与记录；其他有卫生安全风险的发现；巡检工作结果量化成百分比得分评价。巡检工作结果分为四类：优等（分数≥80%，且重点条款没有不符合项），合格（分数≥60%，且重点条款有≤3个不符合项），有条件合格（分数≥60%，且重点条款有≤5个不符合项），不合格（分数<60%，或重点条款有>5个不符合项）。

## （二）企业管理运营层面

企业管理运营层面工作的优化升级，可以分别从以下方面入手改善。

（1）重点考虑"食品的餐饮化"和"餐饮的食品化"，拓宽企业利润点。

（2）加强研发体系的建设与创新，"产品经理"思维研发。

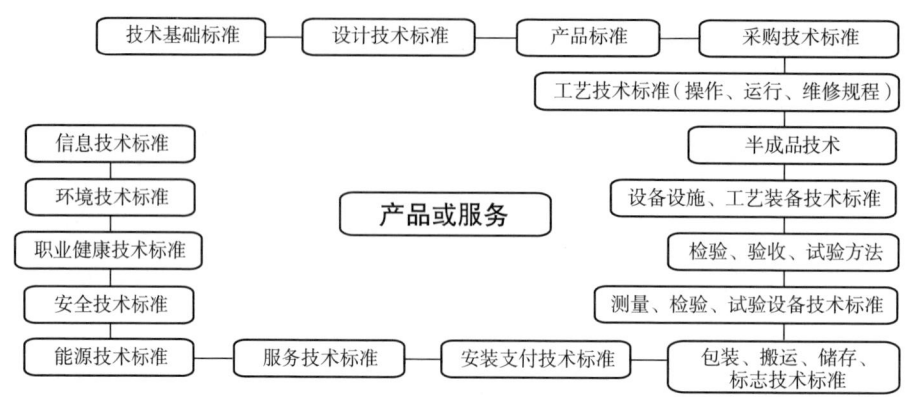

图1-10 企业产品标准构成

(资料来源:王存山.中国餐饮业中央厨房与餐饮食品工业化发展研究报告.2017)

(3)明确原材料采购标准与价格。
(4)解决生产、包装、保鲜技术以及能耗等问题。
(5)建立大品控体系。
(6)建立仓储物流体系。
(7)建立年度工作规划、年度财务预算、产品成本核算体系等。
(8)充分利用现有设备,提升产能与效率。
(9)提升快速烹制与现场服务能力。

### (三)企业管理操作层面

企业管理操作层面工作的优化升级,可以通过制定加工作业指导书明确规定加工流程、方法、步骤及标准,并有效执行。

(1)计划、采购、验收、收货、储存、领用、粗加工、精加工、面点加工、热调理、冷却、分装、配送、现场服务。
(2)厂房、设备维修与保养。
(3)能耗管控。
(4)食品添加剂使用。
(5)餐器具回收、清洗、消毒及保洁。
(6)食品留样、检测。
(7)人员卫生管理。
(8)虫害控制。

## 六、餐饮食品工业化的未来发展趋势

随着年轻消费人群开始登场,在宏观经济、成本费用、大数据等因素作用下,2019年餐饮行业进入"新餐饮"激荡10年,餐饮食品工业化将真正迎来大变革时代,会有崭新的行业生态、商业模式呈现。餐饮食品工业化的未来发展具有以下趋势。

### (一)数字化生态升级

易观分析发布的《2019上半年中国本地生活服务行业洞察》显示,截至2019年6月,口碑、饿了么平台活跃商户数达400万家，饿了么在外卖市场份额达43.9%，美团外卖商家版APP月活跃人数达到335.5万人。随着5G时代的逐步到来，物联网发展提速，万物互联时代临近，供给侧数字化也将更加完整，要靠从产品到技术到运营，再到支付、物流、数据、云计算等在内的整个商业生态的力量。目前，餐饮外卖模式仍继续盛行，餐饮预订、美食交友等也继续"生根发芽"，同时，不少餐饮企业开始数字化生态系统升级。2016年，西贝餐饮集团开始推进客户端的数字化，2018年其在客户端数字化的基础上，开始向"数字化西贝"的战略转型。2019年，美团推出的应用餐厅管理系统（RMS）对包括餐桌管理、菜单管理和库存管理等进行数字化改造。

### （二）餐厅智能化进一步发展

"智慧餐厅"是基于互联网和云计算技术为餐饮店量身打造的智能管理系统，通过客人自主点餐系统、服务呼叫系统、后厨互动系统、前台收银系统、预定排号系统以及信息管理系统等可显著节约用工数量、降低经营成本、提升管理绩效。根据亿欧数据，2018年后厨改造式"智慧餐厅"开始出现；2019年，后厨改造式"智慧餐厅"进一步增加，前厅改造式"智慧餐厅"数量普及程度更高，前厅和后厨一起改造的智慧餐厅初现雏形。如表1-3所示。

表1-3　　　　　　　　　国内智慧餐厅

| 开设时间 | 地区 | 品牌 | 特点 |
| --- | --- | --- | --- |
| 2013 | 北京 | 人人湘智慧餐厅 | 无收银员、无服务员、无厨师、无采购员的"四无餐厅" |
| 2017 | 全国 | 麦当劳未来2.0餐厅 | 设有双点式柜台、动态电子餐牌、触屏自助点餐机移动支付、定制汉堡、送餐到桌 |
| 2017 | 上海 | 德克士未来店 | 产品新鲜现做，引入大量设备取代人工，但并不刻意营造"无人"的感觉 |
| 2017 | 北京 | 失重餐厅 | 无人点餐、无人送餐、无人收银 |
| 2018 | 天津 | 京东未来餐厅 | 点菜、做菜、传菜环节均由机器人完成 |
| 2018 | 北京 | 海底捞智慧餐厅 | 有送餐机器人、配菜机械臂 |
| 2018 | 杭州 | 五芳斋X口碑智慧餐厅 | 手机点餐、设有自助取餐柜、24h无人零售机 |
| 2019 | 杭州 | 新白鹿餐厅 | 送餐机器人、迎宾机器人、配菜机械臂等 |
| 2019 | 厦门 | 京东未来餐厅 | 点菜、做菜、传菜环节均由机器人完成 |

餐厅智能化优势明显，主要包括以下几方面。

**1. 节约经营成本**

智能终端设备属于一次性投入，可长期使用。从成本角度核算，与人工每月都要支付人均三四千元工资，以及"五险一金"、提供食宿、每周至少休假一天等相比，能够大大节约经营成本。

### 2. 增加经营面积

未来餐厅取消了传统餐厅里的厨房、洗消间、切配间、收银台等，尽可能把工作放在中央厨房，餐厅80%的面积都留给了顾客。这样的空间分配，不仅有利于保证产品质量的一致性，而且在房租增长的情况下，增加的经营面积也意味着增加了收入。

### 3. 减少了与顾客的纠纷

智能设备可以不知疲倦地连续工作，工作时或提供服务时出错率较低，效率更高，在一定程度上也减少了与顾客之间的纠纷。例如，湖南长沙坡子街一家餐厅内，用一架装扮成"奥特曼"的机器人削面。该机器人只需按下开关，便可不停地削出长度、厚薄均匀的面片，且面片可准确地朝前面的汤锅里飞去。苏州昆山出现一家以机器人为主题的餐厅，机器人可以为顾客点菜、做菜、上菜和表演节目。这些机器人成本在4万元/台左右，相当于一位服务员的基本年薪，但它们不会请假、生病，充电2h可工作5h，每天的电费只有4块钱左右。宁波慈溪一餐厅，送餐的不是服务员，而是一台智能送餐机器人。这台机器人造价6万元，寿命5年。折算下来，一台机器人一年费用1.2万多元。一次充电4h，可以干活8h。

在国内，iPad、微信点餐以及机器人餐厅等已经出现并得以应用，未来的餐厅智能化将进一步发展，可能出现以下趋势：电子屏代替迎宾员，自动显示餐厅会员的姓名、积分、可获折扣等，并自动为其安排餐位或排队；自助点餐机投入使用；新研发的厨余垃圾处理器能够将固体垃圾直接压缩为"垃圾砖"机械人餐厅也将升级，除了机械人服务员，还会出现机械人大厨、机械人点菜员、机械人洗碗工、机械人收银员、机械人送餐员等。以机械人大厨为例，能炒的菜品更多，"刀工"和"厨艺"都将更强大。

## （三）绿色健康食材受欢迎

绿色健康食材是指产自优良生态环境、按照绿色食品标准生产、实行全程质量控制并获得绿色食品标志使用权的安全、优质食用农产品及相关产品。由于地沟油、添加剂、农药蔬菜等问题的不断曝光，消费者对于菜品安全问题更为关注。烹制菜品除了要掌握好感官品质外，最重要的是选择优质食材。从行业发展上看，目前国内绿色食品市场总体上仍处于导入期。但是，随着我国人民生活水平的提高和消费理念的转变，人们将更青睐无污染、安全、优质、营养的绿色食材及食品，开发绿色食品已具备了市场消费的基础。

## （四）智慧生鲜仓储体系建设

目前，在餐食工业化全产业链结构的建设中，存在农产品品质标准化低、冷链物流资源少、IT技术应用局限于表面等行业问题。随着供应链各环节的优化以及对IT技术和生鲜云仓的投入增加，智慧生鲜仓储体系将是未来的发展趋势。例如，国内冷链物流平台——九曳鲜运平台，仓内规划有恒温区、变温区、常温区、低温区（冷冻冷藏）、鲜花、红葡萄酒催熟等多温区多功能形态，可支持-60~25℃多温层多模式管控。依托国内30个生鲜云仓为支点和九曳自主研发的智能运输系统（TMS），可以实现路径的智能规划；利用全球定位系统（GPS）定位、温度传感等技术，实现货品全程可追溯与温度可视化；平台运营了1500多条冷链运输路线和2000多台冷链运输车辆，搭建起了覆盖全国的冷链运输网络，可以为不同类型客户提供小批量、多频次的冷链运输服务。

## （五）智能中央厨房

"中央厨房"凭借其在成本控制、集中采购、标准化作业以及加工配送方面的优势，已经成为餐食工业化发展的必然趋势。然而，随着科技的不断发展，中央厨房未来的发展趋势必然是智能化。智能中央厨房与传统中央厨房相比，让互联网智能技术对食材检控、原料预处理、食材烹制、冷却、包装等生产过程实施大数据监控、解析和把关，同时在每一个售卖终端，消费者都能通过网络视频实时观看智能中央厨房内的生产场景，让生产车间不再是"闲人免进"的"禁地"，而是工业旅游景点以及消费者体验中心，或是记录食品安全变迁史的"博物馆"、食品安全知识宣传教育普及基地。

### （六）净菜逐步取代毛菜

20世纪50年代，美国兴起净菜加工行业，随后在欧洲、日本等发达国家迅速发展，而我国的净菜加工行业起步于20世纪90年代，起步相对较晚。近年来，净菜在餐饮市场上悄然兴起，主要原因是一、二线城市物业管理费用越来越高，公共设施空间越来越小，切菜、洗菜、餐厨垃圾处理人工成本也越来越昂贵；其次餐饮连锁企业越发关注产品品质稳定，且对于蔬菜供应的形式要求越发多样，单是冬瓜就有切丁、刻字、刮瓢等需求，净菜加工的品质优势和多样性优势也得以凸显。

### （七）餐饮混搭风盛行

"餐饮混搭"日趋流行，而"餐饮混搭"的基础是餐饮食品工业化，"餐饮混搭"主要包括以下方面。

1. 风格混搭

餐饮空间风格在视觉上的唯一性，会引起审美疲劳，所以餐厅设计采用风格视觉混搭，能达到1+1>2的效果。混搭风格为餐厅设计加入了大量感性化和个性化元素，给消费者带来轻松、随意、个性的感觉。因此，风格设计时处理好两个以上不同风格作品在同一个空间里的搭配与协调，才能达到"混搭"的目的。混搭风的多选空间让客人以独特的方式体验丰富的异域美食。

2. 菜品混搭

餐饮界的潮流关键词融合（Fusion），是当下最受欢迎的风格之一。混搭已经跨越国界、地域，餐厅根据市场的变化，在传承的基础上中西合璧推出新品菜肴。

3. 功能混搭

随着人们生活水平的提高，餐厅作为吃饱肚子的空间概念弱化，同时被赋予了多元化的功能。在一些城市的街头，餐饮、咖啡、书吧、时尚服装合成在同一空间，这种看起来"四不像"的复合式商业业态受到年轻消费者的青睐。一些餐馆将餐厅功能进行混搭，比如一些咖啡店既卖咖啡，也提供简餐；一些餐厅则白天做餐饮，晚上是酒吧。

4. 业态混搭

2018年，"超市+餐饮"的新零售业态进入全面爆发期。据赢商网统计，如表1-4所示，2018年17家"超市+餐饮"的新零售品牌共开店194家，盒马鲜生、超级物种，分别开店88家、46家；鲜食演义、苏鲜生、Green&Health继续稳步扩张。整体来看，"超市+餐饮"新零售物种的核心品类均是生鲜，且相当部分都有海鲜，绝大部分超市采用"外卖+堂食"的模式，同时加上App、电子价签、零售科技等技术运用，操作模式较为雷同。

表1-4　　　　　　　"超市+餐饮"新零售业态2018年开店数量

| 企业 | 品牌 | 2018年开店数量 | 至2018年底门店总数 |
| --- | --- | --- | --- |
| 阿里巴巴 | 盒马鲜生 | 88 | 111 |
| 永辉超市 | 超级物种 | 46 | 73 |
| 步步高 | 鲜食演义 | 13 | 26 |
| 盒马&大润发 | 盒小马 | 12 | 12 |
| 美团 | 小象生鲜 | 7 | 7 |
| 京东 | 7FRESH | 7 | 7 |
| 复华商业 | 地球港 | 5 | 5 |
| 苏宁 | 苏鲜生 | 4 | 10 |
| 佳兆业 | CASAMIA | 2 | 2 |
| 联华华商 | Green&Health | 2 | 3 |
| 宝能 | 悠宝利 | 2 | 2 |
| 宝能 | 东市西市 | 1 | 1 |
| 家乐福 | LeMarche | 1 | 1 |
| 家乐福 | 极鲜工坊 | 1 | 1 |
| 绿地商业 | 吃喝研究所 | 1 | 1 |
| 星力集团 | 乐品鲜活 | 1 | 1 |
| 万科 | 万物市集 | 1 | 1 |
| 总计 |  | 194 | 264 |

### （八）"中央厨房+卫星厨房"供餐模式

学生配餐、员工配餐、社区配餐以及长者配餐等集体用餐将越来越多地依托配餐企业建设"中央厨房+卫星厨房"模式。在该模式下，食材原料在供餐企业"中央厨房"进行初加工后，配送至"卫星厨房"热调理烹饪和餐盒分装。这种供餐模式的优势主要体现在如下方面。

**1. 降低成本**

在"中央厨房+卫星厨房"模式下，供餐企业规模化采购，降低了采购价格，集约化生产减少了人力成本，保证让更多餐费用于提高饭菜质量。以郑州市金水区文化绿城小学为例，14元的餐费提供两荤一素一主食一水果，其中全荤类占比不低于37%，半荤肉类占比不低于30%。

**2. 营养、安全**

在"中央厨房+卫星厨房"模式下，食材清洗切配、餐具清洗消毒及调料包封袋在"中央厨房"里完成。供餐企业所用米面油等食材从国内一线品牌中选购，打通从田间到餐桌的直通链条；所提供的果蔬，必须经过入场质检、入库抽检、半成品质检、成品质检、物流运输过程质检、"卫星厨房"抽检六道关卡；净菜专用运送车辆在0~4℃的环境下保证食材新鲜度。"卫星厨房"设置有消毒、储存、烹饪、包装等区域，工作人员必须更换干净的工作衣帽，经过严格的洗手消毒、换靴、风淋消毒后才能进入，以包装间为例，操作前必须开紫外线灯进行30min的空间消毒。

如果是学生餐、长者餐，供餐企业配备国家认证的营养学专业人才，分别为供餐学校或养老院等提供包含每餐能量、营养分析、餐标核算的营养食谱。

3. 减负厨房

在"中央厨房+卫星厨房"模式也可为厨房"减员"。以郑州市金水区文化绿城小学为例，如果按照省里关于中小学食堂相关要求，文化绿城小学需要建设2400m$^2$以上的食品处理区，如果食材储存、初级加工、餐具清洗、消毒等环节在"中央厨房"进行，仅需550m$^2$的"卫星厨房"即可为6000多名学生供餐，有效减少约一半餐厨人员。此外，主要餐厨垃圾不在校园内产生、存放，让学校管理更轻松。

（九）品牌效应加大，吸引更多投资

随着人们在就餐环境、体验等方面的要求越来越高，品牌影响力将成为餐饮市场激烈竞争制胜的重要因素。目前，国内众多知名中餐连锁店开始提炼经营技术、积淀品牌价值、整合上下游资源，开启了餐饮业加速发展的新模式。未来，将吸引更多投资进入餐饮行业。

（十）预制菜肴食品产业迅速发展

预制菜肴食品以"方便"著称，是指将家禽产品、水产品、果蔬产品等食品原料，配以各种辅料，经过清洗、分切、搅拌、腌制、滚揉、调味等预处理后，再经过热（非热）处理、杀菌包装、速冻等工艺进行加工，制成即食、即烹、即热、即配食品的统称。自从预制菜肴进入餐饮市场以来，相继征服了销售商和食客，最主要在于其保证了口味品质的同时，大大缩减了烹饪环节，成本与时间的优势被大家广泛认可。例如，某湘菜餐厅因为使用了预制菜肴使其上菜速度惊人，10min可上10道菜。据报道，2018年湖南全省规模预制菜加工企业超过100家，2017年实现主营业务收入超100亿元。

预制菜肴产品可按如下方式分类。

1. 按消费形式

即食预制菜肴是指开封后可直接食用的预制食品。即热预制菜肴是指加工成的冷冻或冷藏或常温保存的，只经热水浴或微波炉等快速加热的即食食品。即烹预制菜肴是指按份分装冷藏或冷冻或常温保存的食材及必需的调味品，可以立即入锅烹制的原料食品。即配预制菜肴或称为烹饪原料食品，指经过清洗、分切等初步加工而成的半成品配菜原料食品。

2. 按包装形态

散装预制菜肴是指大包装开封后，客户根据需要量购买的即食预制食品，主要在商超和专卖店销售。小包装预制菜肴是指加工成的冷冻或冷藏或常温保存的，只需要经热水浴或微波炉等快速加热的即食食品。大包装预制菜肴是指大包装的冷藏或冷冻或常温的烹饪原料，可以即烹或即配制的半成品。

3. 按贮运形式

冷藏预制菜肴是指加工成的成品或半成品的预制调理食品，在冷藏（一般0~10℃）条件下贮运的食品，主要在商超和专卖店销售。速冻预制菜肴是指加工成的成品或半成品的预制食品，在冷冻（-18℃）条件下贮运的食品，主要在商超和专卖店销售。热链预制菜肴是指加工成的即食预制调理食品在热保温条件下贮运和销售，如餐盒食品。常温预制菜肴一般是指加工成的即食调理食品经过真空或气调包装及高温杀菌，在无菌常温条件下贮运和销售，保质期较长。

4. 按消费人群

团体群餐是指直接配送学生、白领、企业、医院、部队及旅游团体等人群的预制配餐食品。连锁快餐是指加工成的冷冻或冷藏或常温的成品或半成品，配送至快餐连锁店直接组配的预制食品。商超配送是指便利店、超市、商场销售的家庭用的冷冻或冷藏或常温的成品和半成品食品。餐厅食堂是指大包装的冷藏或冷冻或常温的原烹饪原料，可以即烹或即配制的成品和半成品。

5. 按不同国别

中式预制菜肴是指中式风味的预制菜肴食品，多为中国传统食材或菜肴食品。西式预制菜肴是指西式风味的预制菜肴食品，如西式肉制品、比萨饼、意大利面等。日式预制菜肴是指日式风味的预制菜肴食品，如寿司、鸡肉串、马铃薯可乐饼等。其他国别预制菜肴，如印度咖喱、韩国泡菜、泰国酸辣汤等预制食品。

第二章

# 中央厨房规划建设

　　《中央厨房许可审查规范》的颁布使得中央厨房项目建设规划走上了法制化的轨道。中央厨房建设运营必须首先考虑项目立项、审批，只有项目的可行性研究通过审批才可进行后续的规划建设工作，在建设过程中也要对场址、设计、建设、设备、试产等各环节进行慎重的选择和考察，这些都是关系到中央厨房建设及运营的重要环节。中央厨房的建设涉及三个阶段：项目建设前准备阶段、项目建设实施阶段、项目生产运营阶段。项目建设前准备阶段包括项目立项建议书、可行性研究与项目评估等决策部分；项目建设实施阶段包括编制设计任务书、技术设计、施工图设计、设备采购、工程施工、竣工验收等；项目生产运营阶段包括项目运营管理、产品研发、试生产、标准化、信息计划、生产管理、品质管理及物流配送等。中央厨房建设运营流程如图2-1所示。

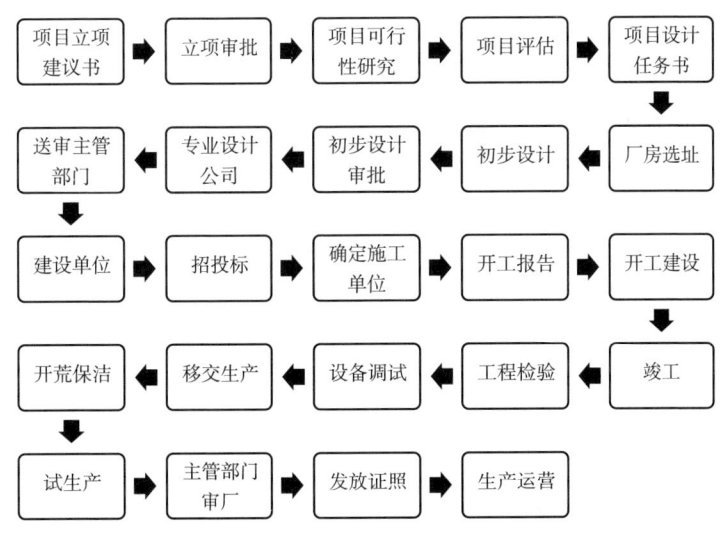

图2-1　中央厨房建设运营流程图

（资料来源：王存山.中国餐饮业中央厨房与餐饮食品工业化发展研究报告.2017）

## 第一节　中央厨房项目建设前的准备

### 一、立项建议书

在中央厨房项目确定之前，应编制立项建议书。立项建议书是项目建设的第一步，是投资项目的初步选择阶段。立项建议书要对拟建项目提出一个轮廓设想，主要从宏观上考察项目建设的必要性、建设条件的可行性和获利的可能性，并做出项目建设的投资建议和初步设想，为编制项目的可行性研究报告打下基础。在项目建议书中应对项目建设的规模和产品销售方向做出预测。

首先，从宏观上考察拟建项目是否符合国家长远规划、宏观经济政策和国民经济发展的要求，初步说明项目建设的必要性；从建设条件方面初步分析人力、物力、财务投入的可能性和条件的具备程度。

其次，对于批准立项的投资项目即可列入项目前期工作计划，开展可行性研究工作。

最后，对于涉及利用外资的项目，立项建议书应从宏观上论述合资、独资项目设立的必要性和可能性。在项目批准立项后，项目建设单位方可正式对外开展工作，编写可行性研究报告。

#### （一）立项建议书的作用
（1）是中央厨房项目建设前期的第一项工作。
（2）是表达中央厨房建设项目的轮廓设想和投资意愿。
（3）是项目可行性研究的前提条件。
（4）专业度要求高，建议与中央厨房专业咨询机构合作。

#### （二）立项建议书的主要内容
（1）项目提出的背景和依据，投资的必要性和经济意义。
（2）产品需求初步测算。
（3）产品定位和拟建规模。
（4）工艺初步方案。
（5）主要原料、能源供应。
（6）建厂条件和厂址选择初步要求。
（7）生产设备和基础设施设备初步方案。
（8）环保方案。
（9）工厂组织和劳动定员。
（10）项目实施初步规划。
（11）投资估算和资源筹措方案。
（12）经济效益和社会效益估算。
（13）结论与建议。

## 二、可行性研究

在项目建议书获得批准后,应该着手编写可行性研究报告。可行性研究是对拟建项目在工程技术、经济及社会、环境保护方面的可行性和合理性进行研究。具体而言,项目可行性研究是组织有关专家对拟建项目若干个备选方案,从市场营销、技术、组织管理、社会及环境影响、财务、经济等方面进行调查研究,分析各方案是否可行,并对它们进行比较,从中选出最优方案的分析研究活动。

项目可行性研究是项目前期准备阶段的核心工作内容。项目可行性研究和评估的结论不仅关系到项目的投资决策,而且是实施过程中进行管理工作的重要指导性文件和竣工时验收的主要依据。

### (一) 可行性研究的作用

(1) 中央厨房项目前期准备阶段的核心工作。
(2) 作为建设项目投资决策和编制设计任务书的依据。
(3) 中央厨房项目的投资决策依据。
(4) 作为筹措资金或向银行申请贷款的关键文件。
(5) 作为与项目有关部门商谈合同和协议的依据。
(6) 制定技术方案和设备方案的基础。
(7) 项目实施管理的重要指导性文件。
(8) 项目竣工验收的主要依据。
(9) 对投资者的第一份承诺。
(10) 作为环保当局审查建设项目对环境影响的依据。

### (二) 可行性研究的主要依据

(1) 国家经济建设的方针、政策和长远规划。
(2) 经批准后的立项建议书。
(3) 经国家正式批准的资源报告各种有关规划。
(4) 要有可靠的自然、地理、气象、经济、社会等基础资料。这些是可行性研究中进行厂址选择、项目设计和经济技术评价必不可少的资料。
(5) 有关工程技术方面的标准、规范、指标等,在可行性研究考虑技术方案时作为基本根据。
(6) 根据国家公布的项目评价的有关参数、指标等进行可行性研究。

### (三) 可行性研究的步骤

1. 筹划准备

项目建议书批准后,项目单位即可进行项目可行性研究报告的编制工作。可行性研究报告由具有相关资质的咨询单位来编制。咨询单位应在了解项目建议书和有关项目背景资料、批准文件以及项目单位的要求后,制订详细的工作计划,以便开始项目可行性研究工作。

2. 收集资料

按照工作计划进行可行件研究报告编制工作。首先是收集与项目有关的各种资料,如此类项目建设的有关方针政策,项目地区的历史、文化、风俗习惯、自然资源条件,社会经济状况,国内外市场情况,有关项目技术经济指标和信息等。然后考察项目开展的周围环境条件，查阅统计会计资料、技术档案资料，掌握的资料应做到详细、全面、客观、正确。

3. 分析研究

在收集资料和各种数据的基础上，应按照项目可行性研究报告所要求的内容进行科学的分类整理，计算加工、分析研究，结合项目的具体情况，对项目建设涉及的技术方案、产品方案、组织管理、社会条件、市场条件、实施进度、资金测算、财务效益、经济效益、社会生态效益等各方面的问题进行可行性论证。同时还应设计几套可供选择的方案，进行比较分析，筛选出最优的可行性方案，形成可行性研究的结论意见。

4. 编写可行性研究报告

可行性研究报告的编制单位应根据分析研究所得的结论性意见，对项目是否可行编制出规范的可行性研究报告。

（四）可行性研究报告的内容

可行性研究报告一般包括四个部分：文字报告（封面、目录、正文）、附表、附图和附件。

文字报告正文一般包括14个方面的内容。

（1）项目建设的必要性　要从两个层次进行分析，一是结合项目功能定位，分析拟建项目对企业自身发展，满足社会需求，促进国家、地区经济和社会发展等方面的必要性；二是从国民经济和社会发展角度，分析拟建项目是否符合合理配置和有效利用资源的要求，是否符合区域规划、行业发展规划、城市规划的要求，是否符合国家产业政策和技术政策的要求，是否符合保护环境、可持续发展的要求等。

（2）市场分析　调查、分析和预测拟建项目产品和主要投入品的国内外市场的供需状况和销售价格；研究确定产品的目标市场；在竞争力分析的基础上，预测可能占有的市场份额；研究产品的营销售策略。

（3）建设方案　主要包括建设规模与产品方案，工艺技术和主要设备方案，场址选择，主要原材料、辅助材料、燃料供应方案，总图运输和土建方案，公用工程方案，节能、节水措施，环境保护治理措施，安全、职业卫生措施和消防设施，项目的组织机构与人力资源配置等。

项目具体建设内容包括建设标准（根据国家对食品加工厂的卫生规范，设计规范、检验规程、无害化处理规程、通用技术条件、操作规程以及环境、建筑设计规范等制定），具体建设内容（对各项建设内容的土建工程、主管生产设备设施、主要技术措施进行描述）。

（4）投资估算　在确定项目建设方案工程量的基础上估算项目的建设投资，分别估算建筑工程费、设备购置费、安装工程费、工程建设其他费用、基本预备费、涨价预备费，以及计算建设期利息和流动资金。

（5）融资方案　在投资估算确定融资额的基础上，研究分析项目的融资主体，资金来源的渠道和方式，资金结构及融资成本、融资风险等。结合融资方案的财务分析比较、选择和确定融资方案。

（6）财务分析　按规定科目详细估算营业收入和成本费用，预测现金流量；编制现金流量表等财务报表，计算相关指标；进行财务盈利能力、偿债能力分析以及财务生存能力分析，评价项目的财务可行性。

（7）经济分析　对于财务现金流量不能全面、真实地反映其经济价值的项目，应进行经济分析。从社会经济资源有效配置的角度，识别与估算项目产生的直接和间接经济费用与效益，编制经济费用效益流量表，计算有关评价指标，分析项目建设对社会经济所做出的贡献以及项目所耗费的社会资源，评价项目的经济合理性。

（8）经济影响分析　对于行业、区域经济及宏观经济较大的项目，还应从行业影响、区域经济发展、产业布局及结构调整、区域财政收支、收入分配以及是否可能导致垄断等角度进行分析。对于涉及国家经济安全的项目，还应从产业技术安全、资源供应安全、资本控制安全、产业成长安全、市场环境安全等角度进行分析。

（9）资源利用分析　对于占地面积大、高耗能、高耗水的项目，应进行节能、节水、节地、节材分析，所有项目都要提出降低资源消耗的措施。

（10）土地利用及拆迁安置方案分析　对于新增建设用地的项目，应分析项目用地情况，提出节约用地措施。涉及拆迁的项目，还应分析拆迁方案的合理性。

（11）社会评价或社会影响分析　对于涉及社会公共利益的项目，要在社会调查的基础上，分析拟建项目的社会影响，分析主要利益相关者的需求，对项目的支持和接受程度，分析项目的社会风险，提出需要防范和解决社会问题的方案。

（12）敏感性分析与盈亏平衡分析　对项目进行敏感性分析，计算敏感度系数和临界点，找出敏感因素及其对项目效益的影响程度，进行盈亏平衡分析，计算盈亏平衡点，粗略预测项目适应市场变化的能力。

（13）风险分析　对项目主要风险因素进行识别，采用定性和定量分析方法估计风险程度，研究提出防范和降低风险的对策措施。

（14）结论与建议　在以上各项进行分析研究后，做出归纳总结，说明所推荐方案的优点，并指出可能存在的主要问题和可能遇到的主要风险，做出项目是否可行的明确结论，并对项目下一步工作和项目实施中需要解决的问题提出建议。

## 三、项目评估

编写好的可行性研究报告要经技术专家进行论证，并提出合理化建议后，根据专家意见来确定项目是否可行。项目评估可以从不同角度去分析，包括企业投资项目、政府投资项目、金融机构贷款项目。项目的评估原则：科学决策原则，民主决策原则，多目标综合决策原则、风险责任原则，可持续发展原则。

（一）项目评估的作用

(1) 明确表达是否立项或可行性研究需要修正或推迟立项。
(2) 增强决策科学性、减少盲目性。
(3) 权衡微观经济和宏观经济利益。
(4) 金融机构发放贷款的重要依据。
(5) 项目实施与管理的重要指导依据。

（二）项目评估的内容

(1) 必要性的评估。
(2) 建设条件的评估。
(3) 建设方案的评估。

（4）投资效益的评估。

（5）有关政策和管理体制的评估。

（6）评估结论。

## 四、项目设计任务书

设计计划任务书是在可行性研究的基础上，择其最佳方案按照项目的隶属关系，由项目管理部门组织、设计部门进行编制的。

### （一）设计计划任务书的编制内容

设计计划任务书是一个指令性的文件，是确定基本建设项目、编制设计文件的主要依据。各类建设项目其内容不尽相同，一般包括以下内容。

（1）建设的目的、依据及建设项目名称。

（2）建设规模、产品方案、生产方法和工作制度。

（3）原材料、燃料、动力（水、汽、电）等供应情况。

（4）厂址和地点的地理自然条件、交通、运输、防空、防震等要求。

（5）资源综合利用和三废治理的要求。

（6）建设工期及设计、施工单位名称。

（7）投资控制数及劳动定员控制数。

（8）要求达到的经济效益和技术水平。

（9）对改、扩建工程项目要说明原固定资产的利用程度和现有生产潜力的发挥情况。

### （二）设计计划任务书的附件

为了说明设计计划任务书的有关内容，报上级审批时，还应附上必要的附件资料。其主要内容如下。

（1）原材料的供应和原料基地情况。

（2）厂址地区的地形与地势、工程地质、水文、气象和地震等资料。

（3）土地使用批准书及能源、交通等协议书。可行性研究报告中有关预测经济效果的资料和计算依据。

（4）如引进国外的技术和设备，要附国家批准文件。如采用新工艺、新产品或新设备，则应有鉴定书或试验报告。

（5）扩建工程要附本厂总平面图及主要设备平衡表。

建设项目的设计计划任务书批准后，如果在建设规模、产品方案、建设地区、主管协作关系等方面有变动，以及突破投资控制数时，应经原批准机关同意。若有些项目建设条件比较简单，建设方案明确单一，也可在审批设计计划任务书以前，经国家主管部门或省、市、自治区有关部门批准后，提前委托设计，做好设计准备。在项目列入建设计划以前，仍需要任务书的审批手续。审批设计计划任务书在可行性研究的基础上确定，其中项目基本轮廓也是委托设计的根据。批准设计计划任务书，并不等于同意列入基本建设计划。

建设项目能否及何时列入计划，要根据各项条件和财力、物力进行综合平衡，在长期或年度计划中统一考虑。同意列入基本建设计划时，该项目就成立，并成立筹备建设单位，以后签署合同时称为"甲方"。

## 第二节　中央厨房规划设计

### 一、中央厨房工艺设计

所谓工艺设计，就是按工艺要求进行工厂设计，其中又以车间工艺设计为主，并对其他设计部门提出各种数据和要求，作为非工艺设计的设计依据。中央厨房工艺设计的内容大致包括：全厂总体工艺布局；产品方案及班产量的确定；主要产品和综合利用产品生产工艺流程的确定；物料计算；设备生产能力的计算、选型及设备清单；车间平面布置；劳动力计算及平衡；水、电、汽、冷、风、暖等用量的估算；管道布置、安装及材料清单；施工说明等。

除了上述内容外，还必须提出工艺对总平面布置中相对位置的要求；对车间建筑、采光、通风、卫生设施的要求；对生产车间的水、电、汽、冷、能耗量的要求；对各类仓库面积的计算及仓库温湿度的特殊要求等。

#### （一）中央厨房工艺设计的原则

1. 营养平衡原则

随着社会经济的快速发展，人们越来越重视膳食的营养平衡。不同人群、不同年龄的消费群体摄取的营养素必须适量并达到营养均衡才能健康。如学生中出现的"小胖墩"一般是因为营养过剩，而"小豆芽"或贫血一般是因为偏食和营养不良，这两者均是营养失衡的后果。因此，中央厨房生产的产品必须严格按照营养学要求进行工艺设计，以满足不同消费者对膳食营养平衡的要求。

2. 食品安全原则

中央厨房生产的产品应符合食品安全的要求。从原辅料采购、验收、仓储、领料、生产加工、配制、烹饪、分装、物流配送直到消费者服务等全部过程中，必须严格按照国家规定进行工艺设计。同时，中央厨房必须配备专职的食品安全管理人员，对进货的原料、生产场所、加工机械、各种容器、运输工具、工艺流程、配方与规格等进行严格的把关，同时对每批次产品留样并定期进行检测，从而保证食品安全。

3. 时间保证原则

中央厨房生产企业应根据产品特性、国家法律法规规定设计产品的配送半径、保质期、贮运参数等工艺参数。例如，冷链工艺膳食从烧熟到食用前加热，时间控制在24h；在供餐点供餐加热至70℃以上后不立即食用的餐食的保质时间控制1h内；热链工艺膳食从烧熟到食用时间控制在3h；由多种组分组成的，应以最早完成热加工的菜肴或主食的时间计算保质时间；热链产品以10km直线距离或30min车程为最佳配送半径，冷链产品可不受配送区域限制，如航空食品、铁路配餐，但受时间限制。

4. 色、香、味、形、质原则

中央厨房生产企业要根据自身特定的市场、及消费群体的需求，精心选料、加工、烹调，通过适当的工艺设计及配方，生产出色、香、味、形、质俱佳的产品。

### (二) 中央厨房工艺设计过程中考虑的要素

中央厨房工艺设计过程中应充分考虑到食品生产必须符合各项管理标准、技术规范和法律法规的要求,以确保后期运营的效率和规范。

(1) 在流程上应将人流、物流、产品流以及水流、气流等严格区分,杜绝交叉;食品的生熟区域以及周转盛器等通过颜色和材质加以区分,实施"目视"管理;人员专用通道设置风淋房、消毒区。

(2) 大容量的冷库能满足包括原辅料、半成品、成品以及中央厨房与连锁门店或项目点之间的半成品或成品储存与配送的温、湿度要求,例如,半成品蔬菜在4℃冷库内可贮存2d,荤类食品及熟制半成品在-18℃冷库内贮存15d,确保食品的温度和有效期得到有效控制的同时,能满足整个物流的配送。

(3) 食物烧制应采用高热值、低能耗的设备完成,在节省能耗的同时提高了劳动效率,实现烹饪加工工艺标准化。

(4) 成品的分装或包装应在输送线上一次性完成,免去两次分装,每份餐食的规格和重量保持一致。

(5) 对食品的温度、压力、时间等进行跟踪,确保符合HACCP的要求。

### (三) 中央厨房工艺设计的关键技术

中央厨房需对传统烹饪工艺加以科学分析,涉及食品科学、食品工程、化学、化工、制冷工程、材料学、流体力学等相关学科,对每一工艺都建立有完整的数理模型。其关键技术包括:

①蔬菜连续加工技术。
②畜禽肉类连续加工技术。
③复合调味料包加工技术。
④快速冷却技术。
⑤适度灭菌技术等。
⑥连续化包装技术。

这些技术的使用不但可以使产品达到卫生、安全、营养、美味的标准,同时也提高了企业的竞争力。

### (四) 中央厨房工艺设计对总平面布置的要求

首先,需要了解食品变质的因素及其与温度之间的相互关系,如图2-2所示。

食品变质的原因大致区分如下:

①生物学因素:微生物(细菌、霉菌、酵母)、昆虫、螨等。
②化学因素:酶的作用、脂肪的氧化、聚合、褐变、褪色等。
③物理因素:由于光线、热所致食物成分的变化,冻结所致食物组织的破坏、干燥等。

多数食品变质的原因相当复杂,往往是生物、化学和物理等因素综合的结果。

由美国、英国和加拿大等专家根据航空公司历年所发生的食物中毒案例而获得的数据,展示了引起食源性疾病的真正根源,如表2-1所示。多年来,这些因素仍保留不变,现在已成为开展中央厨房HACCP体系建设的理论依据,也是中央厨房工艺设计对总平面布置的要求依据。

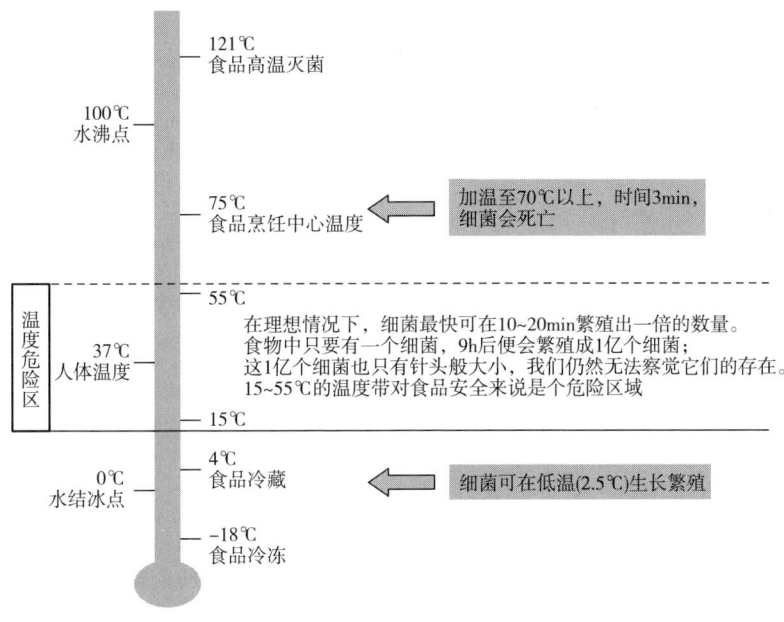

图 2-2 食品与温度关系图

(资料来源：王存山. 中国餐饮业中央厨房与餐饮食品工业化发展研究报告. 2017)

表 2-1　　　　　　　　　　　航空食品食物中毒案例分析一览表

| 占比/% | 产生的原因 | 类别 |
| --- | --- | --- |
| 61 | 冷却和冷藏不够 | 温度 |
| 29 | 在供应计划制定前就制作食品 | 时间 |
| 27 | 热贮存不充分 | 温度 |
| 26 | 个人卫生不良/人员感染 | 人员 |
| 25 | 再加热不彻底 | 温度 |
| 9 | 用具清洁消毒不彻底 | 消毒 |
| 7 | 使用剩余材料 | 时间 |
| 5 | 烹饪或加热处理不够 | 温度 |
| 4 | 容器内加入有毒化学品 | 化学 |
| 2 | 被生材料污染 | 卫生 |
| 2 | 有意加入的化学添加剂 | 化学 |
| 1 | 偶然加入的化学添加剂 | 化学 |
| 1 | 不安全来源 | 其他 |

资料来源：王存山，中国餐饮业中央厨房与餐饮食品工业化发展研究报告，2017。

1. 对仓贮中心的要求

食品原料的贮存应按品种分别设立冷藏库、冷冻库和常温库，如畜禽类冷冻库、水产类冷冻库、蔬果冷藏库、鸡蛋冷藏库、冷链产品冷藏库、成品冷库、干货仓库、化学品仓库等。

冷藏库的温度在 1~10℃，蔬菜贮存在 5~10℃、禽肉类水产贮存在 2~5℃；冷冻的温度为 -18℃以下（-22~-15℃）；常温库的温度为 25℃以下。各类库房的容量应当满足食品生产加工的需要；冷藏、冷冻库数量和结构满足食品的原料、半成品和成品分开存放的要求，库房内应设置数量足够的物品存放货架。

2. 对生产加工场所的要求

生产加工场所一般设有烹调热加工、米饭生产、主食面点制作、面包糕点烘焙等场所。为防止热加工场所温湿度过高，造成微生物繁殖引发的环境污染，烹调热加工间、蒸煮烘烤间等要求采用机械排风装置，以排除加工场所内的蒸汽及油烟，并经油烟净化处理后排出；同时应有洁净的新风源补充，换气的频次一般不少于 6 次/h。

3. 分装车间设计的要求

"热链工艺"的食品分装，重点在食品中心温度与就餐时间的控制。热链工艺膳食从烧熟到食用时间控制在 3h。由多种组分组成的，应以最早完成热加工的菜肴或主食计算。

"冷链工艺"的食品分装，在烹饪加工车间与分装车间之间配置快速冷却机和专用冷藏库；食品分装或包装在十万级净化包装车间内进行、并配置分装流水线、金属探测仪、打码机等。

为确保门店配送或终端维护消费者知情权，在盛装食品的箱体表面标明生产单位、生产日期（计算至 min）、保质期限、保存条件。冷链盒饭还需标明食用前加热方法。

4. 对暂存间设计的要求

对已烹饪好的食品的贮存方式，决定了食品的安全性与风险性之间的差异，其关键是对时间和温度的控制。食物中毒很少是单纯由食物污染所引起，而是通过污染加上微生物的繁殖而引发，这种情况又取决于食品暴露于适合细菌生长环境的温度及时间。因此，要设法使食品由制作到使用之间的贮存时间尽可能缩短，贮存温度应以能抑制细菌的繁殖为宜。

5. 对配送与物流中心的要求

（1）配送中心设计要点　配送中心主要功能是提供配送服务。其在食品供应链环节中是一个重要的物流节点，为下游门店、项目点、经销商、零售商、客户做配送工序。利用流通设施和信息系统平台，对物流配送的食品和相应的用品，做分类、流通加工、配套、设计运输路线、运输方式，为内部或外部顾客提供量身定做的配送服务。中央厨房通过组建自己的配送中心来完成对内部各门店、项目点等的统一采购、统一配送和统一结算。

（2）物流配送设计要点　物流配送是现代流通业的重要组成部分。物流配送模式是指构成配送活动的诸要素的组合形态以及其运动的标准形式，它是根据经济发展需要并根据配送对象的性质、特点、工艺流程而相对固定的配送规律。

目前物流配送模式主要分为自营型配送模式、第三方配送模式以及共同配送。

（1）自营型配送　自营型配送模式是当前中央厨房所广泛采用的一种配送模式。企业通过独立组建配送中心，实现内部各部门、门店、项目点的物品供应的配送。当前，较为典型的自营配送模式包括餐饮连锁、团餐和学生营养餐等企业的配送。

(2) 第三方配送　第三方配送是指由物流劳务的供方、需方之外的第三方去完成物流服务的物流运作方式。第三方是指提供物流交易双方的部分或全部物流功能的外部服务提供者，是物流专业化的一种形式。企业不拥有自己的任何物流实体，将商品采购、储存和配送都交由第三方完成。

(3) 共同配送　共同配送又称共享第三方物流服务，是指多个客户联合起来共同由一个第三方物流服务公司来提供配送服务，它是在配送中心的统一计划、统一调度下展开的；共同配送的本质是通过作业活动的规模化降低作业成本，提高物流资源的利用效率。

此外，中央厨房的物流配送模式分类会在第四章第五节详细介绍。

通过对中央厨房的概念和基本特性的理解，以及中央厨房应具备的"仓储、生产与加工、配送与物流"三个中心的功能阐述，进行归纳与总结，描绘出"中央厨房规划与功能区域及流程"的示意图，如图2-3所示。

## 二、中央厨房非工艺设计

中央厨房非工艺设计包括：总平面、土建、采暖通风、给排水、供电及自控、制冷、动力、环保等的设计，有时还包括设备的设计。非工艺设计都是根据工艺设计的要求和所提出的数据进行设计的。设计工作必须以已批准的可行性研究报告、设计任务以及其他相关资料为依据，它是在市场预测（包括建设规模）和厂址选择之后的工作环节。

### （一）中央厨房功能区域划分

1. 厂房

生产加工区、仓储区、物流配送区、行政办公区、后勤与辅助等厂房以及各类大型冷库，恒温车间，配电房、锅炉房、参观检查通道、展示大厅等。

2. 基础设施

油烟净化系统、新风系统，供水、电、气系统，温湿度控制系统，水净化、污水处理系统，消防系统，电子监控、防盗系统、防暴系统等。

3. 主要设备

连续式叶菜清洗机、根茎类洗菜机、切片机、去皮机、全自动米饭生产线、洗锅机、机器人炒锅、大型蒸箱、可倾式燃气炒锅、蒸汽夹层锅、各类炉灶、油炸生产线、冷却隧道、隧道微波炉、分装线、保温箱、餐具、洗碗机、运输设备、铲车、冷库货架以及餐饮管理的软件系统等。

### （二）中央厨房非工艺设计的准备工作

(1) 到建厂现场收集资料，如厂址的地形、地貌，四周是否有特殊的污染源，以及水源、水质问题等。要了解当地的气候、水文、地质资料，同时向有关单位了解工厂所在地区的发展方向，新厂与有关单位协作分工的情况和建筑施工的预算价格等。

(2) 到同类工厂收集工程项目资料，了解一些关键性和技术性问题，了解同类项目比较成功的地方和使用中存在的问题以及改进方法，使设计水平不断提高。

### （三）中央厨房非工艺设计的设计工作

对于一般性的大中型基建项目，国内中央厨房企业常采用二阶段设计，即扩大初步设计和施工图设计。对于工艺比较复杂的项目，还应增加工艺设计，小型项目有的也可指定只做施工图设计。

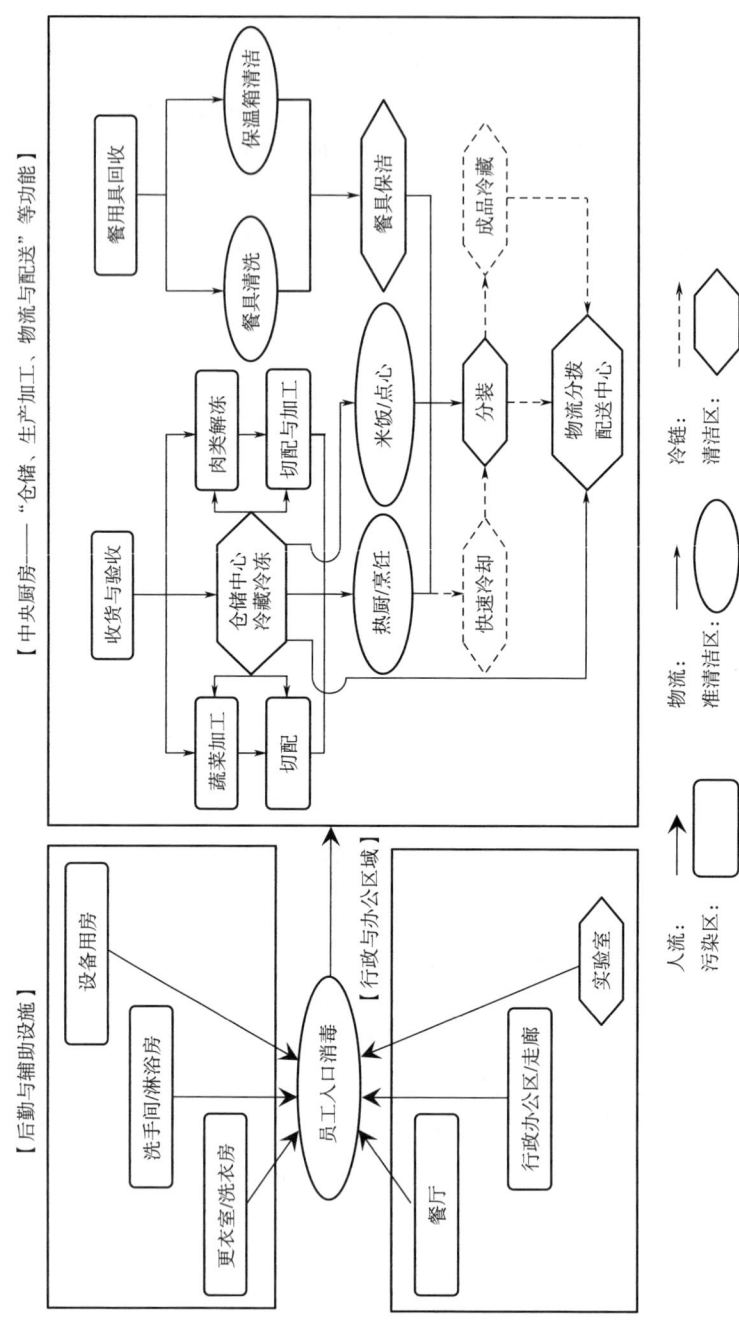

图 2-3 中央厨房规划与功能区域及流程
(资料来源:王存山.中国餐饮业中央厨房与餐饮食品工业化发展研究报告,2017)

扩大初步设计（扩初设计），就是在设计范围内做详细、全面的计算和安排，使之能说明中央厨房的全貌，但图纸不能作为施工指导，只能供有关部门审批。这种深度的设计称为扩初设计。

扩初设计包括：总论；技术经济；总平面布置及运输；工艺；自动控制测量仪表；建筑结构；给排水；供电；通信；供热；采暖通风；空压站；氮氧站；冷冻站；环境保护及综合利用；维护中心化验室（站）；仓库（堆场）；劳动保护；生活福利设施和总概算等部分。

扩初设计的深度要求：①满足对专业设备和通用设备的订货要求，并对需要试制的设备提出委托设计或试制的技术要求；②主要建筑材料、安装材料（钢材、木材、水泥、大型管材、高中压阀门等）的估算数量和预安排；③控制基本建设投资；④征用土地；⑤确定劳动指标；⑥核定经济效益；⑦设计审查；⑧建设准备；⑨满足编制施工图设计要求。

扩初设计文件（又称初步设计文件）包括设计说明书、附件、总概算书三个部分。初步设计说明书包括总平面、工艺、建筑等各部分内容；附件中包括图纸、设备表、材料表等内容；总概算书是将整个项目的所有、工程费和其他费用汇总编写而成的。

施工图设计的具体涵盖内容如下所述。

1. 平面图

（1）承重墙、柱及其定位轴线编号，内外门窗位置、编号及定位尺寸，门的开启方向，注明房间名称或编号。

（2）总尺寸、轴线间尺寸、门窗洞口尺寸、分段尺寸。

（3）墙身厚度、柱与壁柱宽、深尺寸及其与轴线关系尺寸。

（4）变形缝位置、尺寸及做法索引。

（5）主要建筑设备和固定家具的位置及相应做法索引。

（6）电梯、自动扶梯及步道、楼梯位置和楼梯上下方向示意和编号索引。

（7）主要结构和建筑构造部件的位置、尺寸和做法索引，重要设备或设备机座的位置尺寸、各种平台、夹层、人孔、阳台、雨篷、台阶、坡道、散水、明沟等。

（8）楼地面预留孔洞和通气管道、管线竖井、烟囱、垃圾道等的位置、尺寸和做法索引，以及墙体预留洞的位置、尺寸与标高或高度等。

（9）车库的停车位及行车线路。

（10）特殊工艺要求及土建配合尺寸。

（11）室外地面标高、底层地面标高、各楼层标高、地下室各层标高。

（12）剖切线位置及编号。

（13）有关平面节点详图或详图索引。

（14）指北针。

（15）每层建筑面积中防火分区面积和防火分区分隔位置示意。

（16）屋面平面应有女儿墙、檐口、天沟、坡向、雨水口、屋脊、变形缝、楼梯间、水箱间、电梯间、天窗及挡风板、屋面上人孔检修梯、室外消防楼梯及其他构筑物，必要的详图索引、标高等。

2. 立面图

（1）两端轴线编号，立面转折较复杂时可用展开立面表示，但应准确注明转角处轴线编号。

（2）立面外轮廓及主要结构和建筑构造部件的位置，如女儿墙、檐口、柱、变形缝、室外楼梯和垂直爬梯、室外空调机搁板、阳台、栏杆、台阶、坡道、花台、雨篷、烟囱、勒脚、门窗、幕墙、洞口、雨水管，其他装饰构件、线脚和粉刷分格线等，以及关键控制标高的标注、外墙的留洞应标注尺寸与标高或高度尺寸。

（3）平面、剖面未能表示出来的屋顶、檐口、女儿墙、花架、窗台以及其他装饰构件、线脚的标高或高度。

（4）在平面图上表达不清的窗编号。

（5）各部分装饰用料名称或代号，构造节点详图索引。

（6）各个方向的立面应绘制齐全，内部院落或看不到的局部立面可在相关剖面图上表示。若剖面图未能表示完全时，则需单独绘出。

3. 剖面图

（1）剖视图应选在层高不同、层数不同、内外部空间比较复杂、具有代表性的部位，建筑空间局部不同处以及平面、立面均表达不清的部位，可绘制局部剖面。

（2）墙、柱、轴线和轴线编号。

（3）剖切到或可见的主要结构和建筑构造部件，包括室外地面、底层地（楼）面、地坑、地沟、各层楼板、夹层、吊顶、屋架、屋顶、出屋顶烟囱、天窗、挡风板、檐口、女儿墙、爬梯、门、窗、楼梯、台阶、坡道、散水、平台、阳台、雨篷、洞口及其他装修等可见的内容。

（4）高度尺寸、各点标高。

（5）节点构造详图及索引。

# 第三节 中央厨房项目建设

## 一、中央厨房项目建设准备

中央厨房项目建设准备工作如表 2-2 所示。

表 2-2　　　　　　　　　　中央厨房建设准备工作

| 序号 | 项目 | 子项目 |
| --- | --- | --- |
| 1 | 项目筹备组 | 成立项目组 |
| 2 | | 设立项目组职责与权限 |
| 3 | | 任命项目组负责人 |
| 4 | | 拟定项目筹建管理流程 |
| 5 | | 拟定筹建工作计划 |
| 6 | | 项目组工作资源配置 |

续表

| 序号 | 项目 | 子项目 |
| --- | --- | --- |
| 7 | 资金准备 | 全部自有资金筹集 |
| 8 | | 合伙资金筹集 |
| 9 | | 自有资金+贷款筹集 |
| 10 | 功能定位 | 终端产品销售渠道分析 |
| 11 | | 测算就餐人数或销售量 |
| 12 | | 规划经营模式 |
| 13 | | 终端售卖产品种类 |
| 14 | | 中央厨房产品设计 |
| 15 | | 中央厨房产品特性分析 |
| 16 | | 中央厨房功能定位 |
| 17 | | 供应链定位 |
| 18 | 工艺流程 | 热链工艺设计 |
| 19 | | 冷链工艺设计 |
| 20 | | 净菜生产工艺设计 |
| 21 | | 半成品生产工艺设计 |
| 22 | | 米饭生产工艺设计 |
| 23 | | 中西面点工艺设计 |
| 24 | | 烹饪或熟化生产工艺设计 |
| 25 | | 冷却工艺设计 |
| 26 | | 分装或包装工艺设计 |
| 27 | | 清洗消毒工艺设计 |
| 28 | 成本分析 | 运营成本分析 |
| 29 | | 产品成本测算 |
| 30 | 建设规模 | 原料量 |
| 31 | | 成品生产量 |
| 32 | | 用水量 |
| 33 | | 用电量 |
| 34 | | 用燃气量 |
| 35 | | 用蒸汽量 |
| 36 | 设备选型 | 初拟设备设施清单 |
| 37 | | 考察设备厂家 |
| 38 | | 设备性能比较与预算 |
| 39 | | 设备设施定形 |
| 40 | | 下达采购与交货期 |
| 41 | | 设备设施调试期 |

续表

| 序号 | 项目 | 子项目 |
|---|---|---|
| 42 | 人员储备 | 企业组织架构 |
| 43 | | 中央厨房业务规划 |
| 44 | | 中央厨房经营目标 |
| 45 | | 中央厨房组织架构 |
| 46 | | 中央厨房职能分解 |
| 47 | | 中央厨房工作计划 |
| 48 | | 中央厨房生产人力与薪酬 |
| 49 | | 中央厨房管理人力与薪酬 |

资料来源：王存山，中国餐饮业中央厨房与餐饮食品工业化发展研究报告，2017。

## 二、施工

建设项目的施工工作包括施工组织设计、施工准备、施工过程步骤，又称施工阶段。

1. 施工组织设计

施工组织设计是指导工程施工活动的计划文件，一般包括施工组织总设计、单位工程施工组织设计、分部分项工程施工组织设计三种类型。主要包括施工方案的确立和主要施工机具的选择、施工要素的落实（包括材料、设备、劳动力）、施工现场机构的组建、施工平面的布置。

2. 施工准备

施工准备是根据施工图设计和施工组织设计，由施工企业进行的第一项具体工作，它的部分工作要同施工组织设计同步进行。施工准备活动包括准备施工活动所需要的设备材料的准备、组建施工队伍、准备施工活动所需要的各种现场条件等。

施工单位应根据设计单位提供的施工图，编制施工预算。施工预算如果突破设计概算，要讲明理由，上报原批准单位批准。

3. 施工过程

施工过程是施工阶段具体地配置各种施工要素形成投资产品的过程，是投入劳动量大、时间长的工作，是施工企业管理的基本任务。施工前要认真做好施工图的会审工作，明确质量要求。施工中要严格按照设计要求和施工验收规范进行，确保工程质量。

中央厨房设计施工重点如表 2-3 所示。

表 2-3　　中央厨房设计施工重点

| 序号 | 项目 | 子项目 |
|---|---|---|
| 1 | 规划设计依据 | 《食品安全法》 |
| 2 | | 《中央厨房许可审查规范》 |
| 3 | | 《洁净厂房设计规范》 |
| 4 | | 《消防法》 |
| 5 | | 《环境保护法》 |
| 6 | | 企业诉求 |

续表

| 序号 | 项目 | 子项目 |
| --- | --- | --- |
| 7 |  | 交通便捷 |
| 8 |  | 靠近目标客户群 |
| 9 |  | 市场成长与饱有度 |
| 10 | 厂址选择 | 环境评价 |
| 11 |  | 环保批文 |
| 12 |  | 生产用水卫生检测 |
| 13 |  | 能源与排污设施 |
| 14 |  | 厂房建设条件 |
| 15 |  | 生产区 |
| 16 |  | 仓储物流区 |
| 17 |  | 办公区 |
| 18 | 厂区功能布局 | 生活区 |
| 19 |  | 辅助设备设施区 |
| 20 |  | 卫生设施区 |
| 21 |  | 绿化 |
| 22 |  | 道路 |
| 23 |  | 蔬菜加工 |
| 24 |  | 肉类加工 |
| 25 |  | 水产加工 |
| 26 |  | 禽蛋加工 |
| 27 |  | 配料与配比 |
| 28 |  | 热厨或熟化 |
| 29 |  | 中西面点加工 |
| 30 |  | 米饭加工 |
| 31 |  | 冷却 |
| 32 | 车间功能布局 | 包装 |
| 33 |  | 清洗消毒 |
| 34 |  | 蔬菜原料库 |
| 35 |  | 肉类冻品库 |
| 36 |  | 水产冻品库 |
| 37 |  | 禽蛋类 |
| 38 |  | 干货仓库 |
| 39 |  | 米面仓库 |
| 40 |  | 低值易耗品仓库 |
| 41 |  | 化学品仓库 |

续表

| 序号 | 项目 | 子项目 |
|---|---|---|
| 42 | | 建筑原始结构图 |
| 43 | | 中央厨房总平面布局图 |
| 44 | | 人流图 |
| 45 | 平面图设计 | 物流图 |
| 46 | | 排水图 |
| 47 | | 气流图 |
| 48 | | 设备布局图 |
| 49 | | 化验室平面布局图 |
| 50 | | 门、窗、地面、墙壁、天花板 |
| 51 | | 给排水 |
| 52 | | 强弱电 |
| 53 | | 新排风 |
| 54 | | 制冷 |
| 55 | | 净化 |
| 56 | | 通暖 |
| 57 | 设计与施工要求 | 燃气 |
| 58 | | 蒸汽 |
| 59 | | 冷库 |
| 60 | | 消防 |
| 61 | | 废弃物处理 |
| 62 | | 虫害控制 |
| 63 | | 化验室 |
| 64 | | 参观通道 |
| 65 | | 设计施工装修图纸 |
| 66 | | 测算工程量清单 |
| 67 | | 装修施工预算 |
| 68 | | 招投标 |
| 69 | | 下发中标通知书 |
| 70 | 装修施工 | 签订装修施工合同 |
| 71 | | 设计方与施工方技术交底 |
| 72 | | 确认验收标准 |
| 73 | | 施工计划与进度表 |
| 74 | | 材料进场与验货 |
| 75 | | 装修施工 |
| 76 | | 隐蔽工程验收 |

续表

| 序号 | 项目 | 子项目 |
|---|---|---|
| 77 | 设备设施安装 | 设备进场与验货 |
| 78 |  | 设备设施安装 |
| 79 |  | 设备单机调试 |
| 80 |  | 多机联动调试 |
| 81 |  | 设备厂家培训 |
| 82 |  | 设备验收与资料移交 |

资料来源：王存山，中国餐饮业中央厨房与餐饮食品工业化发展研究报告，2017。

## 三、竣工验收

中央厨房施工工程完工后，各施工方自检合格后向建设方提交工程竣工报告申请竣工验收。实行监理的工程，竣工报告须经监理方签署意见。建设方收到工程竣工报告后，组织勘查、设计、施工、监理等单位及相关专家组成验收组，制定验收方案。建设方应在工程竣工验收 7~10d 前，将验收通知书告知参加验收的单位或人员。中央厨房厂房主体建筑竣工验收事宜暂不论述。本章所讲述的中央厨房工程主要是指中央厨房车间及相关联的基础设施设备装修、施工及安装工程，竣工验收项目如表 2-4 所示。

表 2-4　中央厨房竣工验收项目表

| 编号 | 中央厨房竣工验收项目 | 编号 | 中央厨房竣工验收项目 |
|---|---|---|---|
| 1 | 建筑工程竣工验收 | 9 | 设备联动调试验收 |
| 2 | 装修工程竣工验收 | 10 | 消防系统验收 |
| 3 | 强弱电工程验收 | 11 | 锅炉房验收 |
| 4 | 给排水工程验收 | 12 | 液化气站验收 |
| 5 | 通暖系统验收 | 13 | 生产用蓄水池验收 |
| 6 | 制冷系统验收 | 14 | 污水处理站验收 |
| 7 | 新排风系统验收 | 15 | 化验室验收 |
| 8 | 净化系统验收 | 16 | 竣工图 |

资料来源：王存山，中国餐饮业中央厨房与餐饮食品工业化发展研究报告，2017。

# 第三章 中央厨房运营管理与应用

## 第一节 中央厨房运营管理

经营中央厨房，需要摸索出一套行之有效的运营管理模式。首先要设计好企业的战略规划、组织架构、业务流程，理顺各部门的定位与职能。其次是优化企业的信息流、人流、物流、资金流、质量流，管控中央厨房的人员、机器、物料、法规、环境等要素并使各项管理标准制度化。

### 一、中央厨房组织构架与业务流程

#### （一）中央厨房的定位

1. 中央厨房的定位

（1）中央厨房是餐饮企业内部配套的生产配送中心，具有计划、采购、生产、仓储、配送及工程维修服务等功能，相当于企业的"中央处理器（CPU）"。

（2）中央厨房主要业务包括冷链、热链及常温产品的生产与配送。

（3）中央厨房是具有成本独立核算功能的组织。

（4）中央厨房具有一定人事、财务及绩效考核权限。

2. 中央厨房各主要部门定位

（1）信息计划部　企业的业务流程枢纽中心、控制与协调中心。

（2）采购部　按指令单采购、市场开发与询价、供应商管理及价格稽核，其服务对象是公司各部门。

（3）生产部　按指令单执行的制造与加工部门，不具有对外功能。

（4）仓储物流部　按指令单执行的服务部门，实现专业化仓储、配送运作。

（5）工程维修部　主要职能是维修服务、设备管理、安全防护及能耗监管。

#### （二）中央厨房的组织架构

团餐（连锁餐饮）企业的中央厨房组织架构见图 3-1。

#### （三）中央厨房的业务流程

团餐（连锁餐饮）企业的中央厨房业务流程见图 3-2。

第三章 中央厨房运营管理与应用 51

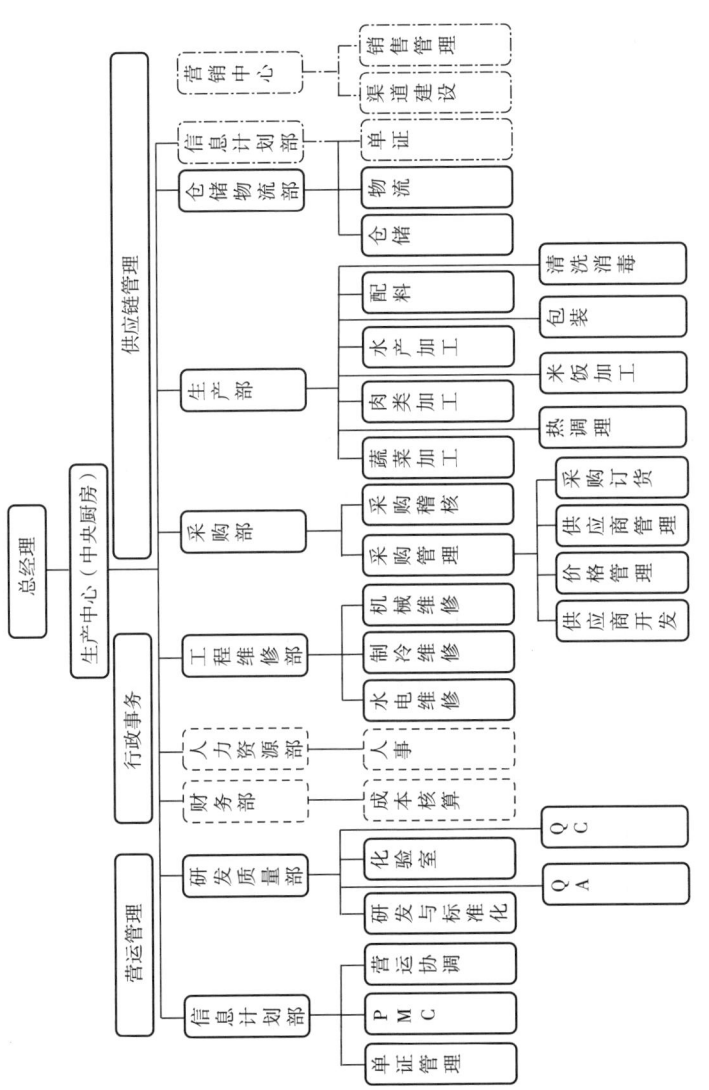

图 3-1 团餐（连锁餐饮）企业的中央厨房组织架构

（资料来源：王存山. 中国餐饮业中央厨房与餐饮食品工业化发展研究报告. 2017）

注：PMC—生产及物料控制；QA—质量保证；QC—质量控制。各虚线框中的机构设置表示在各中央厨房组织架构中可灵活调整。

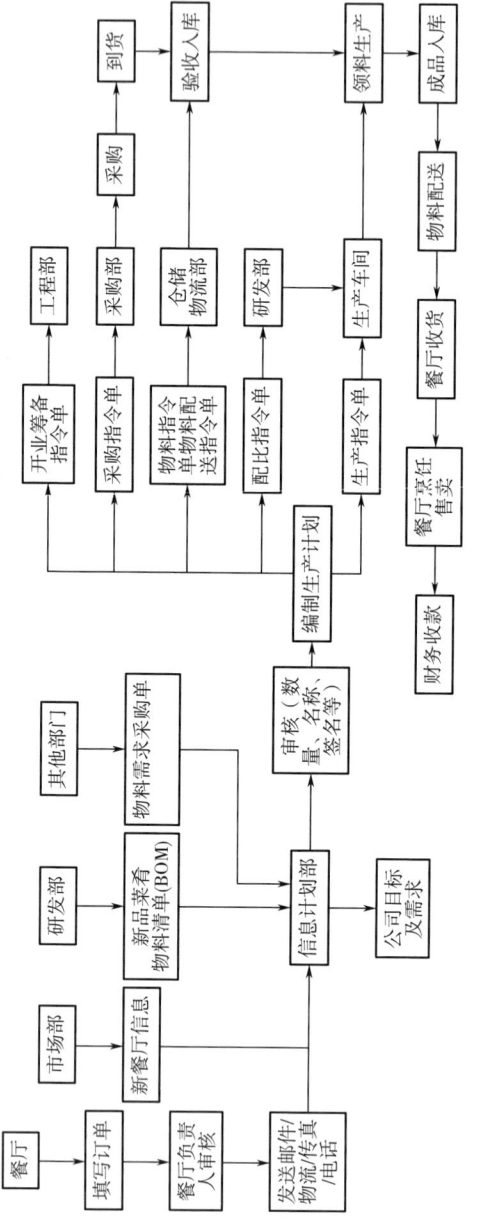

图 3-2 团餐（连锁餐饮）企业的中央厨房业务流程

（资料来源：王存山. 中国餐饮业中央厨房与餐饮食品工业化发展研究报告. 2017）

## 二、中央厨房的信息计划

### （一）中央厨房信息计划的作用

（1）信息计划部作为中央厨房企业的业务流程枢纽中心、控制与协调中心，相当于中央厨房的"CPU"。

（2）信息计划部以计划为运作龙头，向各业务部门发出执行指令；以营运协调为调节器，管控、协调、优化各部门工作。

（3）中央厨房信息计划可以集中统一进行储藏保管、加工清洗、原料解冻，减少水电气等能源成本。

（4）中央厨房信息计划可以减少设备的使用量和准备量。

（5）中央厨房信息计划可以合理利用人力资源，减少因运营的特殊性影响人力成本。

（6）中央厨房信息计划可以实现采购物流到货的品种、数量、质量、时间等与采购指令吻合；统一进货可以保证原材料质量，是控制产品质量第一关。

（7）中央厨房信息计划可以实现生产进度与生产计划吻合。

（8）中央厨房信息计划可以实现统一订单、统一采购、统一生产、统一配送。

（9）中央厨房信息计划可以实现计划系统与生产系统、配送系统沟通顺畅，流程无脱节。

（10）中央厨房信息计划可以实现以计划为中枢的管理运营模式，达成业务流程顺畅、集约化管理、精细化生产与控制、低成本运作。

（11）中央厨房信息计划可以降低餐厨垃圾产生，降低废气、废水的排放。

（12）中央厨房信息计划是构建企业大数据的基础，为企业实现投资回报率、产品创新、营销模式创新、服务创新提供依据。

### （二）信息计划部的组织架构及职能分解

信息计划部的组织架构如图3-3所示，职能分解如图3-4所示。

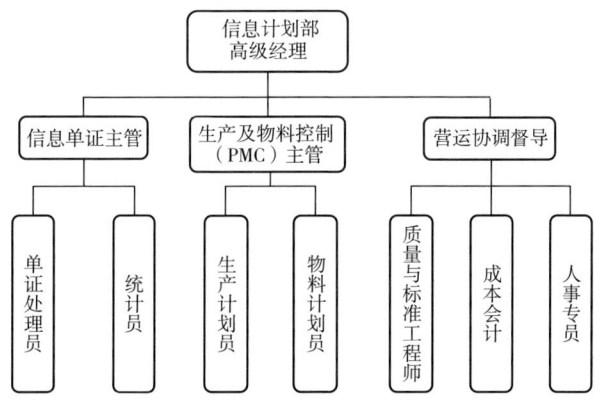

图3-3 信息计划部组织结构图

（资料来源：王存山．中国餐饮业中央厨房与餐饮食品工业化发展研究报告．2017）

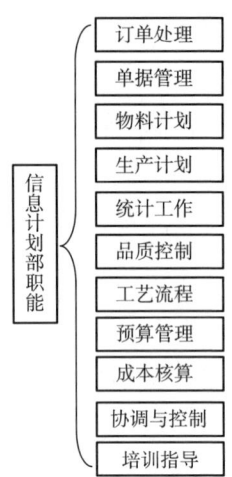

图3-4 信息计划部职能分解

（资料来源：王存山．中国餐饮业中央厨房与餐饮食品工业化发展研究报告．2017）

### （三）信息计划部的主业务流程

信息计划部主业务流程如图3-5所示。

### （四）信息计划部的子业务流程

1. 信息单证的子流程

①订单流程。

②生产指令的流程。

③领料单流程。

④出库单流程。

⑤采购入库单流程。

⑥成品入库流程。

⑦流转单流程。

⑧销售出库单流程。

2. PMC的子流程

①生产控制（PC）工作流程。

②物料控制（MC）工作流程。

3. 营运协调的子流程

①生产控制流程。

②配送控制流程。

③领料控制流程。

④其他业务。

## 三、中央厨房的生产管理

1. 产品研发及控制

餐饮产品要实施数字化、标准化、工业化的现代经营模式，首先需要建立产品研发中心，

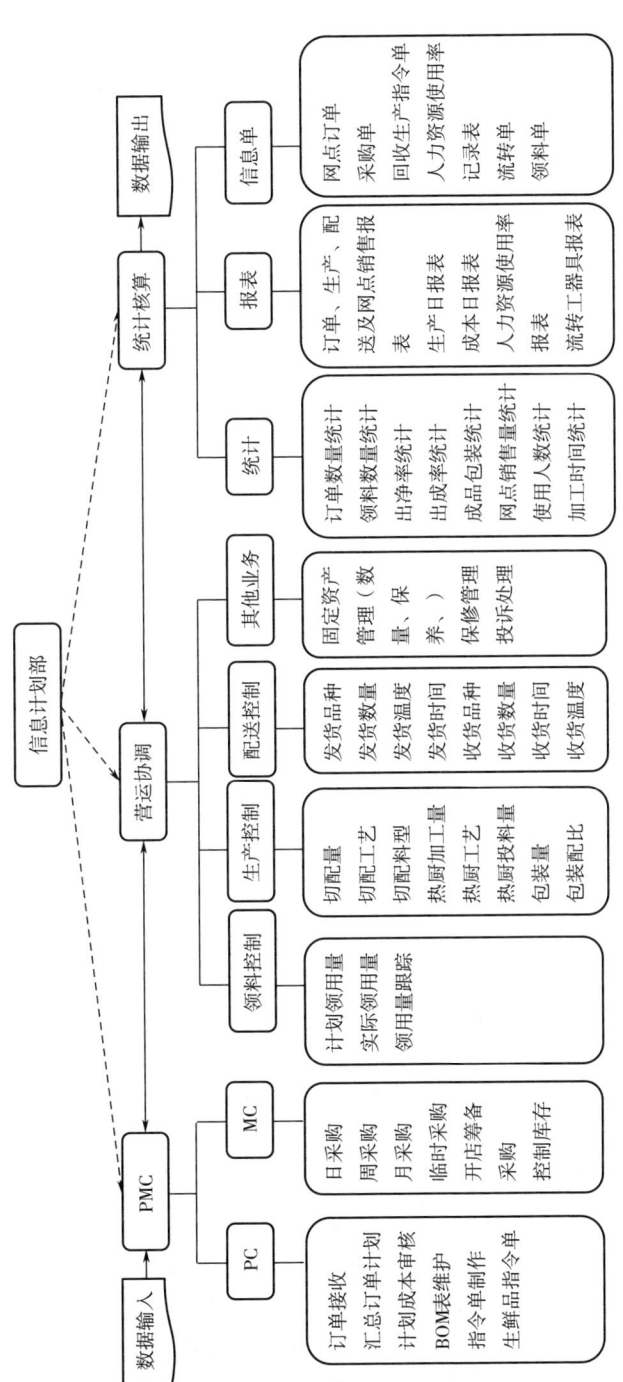

图 3-5 信息计划部主业务流程

（资料来源：王存山. 中国餐饮业中央厨房与餐饮食品工业化发展研究报告. 2017）

注：PC—生产控制或生产管制；MC—物料控制；PMC—生产及物料控制（俗称物控）；BOM—物料清单。

设置专职的餐饮产品研发团队，统一产品开发思路、统一开发产品，原材料的采购、验收、入库、粗加工、精加工、出品等每一个环节都必须细化，并做到数字化标准，才能做到数量、质量的统一标准和成本最大化的有效控制。

2. 采购流程及品质控制

对海鲜、冻货、肉食、蔬菜、粮油、调料等各种原物料建立统一采购标准，配备图片和文字介绍，内容包括产品名称、品牌、产地、规格、季节、质量阐述等。大量的物料可以直接从生产厂家或一级代理商进行统一集中采购，然后再分送公司各店使用，建立物料采购配送体系，将采购成本环节控制到最低和实现原物料的可追溯性。

3. 验收流程及品质控制

设计统一的验收流程和验收标准，并将验收账单也分类做成详细账单，以便后期的数字查询和分析。做好验收成本的控制，验收完的各种毛料、原材料随着账单分送到各车间或加工区域。

4. 加工流程及品质控制

将海鲜、冻货、肉食、蔬菜、粮油、调料等各种原材料的加工流程及质量要求进行标准化，每种原材料、半成品必须按照生产流程进行统一加工。所有原材料的加工标准、损耗率、净料、边角料利用率等统一量化和数据化，避免在生产加工过程中浪费或掌握不当造成损失，待加工完成以后，各种原材料都将通过称量建立有效数字，以实现对加工过程中数量的控制和后期出品的数量监督。

5. 配送及品质控制

将海鲜、冻货、肉食、蔬菜、粮油、调料等各种原材料的半成品和成品进行标准化包装和配送，防止运输过程中混入异物，确保运输过程中的温度和时间控制，同时建立好各门店领取各种原材料、半成品及成品的数量登记手续和验收手续。

6. 验收及品质控制

将各种原材料、半成品和成品运输到各店，必须设立专人负责验收，并建立抽查监督体系。

7. 出品及品质控制

将每款菜品所使用的半成品或成品原材料量化，以便做最后出品的抽查监督，防止因厨房收藏、烹调、偷吃等不良行为而造成的成本损失。

8. 能源使用及控制

将中央厨房各生产车间或各生产线的水、电、气等能源分开安装计量表，并责任到相关负责人，制定相应的奖惩激励机制，控制各流水线的能源消耗。

9. 物料管理及控制

各餐厅（或食堂）在规定的时间内，填写固定格式订货单提交给信息计划部，信息计划部的信息单证员收集到的所有订货单，经审核汇总后提交给本部门的物料计划员计算原辅料需求量，物料计划员结合本部门的统计员收集统计的车间和仓库库存信息编制原物料采购指令单。各餐厅（或食堂）每天只需按时按要求向中央厨房申购净料、半成品、成品数量，而生产所需的毛料品种、数量，则由信息计划部以采购指令单形式下达给采购部门采购。

10. 人员管理及控制

各餐厅（或食堂）在规定的时间内，填写固定格式订货单提交给信息计划部，信息计划部的信息单管理员收集所有的订货单汇总审核，统计员收集统计原材料出成率、单位时间平均产能、现有库存量,然后统一提交给生产计划员,生产计划员计算生产总时间并结合员工出勤率编制生产、仓储物流等人员的排班计划,以生产指令单形式下达给中央厨房负责人,可有效管控人力成本。

## 四、中央厨房管理基础模型

各个中央厨房企业的产品生产与管理方式虽然有一定差异,但因其管理要素相同,管理模式可以归纳为:中央厨房生产/原始设备制造商(OEM)/外部采购+物流配送体系+终端多元化销售模式,如图3-6所示。各中央厨房企业可以根据实际业务和客户需求情况,设计出适合自身发展的管理模式。

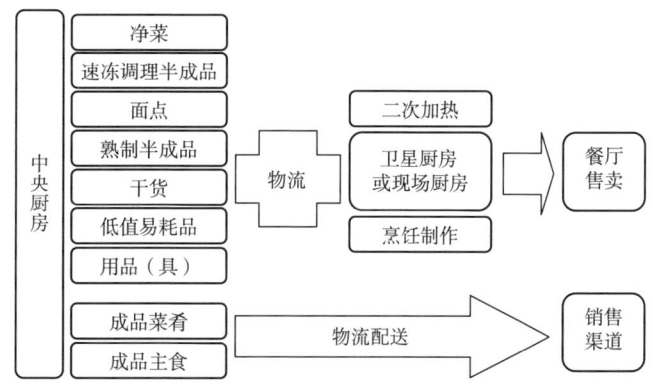

图3-6 中央厨房管理基础模型

(资料来源:王存山.中国餐饮业中央厨房与餐饮食品工业化发展研究报告.2017)

## 五、中央厨房运营管理现状

我国中央厨房建设起步较晚,虽然当前中央厨房数量不少,但中小型中央厨房普遍存在运营管理能力不足的问题,具体表现在以下几个方面。

(1) 忽视产品标准化工作,工业化生产难度大。
(2) 研发与销售的产品品种与设备利用匹配度不高。
(3) 具有食品和餐饮两个行业丰富工作经验的资深职业经理人较少。
(4) 缺乏一套成熟的中央厨房管理模式。
(5) 供应商缺乏供应链管理意识。
(6) 对清洗消毒护理系统不重视且缺乏设计标准。

## 六、中央厨房运营管理优化升级建议

1. 突破"两个改变"
(1) 企业改变"重设备轻规划""重投入轻发展""重建设轻管理"的思维。
(2) 企业改变菜肴传统研发模式,采用"产品经理"思维开发销售产品。
2. 坚持"两个系统"
(1) 以"项目管理"的方式进行落地策划,提供筹建与运营整体解决方案。

（2）从企业或项目的高度落地，从战略层-运营层-岗位层进行系统性统筹。

3. 科学认知

（1）当前主要从餐饮（烹饪）学科理解中央厨房，现在更需从食品学科诠释中央厨房。

（2）当前主要从技术（产品、设备、功能）维度规划中央厨房，现在更需从管理（战略、业务、财务、团队）维度统筹中央厨房。

4. 发展趋势

（1）餐饮的食品工业化。

（2）食品的餐饮渠道化。

（3）规模化生产少品种。

（4）小型化生产多品种。

# 第二节　中央厨房在团餐中的应用

根据团餐谋联合中国团餐产业链一站式企业服务平台"禧云国际"发布的《中国团餐行业供应链发展研究报告（2019）》提供的数据显示，目前我国餐饮行业市场规模已经超过4万亿元，团餐占据30%的市场份额。可是我国团餐行业仍面临采购集中度低、小而分散的局面。2017年我国团餐行业前百强企业的营业收入合计仅为601亿元人民币，前百强市场集中度约为5%。而国外的跨国团餐巨头如索迪斯、康帕斯、爱玛客，这三家团餐企业2018年的收入都超过了千亿元人民币。其中康帕斯2019年营收308亿美元，位列世界500强第403位。目前，团餐企业已认识到中央厨房可以促进食材的规模化集采、有利于品质控制，因此包括千喜鹤、快客利、北京健力源等在内的超过半数的团餐企业均拥有自己的中央厨房。

## 一、中央厨房配送中小学生餐

根据WS/T 554—2017《学生餐营养指南》中对学生餐（School Meals）的定义，学生餐是由学校食堂或供餐单位为在校学生提供的早餐、午餐或晚餐。2019年4月1日，《学校食品安全与营养健康管理规定》正式施行，对学校集中用餐的食品安全以及营养健康提出了更高的要求，即学校集中用餐实行预防为主、全程监控、属地管理、学校落实的原则，建立教育、食品安全监督管理、卫生健康等部门分工负责的工作机制；学校集中用餐应当坚持公益便利的原则，围绕采购、储存、加工、配送、供餐等关键环节，健全学校食品安全风险防控体系，保障食品安全，促进营养健康。以占据团餐市场1/3份额的校园餐为例，据教育部门统计，全国有51.38万所学校，在校各类学生近2.7亿，其中小学生1亿，初高中生6800万，市场巨大。

自河南省郑州市2019年9月出台的《保障中小学中午营养餐办法》的施行，各团餐企业就开始关注中小学团餐市场。现以"中央厨房+卫星厨房"学生餐供餐模式进行分析。郑州市金水区依托校外配餐企业建设"卫星厨房"，在全省首推"中央厨房+卫星厨房"模式，并于2019年12月17日在文化绿城小学启动试点。

## （一）食品安全保障

供餐企业所用米、面、油等食材从国内一线品牌中选购，打通从田间到餐桌的直通链条；所提供的果蔬，必须经过入场质检、入库抽检、半成品质检、成品质检、物流运输过程质检、卫星厨房抽检六道关卡；净菜专用运送车辆在 $0 \sim 4$ ℃ 的环境下保证食材新鲜度。"卫星厨房"设置有消毒、储存、烹饪、包装等区域，工作人员必须更换干净的工作衣帽，经过严格的洗手消毒、换靴、风淋消毒，才能进入。"卫星厨房"对卫生严要求，仅以包装间为例，操作前必须开紫外线灯进行 30min 的空间消毒。

## （二）供餐速度保障

食材原料在供餐企业"中央厨房"进行初加工后，配送至"卫星厨房"热调理烹饪和餐盒分装，1h 内，热腾腾的饭菜就可端上餐桌。

早上6点，食材清洗切配、餐具清洗消毒及调料包封袋在"中央厨房"里完成；上午10点，净菜专用车辆驶入校园，"卫星厨房"开始工作；11点20分，饭菜完成，经过检测、留样后，分装至餐盒；下课铃响，准时开饭。可以克服冬季饭菜提前做好容易变凉，青菜等食材新鲜度下降等缺点。

## （三）营养健康保障

采用"中央厨房+卫星厨房"的新型供餐模式后，从烹饪完成、分装到学生吃上饭不到1h，既能确保饭菜温度，又能减少食物烹饪后因时间过长造成的营养流失。且针对少数民族以及有过敏史的学生，还专门提供特殊餐谱。此外，供餐企业配备持专业证书的营养师，委托郑州市营养协会以国家标准为依据，分别为供餐中、小学校提供包含每餐热量、营养分析的营养食谱。

## （四）减负厨房

对于学校而言，"卫星厨房"也是"减负厨房"。按照河南省里关于中小学食堂相关要求，文化绿城小学需要建设 $2400m^2$ 以上的食品处理区。由于食材储存和初级加工、餐具清洗、消毒等环节在"中央厨房"进行，仅 $550m^2$ 的"卫星厨房"就具备为6000多名学生供餐的能力，减少了约一半餐厨人员；主要餐厨垃圾不在校园内产生、存放，让学校管理更轻松。

# 二、高校自建中央厨房

近年来，国内各高校以确保食品质量安全为核心，以提升后勤服务保障水平为重点，转变管理思路，创新工作模式，自建中央厨房且运营效果良好，例如宁波大学、天津职业大学、陕西师范大学等。高校自建中央厨房主要有以下几个优点。

## （一）以技术为支撑，打造集约化运营模式

"中央厨房"最大的优点是集约化、标准化的操作模式，利用机械设备（去皮机、切丁机、切丝机、切片机、多功能切菜机、斩切机、多功能洗碗一体机、餐具回收输送带、自动洗菜机等），对食品原料进行统一清洗、集中切配加工，从而达到提升工作效率，提高原料成形标准，加强食品卫生，提升原料使用率，并对精细化管理起到积极推动作用。

## （二）以安全为目标，打造一体化管理模式

1. 严把原材料采购供应关

学校可以按照考察、评价、供货跟踪检查、年度复评四项基本流程进行供应商选择与管

理；坚持原料采购索证制度，注重采购、库存、供货三大过程关键点的监督控制，建立有效的安全追溯系统，严把采供储存质量关与供货资质审查关，从源头保障食品安全工作无疏漏。

2. 严控食品生产制作关

学校中央厨房严格执行国家标准，切实做到未达标材料不进厨房，未达标产品不出厨房，确保生产规范化、标准化；开展"透明厨房"建设与操作间监控建设，实现加工流程与卫生状况的公开化、透明化。

### （三）以品质为基础，打造品牌化服务模式

1. 原料管理方面

利用餐饮系统软件随时监督质保期限与库存数量，做到先进先出，防止库存积压造成的食品卫生安全隐患；在生产管理环节，学校中央厨房与食堂或售卖点实现联网互动，随时了解需求动态，按计划组织产品生产与加工，有效保证食品新鲜度。

2. 确保产品质量和口味标准性

确保产品质量和口味标准性更为明显、量化度更高的基础上，进行一定程度的形象包装，树立品牌意识。学校中央厨房还配备了校内食品运输车，按时按量配送产品，不断提升服务水平。

## 三、机关事业单位及企业员工餐

团餐服务在全国有近7亿人的市场需求，从流水线上的工人到金融大楼的白领，从企业职员到政府公务员，除了节假日，几乎每天都有接受团餐服务的需求，可见，机关事业单位及企业员工团餐市场巨大。但是，目前我国团餐企业大多数规模小，服务能力有限，管理水平低下，标准化程度低。根据中国团餐协会提供的数据，目前，3年新进入的团餐企业约为15%，1/3的团餐企业成立时间在3～5年，成立超过5年的团餐企业占比38%，10年以上的团餐企业仅有14%。而索迪斯、怡乐食、爱玛客世界3大团餐巨头都成立于20纪60年代，经营年限超50年。可见，国内团餐企业的管理经验实力还有待提高。

### （一）机关事业单位及企业员工团餐的特性

机关事业单位及企业员工团餐具有定时、定地、定标、定价的4大特性。

（1）由于团餐服务的客户不像社会餐饮，几乎不是全年365d的现场服务，有周末、节假日，企事业客户服务平均260d。

（2）服务地点固定，固定甲方餐厅。

（3）由于很多企业对团餐服务要求偏福利性，没有定价自由，一般定价受限且都有上限、定价周期较长，即使原材料食材高涨，也很难在合约期内调整价格，需要团餐企业自己消化成本压力。

（4）甲方还规定了苛刻的"入口率"，要求投料比例、荤素搭配要求、指定食材、指定渠道，一再挤压团餐企业的利润。所以目前团餐企业受甲方客户的限制要求，食材成本40%～60%，平均45%，远高于社会餐饮的食材成本投入，团餐平均利润不足10%。

### （二）机关事业单位及企业员工餐供餐方式

目前，大型企业大部分都有规模相当的中央厨房；中小企业大多数由专业团餐公司供餐或食堂托管服务，这一类团餐以热链生产及热配送为主，但是主食、菜肴花色品种不丰富、

口味欠佳。

1. 对外承包的方式

企事业单位一般需要提供3餐的服务，由甲方提供场地，作为乙方的团餐配送公司进驻，统一采买统一制作。

2. 提供服务的模式

由招标中标单位（团餐公司）按需求统一制作，统一配送。

### （三）机关事业单位及企业员工餐的就餐模式

1. 固定就餐模式

用餐企业将提前在食堂就餐的人数以联络单的方式报数给中央厨房企业，中央厨房企业按照报餐人数准备饭菜，月底根据联络单与用餐单位对账结算。

2. 自由消费模式

企业员工可自由选择是否在食堂就餐，中央厨房企业提供多种品种，员工根据自己的喜好自由选择不同的品种和菜式，月底中央厨房企业根据员工每天的刷卡金额和次数制作消费表与用餐单位对账，并按此与用餐单位结算。

3. 自由点餐模式

以美食广场的形式，按照每碟菜分别定价每餐，多款供选择，品种有小炒、卤菜、凉拌菜、精美小食等，员工可按照自己的喜好自由选择，按照每个单碟菜价总计算；月底结算时，按照每个员工每餐的消费金额制作消费表与用餐单位对账，并按此与用餐单位结算。

4. 配送模式

中央厨房集中制作，并负责运输配送到客户工作地点，一切费用由中央厨房制作单位负责。根据团餐配送清单，每月结账一次。

### （四）案例分析

现以"武汉公交一线员工配餐"案例对中央厨房服务于企业进行分析。

武汉公交集团公司通过对外公开招标，确定由中百生鲜公司供餐，并根据各单位实际情况，确定了冷链配送方式。员工在手机上下载"中百公交订餐"软件，通过它可提前两天订餐，订餐成功后将自动生成二维码，凭码领取自己定制的餐盒。目前，中百提供的餐品共有24套，每份盒饭两荤一素加配菜，菜品可实现三周不重样。这份荤素搭配的盒饭价值12元，员工仅需支付2元，差额部分由集团公司补贴。

## 四、特殊团餐

### （一）社区养老团餐

随着空巢、失能、高龄老人的增多，吃饭难成为困扰老人的生活难题。近年来，中央厨房逐渐走进社区，通过"中央厨房+动餐车配送"找到破解之法，25min以内就可以将老年餐送到社区老人家。

目前，社区养老供餐重点培育养老助餐品牌服务商，中央政府鼓励大型专业餐饮服务商（中央厨房）利用自身独立的服务网络、科技手段或智能设备，通过"餐饮服务商（中央厨房）+社区配送+老年人家庭"方式直接开展服务。中央厨房不但让老人吃得健康，也减少了流通环节，有效降低了菜品价格。

北京市的社区养老供餐模式走在全国前列，北京市为鼓励有资质、有能力的餐饮企业加入老人助餐服务行列,各县区根据实际情况打造了多种社区养老助餐服务模式。

(1)"1+X"综合助餐服务模式　"1"为中央厨房,"X"就是在每个社区建设助餐点。

(2)"1+M+N"居家养老助餐服务模式　"1"为社区养老指导中心,"M"为某县区下辖的街道(乡镇)老年餐服务中心数量,"N"为提供老年用餐与服务的服务商数量。

(3)采取依托餐饮连锁企业门店和包括养老照料中心在内的养老设施建设助餐网点的服务模式。

(4)采取老年餐专供网络服务模式　由"老字号"餐饮企业服务网点依托辖区内单位食堂形成。

(5)采取"中央厨房+冷链运输+社区配餐"服务模式。

(6)采取政府主导建设中央厨房配送,构建"中央厨房+社区助餐点+义工送餐"的服务模式。

### (二) 医院团餐

医院团餐既包括医生、护士、工作人员、勤杂人员团体膳食,又包括病人的团体膳食,是讲究营养食疗、有特殊需求的团体膳食市场。医院团餐主要模式如下。

(1)集中统一配送模式　即"定量供餐+服务外包"模式。

(2)社会招标,承包模式　向社会招标,将食堂经营权转包给餐饮公司。这种模式的优点在于可减少人力、物力的耗费,提高饭菜质量、增加品种、延长供餐时间,提高食堂效率。

(3)自办食堂,专业公司运营模式　是指由医院自己提供食堂场地、厨房、仓库、厨房内的大型设备,将食堂委托给具有较强管理能力并能承担经营风险的大型社会专业餐饮公司进行专业化管理,以实现契约规定的委托经营目标。

### (三) 航空供餐

航空供餐即是民航飞机在航程中向乘客供应的餐饮,又称飞机餐或航食。飞机餐菜由航空公司预订,一般由指定供应航机饮食的机构供应,在机场附近制作,并直接运送至航机上,在航程中途飞机稳定时由空中服务员放在手推车上分发给乘客。

随着航空业的发展,航空供餐逐步发展,中央厨房不断扩建、新建。目前以冷链生产及冷链配送为主,但是其配送半径小,业态较为单一,品种欠缺,口味不佳。

目前,我国国内航空餐主要来源于三种配餐公司,包括航空公司旗下的配餐公司、机场旗下的配餐公司、不依托航空公司和机场而独立存在的配餐公司。由航空公司全资投资或者控股的配餐公司,例如中国航空、中国南方航空、中国东方航空、海南航空、厦门航空的配餐公司;由航空公司控股与外资合作的配餐公司,例如广州南联航空食品有限公司;由机场投资或合资成立的配餐公司,如北京空港配餐有限公司。

不同等级客位的飞机餐,在菜式、分量及成本各方面都有分别。头等及商务客位的飞机餐,在食物及进餐程序皆尽量模仿高级餐厅,虽然如此,其与真正的餐厅始终有别。而经济客位的飞机餐,则与快餐较为相似,以分发效率、储存体积及成本等为主要考虑因素,食物的味道,较难令乘客满意。

未来航空餐发展机遇如图3-7所示。部分航空配餐公司如表3-1所示。

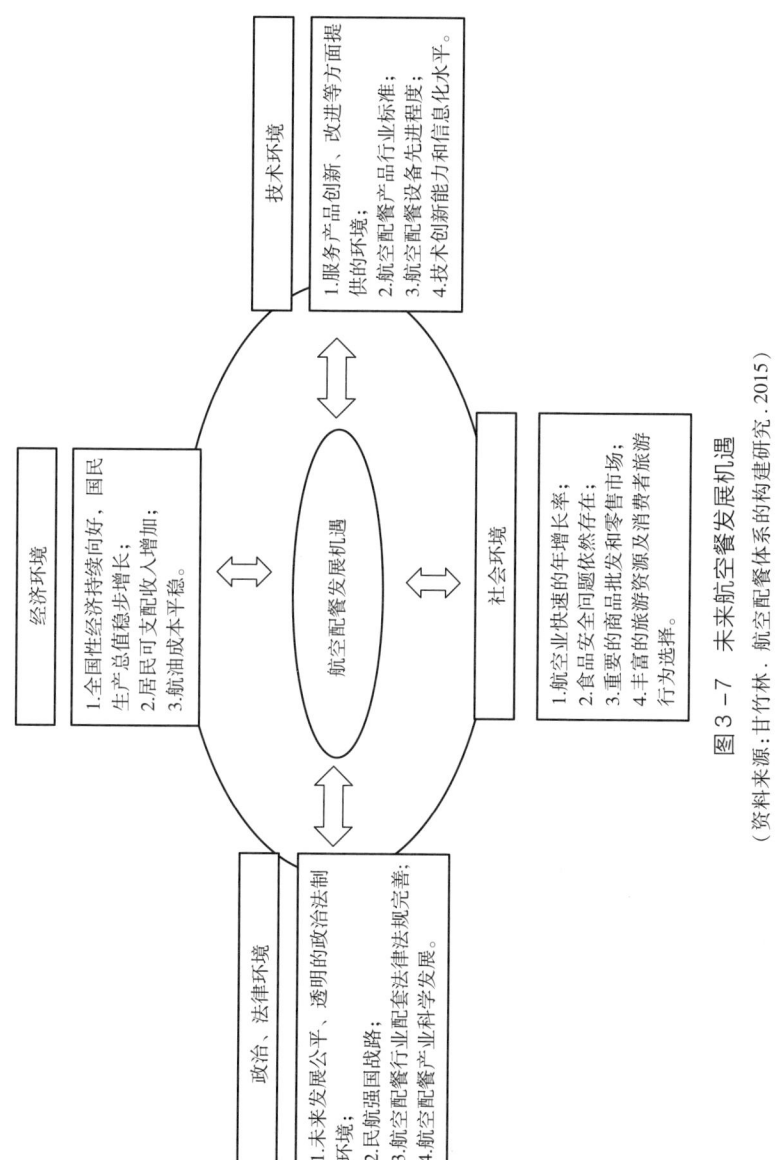

图 3-7 未来航空配餐发展机遇

(资料来源:甘竹林. 航空配餐体系的构建研究,2015)

表 3-1　部分航空配餐公司

| 序号 | 企业名称 | 注册时间 | 股东构成 | 经营范围 | 日产量/万份 |
|---|---|---|---|---|---|
| 1 | 北京新华空港航空食品有限公司 | 2002 年 | 海航集团有限公司与扬子江投资控股有限公司 | 制造、销售航空餐食、中西糕点、提供快餐、西餐、犹太餐、穆斯林餐、儿童餐等服务，机上免税品及延伸服务，同时，还将经营范围拓展到宾馆、机场空港工业区等非航空领域 | 7 |
| 2 | 东方航空食品投资有限公司（简称东方航食） | 2003 年 | 东方航空集团有限公司和中国东方航空股份有限公司共同投资 | 以航空配餐为主，集原料基地、半成品制作、快餐供应、饮料和休闲食品制造为一体的综合性食品集团 | 18 |
| 3 | 中国航空(集团)有限公司 | 1995 年 | 中国航空集团的全中航有限参与投资的航空食品项目包括北京航空食品有限公司、德国汉莎航空膳食服务（香港）有限公司、西南航空食品有限公司、青岛中航汉莎航空食品有限公司、重庆中航食品有限公司。 | | 24 |
| 4 | 中国南方航集团航空食品有限公司 | 2003 年 | 中国南航集团航空食品有限公司以自有资金对航空配餐项目进行投资和管理 | 食品研发、航空食品事务咨询、策划。食品的生产、加工、销售，相关原材料的生产和采购，食品及饮料的仓储、配送、快餐经营等项目 | 20 |
| 5 | 广州南联航空食品有限公司 | 1989 年 | 南航股份与法国 Servair 公司及香港港锐联投资有限公司 | 生产航空配餐，为国内外航空公司提供航班配餐、机供品及与航空公司航班服务有关的劳务服务；提供外卖糕点、月饼及快餐；承办各种酒会服务等 | 10 |

| 序号 | 公司名称 | 成立时间 | 背景 | 业务范围 | 产能 |
|---|---|---|---|---|---|
| 6 | 北京空港配餐有限公司 | 1993 年 | 北京首都国际机场集团公司与新加坡机场航站服务有限公司 | 主要为中外航空公司提供航空餐食、中西糕点、饮料、免税烟酒及与上述业务有关的服务；为宾馆、饭店等其他行业提供相关的服务。 | 6 |
| 7 | 海航易生控股有限责任公司 | 1993 年 | 隶属于海航集团旗下的海航置业 | 涉及的范围包括航空配餐、绿色产业等多个领域经营范围涵盖航空配餐、酒楼餐饮、铁路配餐、饮料、净菜加工、西点连锁店、月饼、土特产、热带水果等 | 12 |
| 8 | 四川航空汉莎食品有限公司 | 2001 年 | 四川航空集团公司与德国汉莎膳食服务（亚洲）控股有限公司 | 为中外航空公司提供航空食品及相关服务 | 3.6 |
| 9 | 上海航空食品有限公司（虹桥） | 2004 年 | 上航股份、上海上航实业、延中复印工业公司、静工集团投资组建 | 主营空配餐和机上供应品 | 6 |
| 10 | 深圳航空配餐部 | 1997 年 | 深圳航空和香港盈信集团 | 主要从事航空配餐与综合保障业务。2004 年 7 月深圳航空有限责任公司恢复了配餐部的组织名称与业务运行，变更为深圳航空有限责任公司配餐部 | 4 |

资料来源：甘竹林，航空配餐体系的构建研究，2015。

### (四) 高铁供餐

目前，我国旅客列车餐饮经营分为既有餐车经营和动车航空式配餐两种方式。运营里程超过1000km以上的特快、快速、普通旅客列车的供餐基本为加挂餐车。餐车供餐的经营方式主要有三种：一是铁路局客运段直接经营，二是铁路内部职工承包经营，三是委托餐饮服务公司经营。列车的供餐模式以餐车制备、零售服务为主。与既有餐车不同的是，我国动车组列车取消了餐车，采用航空配餐的经营模式（即中央厨房配餐模式）。动车组不设餐车，所有餐食均由地面配餐基地制备和烹制，冷（热）链配送至列车，在车上微波加热或直接食用。目前各铁路局动车组配餐供应方式主要有两种：一种是铁路局建立动车配餐基地，供应局管内动车配餐盒饭；另一种是铁路局不建设动车配餐基地，采用签约供货商的方式，签约的供货商负责快餐产品进货及车上销售。受传统经营理念所限，当前动车组列车供应的快餐以中式盒饭为主，品种不多，旅客对餐食的选择性有限。

### (五) 体育赛事、会展活动等供餐

大型体育赛事选择配餐团购已经成为中央厨房的一个新亮点。如奥林匹克运动会、世界博览会、大学生运动会等的供餐都是由中央厨房供应，每一场体育活动都是很大的餐饮服务市场。例如，拥有中央厨房的福记食品服务控股有限公司就曾经给2008年奥运会供餐，丽华快餐给2008年奥运会的志愿者供应盒饭。随着以营养见长的中式快餐市场份额的不断扩大，越来越多的大型体育赛事及单位活动选择配餐团购。目前，体育赛事大多采用食堂承包、食堂托管及快餐配送模式。

（1）**快餐配送模式** 餐饮公司在现场设立专售店，在餐饮公司中央厨房加工好配送到赛场专卖店。

（2）**食堂承包** 由餐饮公司直接接管与经营。

（3）**食堂托管** 将食堂承包给专业的餐饮公司来管理，然后选择餐饮公司所提供的各类菜式就餐。

## 第三节 中央厨房在连锁餐饮业中的应用

餐饮连锁企业是经营同类餐饮服务产品的若干企业，通过餐饮连锁经营模式组成一个联合体。餐饮连锁企业的标准化、统一化、规模化的经营形式与传统餐饮单店经营相比具有明显优势。随着我国餐饮连锁行业不断发展，门店数量不断增加，门店数量从2010年的15333个增加到2018年的31001个，复合增长率高达9%。

### 一、中央厨房的起源

"中央厨房"是由连锁经营模式催生的，最早起源于国外餐饮业，其主要作用是为连锁餐饮提供成品或半成品。然而，随着城市化进程不断推进，食品工业技术、物联网技术以及信息化技术的不断发展，"中央厨房"借助其集约化、模式化、定型化的优势，得到了快速的发展，也带动了餐饮食品工业化的快速发展，餐饮业逐步实现了集约化、标准化、专业化、产业化、信息化的发展，而中央厨房在餐饮食品工业化的快速发展中发挥着重要作用。

以日本为例，许多成功的餐饮连锁企业都是在店面开设初期就积极运筹建设中央厨房。1971年，吉野家在日本仅有几家店时，就开始建设中央厨房，这为其目前在全球超过1100家店面奠定了坚实的基础。纵观日本，大多数成功的餐饮企业在发展初期便运用中央厨房经营模式推动企业的餐饮食品工业化发展。同时，中央厨房配套服务产业的发展也促进企业形成了专业化、系统化、全面化的服务体系。

目前，我国餐饮业已进入经营模式连锁化和行业发展产业化的新阶段。在新时期下，中央厨房凭借其在成本控制、集中采购、标准化作业以及加工配送方面的优势，必将成为我国餐饮食品工业化发展的关键核心环节。

## 二、 连锁餐饮企业自建自营的中央厨房

连锁餐饮是中央厨房经营模式应用最早的领域之一，如连锁快餐、连锁火锅、连锁西餐、连锁休闲餐。餐饮企业门店发展到一定数量，会出现菜肴口味不稳定、服务满意度降低、人工成本居高不下、食材成本持续走高、食品安全风险不断增加、员工流失频繁等现状，企业管理难度会成几何级增加，利润的增长趋势与营业额的增长趋势与不成正比有时反而变得比较缓慢。这时，餐饮企业需要进一步规范产品的标准化和口味，应对大规模原料供应、食品安全，以及原料采购价格进行有效控制，减少不必要的消耗和浪费。例如，建立企业自己的后勤支撑服务体系（如中央厨房），统一采购原物料、统一加工成半成品、统一培训、统一 VI 设计、统一装修、统一服务、统一配送，将门店运营管理具有共性的内容提取出来、集中优化提升、重塑业务流程、重新界定部门职能、重新建立供应链，创建一套行之有效的现代管理经营模式帮助企业锁定工艺、锁定标准、锁定流程、锁定品质、锁定成本，促进企业呈连锁化、规模化、品牌化的发展态势。

## 三、 中央厨房在中式连锁餐饮企业中的应用

中央厨房对于餐饮业，尤其是连锁经营的餐饮企业影响非常显著，特别是对于中式餐饮企业，中央厨房的建立和运营是其发展的关键因素之一。

### （一） 大娘水饺凭借中央厨房创造水中餐标准化传奇

连锁经营的大娘水饺拥有200多家连锁分店，不仅遍布国内各大城市还成功开拓了海外市场。大娘水饺在每一个超过3家分店的城市设立了中央厨房，解决了水饺大量制作的难题。仓储、原料采购、初加工、蔬菜加工、荤菜加工、拌馅配送都由中央厨房统一完成，而每家分店只负责包饺子的最后一道工序，既提高了效率，做到了少投入、多产出，又保证了大娘水饺的手工包制特色。大娘水饺还通过380多页的质量标准守则保证每一只水饺的质量统一和口味一致，践行了中央厨房的标准化特征，为实现中餐标准化提供了成功的经验。

### （二） 味千拉面中央厨房的实践经验

截至2012年，味千拉面的快速休闲连锁餐厅网络已经遍布中国的121个城市，拥有近700家门店，在2019年度味千（中国）控股有限公司成功跻身"中国餐饮百强企业名单"，这正是味千拉面的中央厨房发挥巨大作用所体现出来的成果。中央厨房带给味千拉面的优势是明显的，即通过标准化将技术分解，形成可控性强的流程化，减少每家分店厨房用工量，提高了产品质量的稳定性和出菜速度。而集中统一采购、核算，便于形成规模效益，有利于建立采购、储运、加工、配送、销售、外卖一条龙的信息管理系统和电子商务平台，实现了

中央厨房的产业化特征。

### （三）嘉和一品通过中央厨房提高外送效率

通常西餐由于生产过程简单，较早引入标准化理念，并实现大规模外送服务，例如麦当劳、肯德基和必胜客等连锁西餐的外送业务都在其发展中快速兴起。而制作工艺繁杂、品种繁多的中餐似乎并不适合发展大规模外送服务。可是在北京有近70家分店的中餐企业——嘉和一品却成功发展了外送服务，拥有近百个品种的嘉和一品承诺餐厅2km范围内订单30min送达，如此高效率的外送服务能够顺利完成主要得益于中央厨房的建立，以及嘉和一品对生产标准化的有效探索。嘉和一品的中央厨房可以保证2min出餐，因为所有经营品种中有80%是在中央厨房里制作完成的，门店只需进行简单加热和分装就能出品，而且中央厨房还在成本优化中起到了关键作用。

## 第四节  中央厨房在生鲜净菜行业中的应用

### 一、生鲜净菜行业概况

所谓净菜是指经过挑选、修整、清洗、切分和包装等处理的生鲜蔬菜，可食率接近100%，可达到直接烹食或生食的卫生要求。净菜被人们称为"新世纪革命的新生食品"，是净新鲜蔬菜的简称，国际上一般称为最少加工蔬菜，又称半加工蔬菜、调理蔬菜、轻度加工蔬菜。与传统的蔬菜加工如罐藏、速冻干制腌制等相比，净菜加工不对蔬菜产品进行强烈的热处理，经处理后的蔬菜仍为活体，仍能进行呼吸作用。正因为如此，净菜具有新鲜、方便、营养、安全、卫生、可食率高的特点，所以净菜加工在国内外蔬菜加工行业发展得很迅速，人们对净菜的需求量增加很快，现如今高品质的净菜已经成为发达国家蔬菜消费的主流。

生鲜净菜是一块提升毛利和形象的初级加工产品，有的企业放在门店进行，有条件的放在配送中心完成。生鲜净菜O2O是最近创业圈的热点，比如北京的"味库""青正菜君"，深圳的"砧板先生"。从2013年起，生鲜净菜大多采用"互联网+"模式，建立生鲜净菜平台，以净菜作为内容，移动互联网作为渠道，采用资源整合的方式，现有供货厂家（F端）和社区商家（B端），保证消费者（C端）购买的商品均是从厂家直接提货到商家，再由商家按消费者需求配送上门。净菜流程需要在政府指定基地进行原料采购，接下来在HACCP标准车间加工，然后再次消毒，后再冷却至4℃保鲜，进行餐具包装，再进行金属检测，最后贴标签入冷库。

### 二、中央厨房在生鲜净菜行业中的应用

菜心网——餐饮业一站式食材采购平台，是由河南育鲜联实业有限公司开发的。该公司成立于2015年2月，注册资金1000万元，是一家综合性餐饮原料采购、生产、配送公司，其中央厨房拥有国内先进的企业资源计划（ERP）生产管理系统及半成品生产加工设备。自2016年3月15日正式上线以来，主要服务大型餐饮企业、大中高等院校、机关单位等餐饮

原料供应。其以"省时、省力、省钱"为原则，整合供应资源，基地种植、厂家直供、产品定制等采购优势，依托第三方物流配送实体支撑，构建了"菜心网"互联网采购交易平台，以源头价格，实现了从农田到餐桌，由毛菜到净菜的过程并可以全程定位物流配送及时掌控、准时到达。

## 第五节 中央厨房在美食广场中的应用

### 一、美食广场概况

美食广场，又称熟食中心、美食街、食阁等，起源于海外，是指多间食肆聚集的地方，提供各种各样的美食，是游客经常光顾的地方。目前，国内几乎所有的购物中心和大型百货都会配套美食广场，大食代、食通天、亚惠等知名美食广场几乎占据市场主导地位。

### 二、中央厨房在美食广场中的应用

以亚惠美食有限公司为例，亚惠美食有限公司以家庭、购物人群以及商务中心白领为顾客群建立大中型美食广场，包括美食市集、美食玛特、美食芭莎、美食公园，还为机构餐饮提供百乐汇美食花园的服务。亚惠美食有限公司自建中央厨房，其位于大连市甘井子区姚家，面积近 $10000m^2$。亚惠中央厨房对食材进行大批量的源头采购并对食品要求标准化、统一化与质检化，通过加工、切割及调配，再运送到各家分店，大大加强了集团食品安全、质量统一及生产效能等各方面的竞争优势。亚慧中央厨房每日加工半成品 30t，热盒饭 10000 余盒，中央厨房除了为其集团所属的所有亚惠美食、美食广场、百乐汇、欧米奇、欧纳滋店面、企事业单位的员工餐厅、学校的学生食堂提供服务，同时也为罗森位于大连的 9 个店面提供冷盒饭供应。

## 第六节 中央厨房与 O2O

### 一、O2O 的定义

O2O 即 "Online To Offline"，泛指通过有线或无线互联网提供商家的销售信息，聚集有效的购买群体，并在线支付相应的费用，消费者依据各种形式的凭据，去线下商品或服务供应商处完成消费，让互联网成为线下交易的前台。O2O 模式应用于餐饮领域，目前主要有两种运作方式。一种是线上交易线下消费，包括网络团购和网络外卖。最初，网络团购是 O2O 的典型应用方式。另一种是将用户从线下引导到线上，有些企业通过在线下做营销，如 1 号店，借助于地铁中带二维码的广告引导消费者在线上实现交易。

## 二、中央厨房与O2O相结合的应用

以丽华快餐集团有限公司为例，该公司在北京、上海、广州、南京、苏州、无锡、常州等全国多个大中城市拥有近100个快餐配送中心（中央厨房），员工近5000名。主要业务包括"一份起送"展会场馆配餐、会议庆典配餐、大型活动配餐、体育赛事配餐、公共事件配餐、旅游培训配餐。1997年，丽华实施ISO9002国际质量控制体系；2001年，丽华建立食品安全检测中心；2003年，丽华通过ISO9001质量管理体系、HACCP管理体系、ISO14000环境管理体系三大体系认证；2004年，丽华制定"中式快餐企业标准"。丽华运用电脑化接线管理系统，使用无线对讲系统和无线寻呼系统，实现网络订餐，O2O销售模式在丽华已经演绎10余载。

2000年，丽华首次提出"一份起送，半小时送达"。外卖O2O市场的火爆也为丽华带来了业务的爆发。2015年，北京丽华从之前的每天1万单，激增到每天2.8万单，其中2万单来自饿了么、美团外卖、百度外卖三个主要平台。2015年，北京营业额为2.8亿元左右，涨幅超过15%。

入驻北京时，丽华送餐员使用自行车送餐，因为网点较少，送餐半径长，常收到客户投诉。之后，丽华将30min送达半径作为网点的选址标准，由中央厨房将餐食配送到各网点，送餐员去网点取餐。网点成了丽华的优势，丽华是单点对多点，取餐的地方是固定的，没有等候时间；而外卖平台都是多店对多点，送餐员返程时间长。当然，更重要的是产品的高度标准化，用户只能在设定的套餐体系里选择，对于送餐员来说，这意味着单程送餐的单数就比其他平台多。用户可以通过电话、官网、手机APP、微信、外卖O2O平台订餐，信息将自动汇总到订单调度中心，再分配到各分公司调度员处，调度员对客户位置和送餐员配送路线、顺序进行分析，将地址信息发送到送餐员手机上。"跑片"送餐员通常会提前带着50~60份快餐到达特定写字楼区域等待，顾客下单后，系统会将订单配送地址发到对应的跑片送餐员手上，直接进行配送，省去了送餐员往返于餐厅和目的地之间的时间。如果实际订单情况有误差，或是顾客有特殊要求，再由单发送餐员后续补送。

# 第七节　第三方中央厨房与城市共享中央厨房产业园

## 一、第三方中央厨房

随着社会化分工及餐饮企业面临的投入成本高、运营难度大及缺乏经验丰富的管理团队，中央厨房除自建自营模式外，出现了新的发展趋势——第三方中央厨房，又称"餐饮食品工厂"。第三方中央厨房是按照科学化分工、专业化生产、共享共赢的理念把餐企的研发、采购、加工、烹饪环节整体或部分移出，交给有现代化管理经验和采购优势的大型专业中央厨房。第三方中央厨房是餐饮行业发展的新趋势，它对于轻模式餐饮企业、初创型及中小型餐饮企业来说，是一种很好的选择，有效降低了企业生产运营成本，可以将有限的人力、物力、财力聚焦于产品研发、餐厅运营及服务水平的提升，最终将为消费者带来更为安全和物美价廉的服务。

目前，国内70%的大型餐饮集团拥有自己的中央厨房，为的是提高自身菜品的标准化和效率，而专门为第三方服务的中央厨房在国内并不多见。第三方中央厨房服务商主要有："绿成""蜀海""黄太吉"等。

## 二、城市共享中央厨房产业园

共享型中央厨房一般是以冷链物流园区为依托，由冷链园区负责建设和经营，连锁餐饮企业只需以租赁的形式获取中央厨房的使用权即可。从前端的原材料采购，到中央厨房内部的收货、存储、拣货、配送一系列操作，均可委托冷链物流园区完成，当然餐饮企业也可以选择仅租赁场地自行管理。针对连锁餐饮企业较为核心或保密的食品加工部分，在中央厨房租赁一定区域进行加工即可。在该区域，冷链物流园区在规划和设计时已经按照餐饮加工标准进行了基础设施建设，餐饮企业仅需在此区域布局加工设备进行生产即可。这种模式下，餐饮企业完全能够实现集中采购、规模管理、统一配送，高度实现资源共享，并享受到更为专业的第三方冷链物流服务，实现冷链物流轻资产运营，同时还能够保证自身核心技术的私密性。在未来，连锁餐饮企业的冷链物流体系建设将更加趋向于"共享"模式，专业的全方位冷链物流服务商将会出现，为连锁餐饮企业提供全程冷链物流服务；同时，随着连锁餐饮企业规模的扩大，冷链物流集中采购、规模处理、共同配送的程度逐步提高，先进的自动化物流装备也会被大量应用；此外，围绕连锁餐饮企业冷链物流管理的信息系统建设也会得到重视，并不断完善和提升，实现供应商、第三方物流服务商、餐饮企业总部和门店、消费者的信息共享，促进供应链协同发展。城市共享中央厨房产业园还能够提供数据分析、运营管理、品牌打造等一系列服务，跟现代急需产业例如营养产业有机结合起来。以下是两个比较典型的城市共享中央厨房产业园实例。

### （一）上海新迎园中央厨房产业园

上海新迎园中央厨房产业园位于上海嘉定六里创业园区，占地 13333$m^2$，建筑面积 12000$m^2$，作为上海市规模最大、设施最先进的中央厨房产业园，集产品研发、生产加工、仓储配送等功能为一体。目前，已建有菜肴、包子馒头、豆浆油条等产品的加工生产线，以及预冷、分装、检验检测、发货配送等现代化的设备设施及高效、环保、安全的加工流程。

### （二）河南中央厨房产业园

河南中央厨房产业园位于新乡原阳县，总投资22亿元，整个园区总面积约1000亩（1亩=666.67$m^2$），包括中央厨房产业区、烘焙产业区、食材配套产业区、豫菜研发中心、食品检测中心、净菜加工中心、冷库和物流配送中心等，是一个横跨种植、养殖、食品加工、商贸服务等多种功能于一体的完整产业链，是国内主题最鲜明、规模最庞大的中央厨房产业园。

第四章

# 餐饮食品的工业化转化

## 第一节 中央厨房适合生产的产品

现代化的中央厨房属于第二产业，采用的是生产加工型管理模式，传统餐饮属于第三产业、采用的是服务型管理模式，二者的管理要求和关注重点不同。中央厨房作为餐饮门店的前端延伸，主要负责餐饮门店中的前期准备工作即"备货"，鉴于餐饮产品保存期较短，有些原料和半成品在门店长时间保存，必然带来损耗增加、成本上升，可通过中央厨房对其集中加工，并将加工好的半成品、成品配送至餐饮门店或零售商超。另外，有些菜肴在最后成品前的加工过程较为复杂，耗时较长（例如，高汤的熬制），且需要厨师凭借多年经验进行操作才能完成，因此，这部分工作也可以在中央厨房进行集约化加工，简化餐饮门店及消费者的后续操作。通过中央厨房的集中生产，可以将餐饮门店以及消费者的烹饪工作强度降到最低，这样既避免了过度依靠厨师的个人技术进行生产，也能降低餐饮门店的运营成本，提高终端门店的劳动生产率。中央厨房可以生产传统餐饮的绝大部分产品，但中央厨房的产品设计与选型仍需要慎重考虑，也需要对产品进行细分，区别批量生产品项与少量生产品项。

中央厨房的产品具有以下特性：
①一般都是特色的餐饮用半成品、成品。
②产品的质量一致性。
③多品种、小批量生产。
④库存少，需要高效率配送服务。
⑤非预包装食品较多，保存期短。

由于中央厨房生产的产品基本用于快速消费品行业中的餐饮食品类，因而只有达到一定产量才能降低生产成本、企业盈利。多品种、小批量的加工特性以及加工工艺复杂性对中央厨房产品的加工工艺是有特定要求的，简单来说即是要有"可复制"的加工工艺，这也是能够进行集约化、标准化生产的前提条件。

适合中央厨房加工的产品需要具备以下特征：
①能够实现（适度）机械化、标准化、规模化生产的产品。
②餐饮门店每天使用量少、保存期限短的产品。

③烹饪加工工艺较为复杂的产品。
④容易受个人烹饪技术而影响品质的产品。
⑤利用专业机器加工，能够提高品质的产品。
⑥通过中央厨房的集约化生产，能够显著降低成本、改善品质的产品。

例如馒头这类中式面制品在传统工艺中基本使用"老面"作为发酵剂，靠制作者的经验来进行自然发酵，由于发酵过程不可控，导致成品品质不稳定的情况时有发生。而中央厨房对馒头进行生产时，已形成一整套馒头生产工艺、产品配方、质量标准的标准文件，通过使用专业的机械设备，对配料比例、面团揉制程度、面团醒发及发酵过程中的温度、湿度、时间进行标准化控制，从而实现馒头的标准化生产，保证每批次产品品质稳定性，避免了手工制作中不同批次产品质量不稳定的问题发生。

不适合中央厨房加工的产品一般具有以下特征：
①已在食品企业实现工业化生产的产品。
②新鲜度或品质劣化较快的产品。
③烹饪加工工艺较为简单的产品。
④通过中央厨房的集约化生产，未能明显降低成本、改善品质的产品。
⑤暂未有专业化的设备对其进行加工的产品。

中央厨房产品需要在配送至终端餐饮门店及零售门店之前将产品加工完成，要求中央厨房产品必须有一定的耐储运性能，对于鲜度容易劣变的产品在储存运输过程中可能造成产品品质的降低。例如，炸制好的薯条放置一段时间后，可能会因吸湿而影响口感。因此，中央厨房一般会将预炸制好的薯条进行冷冻处理，终端门店需要进行二次油炸，以保证消费者得到较好的感官体验。

## 第二节  中央厨房主食产品工艺设计

### 一、常见的中央厨房主食产品

中央厨房产品中的主食一般有米饭类和面食类。米饭是我国第一大谷物主食，其主要成分是碳水化合物。面食是仅次于米饭的第二大谷物主食，主要有馒头、面条、包子、饺子、烧饼等，是我国北方地区老百姓一日三餐中必不可少的主食。在中央厨房产品中，米饭类、面食类产品的标准化、机械化、规模化、集约化生产较易实现，目前已有和面机、醒发箱、蒸箱、自动米饭生产线、柜式米饭蒸箱、万能蒸烤箱、自动翻转燃气式炒锅等用于中央厨房主食的生产。

### 二、中央厨房主食产品的工艺设计

（一）米饭类

1. 种类

为了满足更多消费者的需求，增加米饭制品的花色品种，丰富主食的营养，可以在白米饭的基础上有许多变化，常见的有：盖浇饭、粗粮饭、炒饭、饭团等。

2. 工艺流程

米饭类主食产品的品种变化很多，但米饭的批量化生产过程比较简单，标准化程度高，下面以自动米饭生产线为例讲解其生产工艺过程。

（1）工艺流程图

大米→ 洗米 → 计量（自动配水） → 浸泡（浸泡罐） → 炊饭、焖饭 → 自动翻转扒松 → 米饭保温待分装 → 自动空锅洗净（循环待使用）

（2）工艺要点

①大米的选择：大米的种类很多，在制作米饭时最好选择粳米，粳米的特点是口感好、糯性适中。

②洗米：螺旋洗米机自动洗米。

③计量（自动配水）：自动配水机根据米的用量及选择的软硬度自动配水。

④浸泡：大米在浸泡罐中冷水浸泡1h，使米粒充分吸收水分，从而缩短蒸制时间，且米饭颗粒饱满，口感软糯。

⑤炊饭、焖饭：采用密闭结构炊闷锅（外层优质不锈钢，内层高温耐火材料，节能30%）。以三层输送设计的自动米饭线为例，一层烧开（锅底通过火焰上方，接触火焰面积始终相同，受热均匀不糊锅）、二层糊化、三层塑形，即增大炊饭火候、减少炊饭时间、增加焖饭时间、提高焖饭温度，在高效利用能源的同时，米饭的成熟过程更加合理。

⑥扒松：米饭耙松机自动将米饭扒松。

⑦分装：蒸制好的米饭应注意保温，尽快按标准分装。

（3）标准化控制点

①生产设备的标准化：使用电脑程控的自动米饭生产线，通过设置生产量，使米饭的生产过程完全自动化。

②采购流程的标准化：按照标准采购大米，从而在原材料上保证质量的稳定。

（二）面食类

1. 种类

面食制品具有广泛的民众基础，即亲民性，因此，面食类产品非常适应连锁餐饮大众化消费。由于原辅料搭配、调味方式、热加工方式的不同，可以衍生出众多的面食制品，例如：馒头、面条、包子、饺子、锅盔等。

2. 工艺流程

面食的种类较多，按是否有馅心可分为有馅面食制品和无馅面食制品。常见的有馅面食制品主要有包子、烧卖、饺子、春卷、锅贴、馄饨等。各中央厨房生产有馅面食制品的工艺流程不尽相同，但是主要工序是相似的，这里以包子为例对工艺流程进行讲解。

（1）工艺流程图

面粉及辅料→ 和面 → 发酵 → 压延 → 制皮 → 包馅 → 蒸制 →成品→ 包装

（2）工艺要点

①和面：中筋面粉、干酵母、泡打粉、油脂、温水、糖等原辅料称量好后备用。首先将

面粉倒入和面机内,加入干酵母、泡打粉、糖等,低速拌和均匀;再在和面机内加入温水(加水量＜43%,水温≤35℃),搅拌形成非规则的小颗粒,逐步形成若干分散的大团块,糅合至面团的外观干燥,表面光滑,有面团良好的弹性和延伸性。

调制面团的搅拌机最好是变速的,一般采用低速15~30r/min和中速60~80r/min调制。时间10~12min,和面时间还应该根据原料性质、面团温度等灵活控制。

②酵母与发酵:即发性干酵母在蒸制面食生产行业中得到了广泛的应用,即发性干酵母可以不经过特殊处理直接投入面粉拌匀即可,使用时酵母不能与砂糖、食盐、添加剂等辅料一起溶解。酵母溶解时水温控制在≤50℃,发酵时间的长短对面团质量的影响极大,但发酵时间又受酵母的加入量、品质以及温度等条件的制约,发酵时间30~60min。

③压延、整形:通过成形机的机械运动将发酵过、调制好的面团加工呈圆球形生坯后压延成形后备用。

④肉馅加工:肉馅中加入复合调味料在斩拌机中斩拌至肉馅发黏成糊状即可。

⑤包馅:待面皮成形,肉馅准备好后,采用包子成形机包馅、挤压成形。

⑥蒸制:采用电脑程控的蒸柜,按照作业指导书上对蒸气压、温度、时间的要求进行参数的设置。设备参数控制在101.3~202.7kPa,101℃,蒸制时间控制在200~220s,蒸汽用量大的情况下可加热到280s。

(3) 标准化控制点　包子的加工过程中,从面团调制、馅料准备、面团醒发、包子成形到蒸制都易实现标准化。行业常采用中央厨房集中加工与餐饮门店二次加热结合的方式,即中央厨房将加工好的(速冻)包子配送到门店,在店内只需进行简单的复热操作后即可提供给消费者,这样能减少人工操作上的差异,提高产品的稳定性。

包子的标准化控制点主要包括以下3点:

①包子皮的制备:中筋面粉、干酵母、泡打粉、油脂、温水、糖等原辅料称量好后按先后顺序在和面机里搅拌形成。注意不同的季节,面团发酵的时间也不同。避免出现面团发酵不足或面团发酵过渡的现象出现。

②馅料料包的配制:料包的配制是一个重要过程,应用标准配方,选用优质原料,形成产品独特风味和色泽。通常根据不同风味要求进行料包的分类包装,可分为粉料包、湿料包。配制好的料包可采用复合薄膜热封口的形式进行包装,达到使用方便、定量、卫生、安全的目的。

③蒸制:汽蒸是蒸制面食加工的熟制工序,加热方式的不同使得蒸制面食不同于面包,并有蒸制面食特有的风味和营养。常使用电脑程控蒸汽柜(箱),通过控制蒸汽柜(箱)的温度、压强和时间,使食物的蒸制过程完全量化,只需按操作规程执行,就可保证产品的品质及口感。

通过对包子传统制作工艺的革新,实现了配方量化,明确了各单元操作工艺参数,且高度的机械化生产保证产品品质一致性,促使中央厨房生产的包子的质量标准化成为可能。

## 第三节　中央厨房菜肴产品工艺设计

中央厨房中常见的菜品有烧菜、炒菜、蒸菜、油炸菜、烧烤菜等，每一类菜品有其各自的生产工艺流程与标准化操作要点，现分别进行阐述。

### 一、常见的中央厨房菜肴产品及其工艺设计

#### （一）烧菜类

烧菜是中国典型的传统菜品，其主要工艺是原料经预处理后，用香辛料和调味料加水煮制而成。由于烧制菜品质地酥软、风味浓郁、制售快捷，便于工业化、标准化生产，故"烧"是在中央厨房菜品制作中使用广泛的一种加工方式。特别是随着加工设备的发展，解决了中央厨房行业质量标准的难题，保证了中央厨房烧制菜品的质量标准化。

1. 烧制菜品的种类

根据调味料特色可以将烧制菜品分为家常烧、酱烧、葱烧；根据成品颜色可以分为白烧、红烧；根据原料生熟可分为生烧、熟烧；还有一种要求自然收汁的特殊烧法——干烧。

2. 工艺流程

各类烧菜的生产工艺流程不尽相同，但是主要的工序是相似的，现以家常烧为例，对烧菜类菜品的工艺流程进行阐述。

（1）工艺流程图

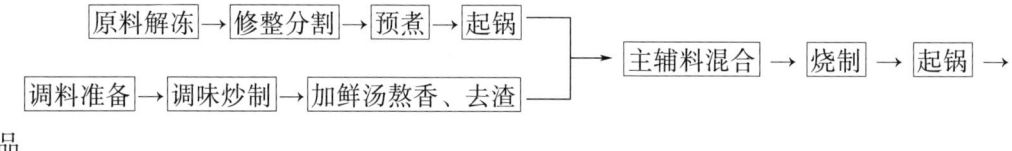

成品

（2）工艺要点

①预煮：煮夹层锅内放入清水，加热至沸腾，将漂洗好的原料肉置于锅中，要求水面高于肉面 5~10cm 为准；保持锅内微沸，温度控制在 90~100℃，至原料肉中心刚好断红起锅，并不断除去锅面上的浮沫。如果原料腥味较重，在水中可加入生姜、料酒、大葱和八角等。

②调味料炒制：突出家常风味的主要调料有豆瓣酱、泡辣椒、泡姜、水豆豉等。中央厨房企业通常采用燃气炒锅，设置好温度、炒制时间等技术参数，在油温180℃左右时加入豆瓣酱、泡辣椒、泡姜、水豆豉等调料，炒制温度150~180℃，将调料、香料的颜色和香味炒出即可。可加工为复合调味料包备用。

③烧制：主辅料倒进夹层锅（或燃气炒锅）以后打开蒸汽使锅体迅速升温，并不断将主辅料上下翻动，使主辅料加热均匀，恒温为 90~100℃ 进行烧制，每隔10min检查一次汤温并将肉上下均匀翻动，当肉中心温度≥85℃后，使调味料和香料的香味融入汤汁中使汤汁色泽红亮，香味浓郁时起锅既可。

（3）标准化控制点　烧制菜品的加工关键在于烧制和调味，烧制加工环节直接影响产品

的口感和外形，必需严格控制温度和加热时间。调味是一个重要过程，应使用标准配方，选用优质原料，形成产品独特风味和色泽。为了保证产品的质量，不同类型的烧菜应严格按照工艺流程、配方，采用机械生产，实行 HACCP 管理，严格控制工艺参数，加工完毕后可采用真空包装再进行配送。

烧制菜品的原料预处理也十分关键，其标准化控制点如下。

①动物性原料解冻：中央厨房企业根据生产计划及原料要求进行解冻处理，解冻时在生产记录上注明原料供应商及生产批号。解冻间温度控制在 15~20℃。采用风冷解冻方法，一般解冻时间控制在 16~20h。解冻后要求原料肉的中心温度为 -4~0℃。在解冻过程中，要随时检查并测量室温及肉温，要求每 2h 检测一次并做好记录。检查有无解冻过度、解冻不足现象，杜绝原料肉发生变质。

②动物性原料初步加工：原料肉预处理间的温度控制在 15~20℃。修整时注意去除皮毛、碎骨、病变组织、血污、杂质及剔出表面氧化的部分。根据成菜对原料肉形状的要求，可采用切片机、切丝机、绞肉机等设备进行成形处理。

③植物性原料初步加工：中央厨房企业根据生产计划及原料要求，分门别类对植物性原料进行初加工。首先是摘除不可食部分，叶菜类通常采用人工方法摘除老叶、老根和腐烂的部分；马铃薯、芋头、胡萝卜、牛蒡等根茎类物料可采用根茎去皮机进行剥皮作业。其次是清洗去污物，萝卜、马铃薯、甜菜、甘薯、芋头、果品等通常采用滚筒式清洗机；叶菜类原料通常采用气泡动力清洗机。最后是根据原料特点以及成菜对原料的要求进行切配处理，采用多功能切菜机即可以完成切丝、片、条、半圆条、末、茸等工序。

（二）炒菜类

"炒"是中餐最广泛使用的一种烹调方法，其主要特点是将原料直接放入锅中加热，并及时翻动使之致熟的一种烹制方式。炒制菜品具有亮油、鲜嫩滑爽等特点，是中国消费者非常喜欢的一类菜品。然而这类菜肴制作工艺相对复杂，以急火快炒方式炒制出的成品质量最佳，因其传统火候掌握及调味方式等因素制约了炒制菜品工业化、标准化的生产。随着加工技术与储运技术的发展，炒制菜品工业化、标准化难题也逐步得到解决，从而保证了各中央厨房餐饮连锁店炒制菜品的质量标准化。

1. 种类

炒制菜品按传热介质分为：油炒、水炒、盐炒等；按菜肴的质地可分为：生炒、熟炒、干炒、软炒、滑炒等。

2. 工艺流程

由于"炒"这种烹调方法的工艺具有复杂性以及对火候的要求特别严格，因此在工业化大生产与产品美味上产生了矛盾。如果采用工业化大生产即大锅菜，则不能满足消费者对菜品色、香、味、形、质的要求；如果采用传统炒制的方式，则不能满足中央厨房批量化、标准化的要求。因此，行业必须解决的首要难题是：怎样将"炒"这种烹调方式标准化、规模化。目前，行业采用的是"适度工业化、适度标准化"的技术理念，即筛选出适合中央厨房生产模式的炒制方式，采用集中预处理与分店厨房成品相结合的形式来处理炒制菜品。

各类炒菜的生产流程不尽相同，但是主要的工序是相似的，现以滑炒为例，对炒菜类菜品的工艺流程进行阐述。

(1) 工艺流程图

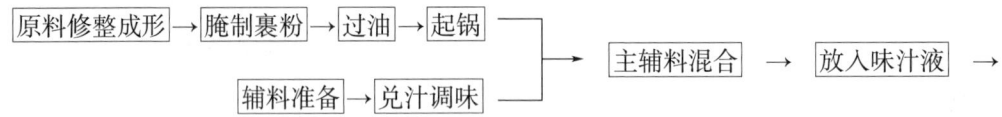

收汁亮油→成品

(2) 工艺要点

①腌制、裹粉：原料应先腌制后裹粉，腌制料有食盐、料酒或酱油；裹粉的原料有淀粉、蛋清等。中央厨房企业通常采用拌和机进行腌制裹粉，然后置于腌制间进行腌制入味。

②过油：中央厨房企业通常采用自动油炸锅来完成过油操作。过油时，要根据原料的性质、裹粉的差异，掌握好油量、油温和加热的时间。通常要求油量浸没原料，油温控制在 100~150℃，过油时间以原料在锅内受热后"散籽断生"为准。另外，原料一定抖散下锅，以利于原料受热均匀不黏连。

③准备味汁：过油过程中，由于火力旺，操作速度快，成品时间短，因此，味汁需要提前准备。滑炒菜肴常见风味有咸香味、酱香味、酸甜味、荔枝味、鱼香味等。根据菜肴的复合风味，进行味汁的标准调配。

④收汁亮油：由中央厨房提供过油后的主料、切配好的辅料以及相应的味汁，在分店的后厨进行炒制，或在中央厨房集中炒制。烹制时要求火力旺、主辅料一同快速翻炒，炒至成熟，香味挥发时，烹入味汁，达到收汁、亮油的效果。

(3) 标准化控制点　为了保证产品的质量，不同类型的炒制菜肴应严格按照工艺流程、工艺参数、配方进行加工制作。由于"炒"这种烹调方法的特殊性，不可能采用连续性机械化工业生产。目前，行业均采用中央厨房预处理与分店厨房成菜相结合的方式。主料、辅料以及调味料均在中央厨房进行预处理、分装；配送中心通过冷链进行配送；各分店厨房严格按照主辅料及调味料的配比进行烹制成品，这样才能够减少人工操作上的差异，以保证菜肴品质的稳定性。

分店厨房成品的加工关键在于油温、火候的控制，炒制时油温、火候的掌握直接影响产品的口感和外形。因此，为了保证炒制菜品品质的稳定性，必须把炒制程序进行量化。根据不同的炒制方法以及原料的质地、耐热程度严格控制炒制温度和炒制时间。根据就餐高峰、低谷划分每锅每次 10 份、30 份，进行单元炒制，依据不同单元的原辅料分量确定炒制工艺，使不同批次的炒菜品质一致。另外，通常用可控火力档级的炒锅来控制火候。

中央厨房预处理过程中，其关键点如下。

①主辅料切配成形：中央厨房企业根据生产计划及工艺要求对主辅料进行切配成形。要求原料的规格一致，原料的形状以丝、丁、片、条、粒为主，要求做到厚薄、大小一致，粗细长短统一、细而不碎、薄而不破。常用的设备有：切片机、切丁机、绞肉机、多功能切菜机等。原料间预处理间的温度控制在 15~20℃。

②原料预处理：原料在中央厨房的预处理包括：腌制、裹粉、过油定形等。腌制、裹粉需严格按照腌制料的配方进行，通常在拌和机内进行腌制料的混匀，原则上先加粉料（食盐、香辛料）、再加湿料（淀粉预先与水、蛋液混合均匀），腌制间温度控制在 0~10℃，腌制时间根据不同的原料而不同，一般在 30~60min。过油定形必须严格控制油温及火力，以

达到定形、分散的目的。通常采用自动油炸锅,温度控制在100~120℃。原则上新鲜细嫩的原料(虾肉、鱼肉、鸡脯肉等)油温宜低些,质地老韧,肌纤维粗的原料(如牛肉、质老的猪肉、鸡肉等)油温宜高些。

③料包:料包的配制是一个重要过程,应用科学配方,选用优质原料,形成产品独特风味和色泽。通常根据调料的投放顺序进行料包的分类包装,可分为粉料包、湿料包。配制好的料包可采用复合薄膜热封口的形式进行包装,达到使用方便、定量、卫生、安全的目的。如果没有条件使用料包时,可以使用量勺、量杯等来规范调味,以保证各批次菜品口味相对一致。

(三) 蒸菜类

我国素有"无菜不蒸"的说法,蒸制法是将加工、调味好的原料,利用蒸汽传热使菜肴成熟、成菜的一种烹调方法。菜肴在蒸制时,因蒸汽被密封,温度又达到饱和,原料本身的汁液和原料中的汤汁就不像其加热方法那样大量蒸发,因此,蒸菜具有含水高、滋润、软糯、原形不动、原味不走的特点,因而蒸法适用面广泛,品种多,既能制作主食,也能制作小吃和糕点,是行业使用最广,标准化、工业化程度最高的一种烹调方法。

1. 蒸制菜品的种类

由于原料受热方式不同,成菜规格不同,以及使用原料和调味料的不同,蒸的方法又分为多种,常见的有清蒸、粉蒸和旱蒸三类。

2. 工艺流程

由于"蒸"这种烹调方法的工艺简单、火候容易掌握控制、相关的蒸制设备先进,因此蒸制菜品是中餐中最容易实现量化的一类菜品。

各类蒸制菜品的生产流程不尽相同,但是主要的工序是相似的,现以清蒸类为例,对蒸菜类菜品的工艺流程进行阐述。

(1) 工艺流程图

原料修整→腌制→熟处理→成形→装盘→放入味汁→蒸制→成品

(2) 工艺要点

①腌制:为了保证蒸菜的色、香、味,原料在加热前一般需要腌制调味。在批量化生产中,按照一定量的原料配制复合腌制料,如果原料量大,则采用拌和机混合均匀,置于腌制间腌制10h左右使原料充分渗透入味,温度控制在0~10℃。

②熟处理:原料在清蒸前一般需要进行焯水处理。在中央厨房采用夹层锅,温度90~100℃,煮至断生或紧皮后捞出。

③味汁准备:清蒸的复合味型以咸香味为主。由于"蒸"的烹调方法易于实现标准化、工业化且营养的损失小,因此,本采用其他烹调方法的一些菜品也在逐步尝试采用"蒸"这种烹调方法,例如,餐饮市场已经出现一些预调理蒸制菜品——香汁排骨、冬菇鸡腿、台湾卤肉等,故蒸制菜品的味型丰富。味汁通常由中央厨房按照工艺配方统一生产,分小袋包装。

④蒸制:蒸制通常在分店的后厨进行,采用蒸柜,蒸制时,菜肴要求成熟程度是软熟。

(3) 标准化控制点  蒸菜类菜肴从原料加工、搭配、调味到蒸制都很容易实现标准化控制。目前,行业均采用中央厨房预处理与分店厨房成菜相结合的方式。在中央厨房里大批量加工成成品或半成品配送到门店,在店内只需进行简单的加热操作后即可提供给消费者,这样能够减少人工操作上的差异,提高菜品品质的稳定性。

蒸制菜品的标准化主要包括3点,首先是生产设备的标准化,统一使用电脑程控蒸汽柜,通过控制蒸汽柜的温度、压强和时间,使食物的蒸制过程完全量化;其次,生产流程的标准化,门店会根据每个时段顾客的多少来制定生产计划,以保证食品的新鲜度;再次,管理流程的标准化,按照一定的标准采购、制成半成品、集中后勤供应,从而保证分店原材料质量的稳定。

中央厨房预处理过程中,其关键点如下。

①主辅料切配成形:中央厨房企业根据生产计划及工艺要求对主辅料进行切配成形。原料要求规格一致,原料的形状以片、条、块形为主,其厚薄、粗细、大小既要视原料质地、又要以盛器的大小来决定。常用的设备有:切片机、切丁机、绞肉机、多功能切菜机等。原料间预处理间的温度控制在15~20℃。

②原料熟处理:原料如需焯水处理,其成熟度要根据菜肴质感来决定,一般鲜嫩质感的原料焯水以紧皮为度,软熟质感的原料,焯水以断生或熟透为宜。猪肉有皮要使之软烂,鸡、鸭需要增香,焯水后还需油炸,至于上色深浅,视菜肴色泽而决定。常用的设备有夹层锅、自动油炸锅、燃气锅等。

③料包:料包的配制是一个重要过程,应用标准配方,选用优质原料,形成产品独特风味和色泽。通常根据调料的投放顺序进行料包的分类包装,可分为粉料包、湿料包。配制好的料包可采用复合薄膜热封口的形式进行包装,达到使用方便、定量、卫生、安全的目的。

分店后厨的标准化:采用电脑程控蒸汽设备,利用蒸汽控温控压原理,使烹饪过程能保持一个统一的标准,餐厅所有的食物烹饪都不需要专业厨师,只要按操作规程执行,就能保证产品的品质及口感。

### (四) 冷菜类

冷菜,是指加工的原料先烹制成成品或腌制入味,然后进行成形处理而成。由于凉菜制作简便,制售快捷,随时供应,便于工业化、标准化生产,故冷菜类菜品在中央厨房企业中普遍使用。特别是随着包装与加工技术的发展,冷菜类小包装方便食品应运而生,解决了中央厨房行业质量标准的难题,保证了每个中央厨房餐饮连锁店的菜品的质量标准化。

1. 冷菜的种类

根据烹调方法,冷菜制作常用的烹调方法有拌、腌、卤、冻、熏,因此冷菜可分为拌菜、腌菜、卤菜、烟熏菜、冻类菜等。根据制作冷菜时原料加热与否,可分为热制菜和冷制菜两大类。热制菜是指先将原料烹调成熟后,晾凉后再成形制成品。冷制菜是指先将原料洗净后,成形,不需要烹制,只需调味即可制成品。

2. 工艺流程

各类冷菜菜品的生产流程不尽相同,但是主要的工序是相似的,现以卤菜类为例,对冷菜菜品的工艺流程进行阐述。

(1) 工艺流程图

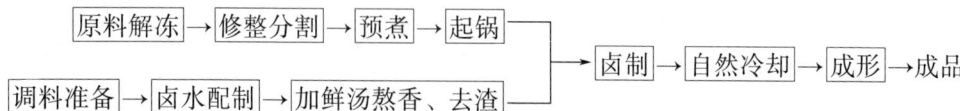

(2) 工艺要点

①预煮：夹层锅内放入清水，加热至沸腾，将漂洗好的原料置于锅中，要求水面高于原料面 5~10cm 为准；保持锅内微沸，温度控制在 90~100℃，并不断除去锅面上的浮沫。

②老汤熬制：将老汤加热至沸腾 10min，检查老汤有无异味，如果无异常情况后加入香料包，料包定期更换，新料包必须在老汤内熬制 20min 才可加入卤制原料。

③卤制：原料倒进夹层锅，要求卤汤必须将肉全部淹没。打开蒸汽使锅体迅速升温，并不断将原料翻动，使原料加热均匀，至再次沸腾后停止加热，恒温为 90~95℃，中间每隔 20min 检查一次汤汁温度，并将原料上下均匀翻动，当原料中心温度≥85℃后关闭热源起锅。原料出锅以后用漏勺捞出汤中的杂质，打开蒸汽使汤沸腾熬制 20min 后起锅，过滤于不锈钢肉车中加盖储藏于阴凉处。

④自然冷却：卤煮好的半成品推入冷却间进行自然冷却，冷却到室温，冷却间温度控制在 18℃以下。

⑤成形：可采用切片机或切丁机进行成形处理，一般以丝、片、块、条和自然形态等规格为主。成形间温度控制在 18℃以下，可进行真空包装，也可采用容器盛放，配送到各连锁分店。

(3) 标准化控制点　冷菜的加工关键在于煮制、成形和调味，这些都容易做到标准化生产。为了保证产品的质量，不同类型的冷菜应严格按照工艺流程，实行 HACCP 管理，控制工艺参数，加工完毕后可采用鲜销或真空包装。

冷菜的标准化主要包括以下几点。

①煮制的标准化：通常采用夹层锅、燃气锅等进行煮制的操作。通过控制设备的温度、压强和时间，使食物的煮制过程完全量化。

②成形的标准化：在中央厨房采用切片机、切丝机、切丁机等进行加工，以保证成形后的产品规格一致。

③复合调味包的标准化：按照配方标准准备调味料，干料和湿料分别包装，从而保证分店在产品调味上的稳定性。

(五) 油炸类

油炸是将经过加工的条块或整形生熟原料，用大量热油进行加热成熟。在油炸前，原料都要经过预处理，然后配送到各分店进行二次油炸。油炸设备可电脑控制，油炸加工方式能满足现场制售快捷的特点，因此，油炸类产品在中央厨房中也是一类重要产品。

1. 油炸菜品的种类

油炸按油温和拍粉挂糊的不同，可分为：清炸、酥炸、软炸、浸炸、油淋等。不同的油炸方法其口感和风味也不相同。

2. 工艺流程

目前，中央厨房企业最普遍采用的是酥炸和软炸，也有一些中央厨房企业采用清炸，下面以酥炸为例做详细阐述。

(1) 工艺流程图

原料修整 → 腌制 → 挂糊穿衣 → 油炸定形 → 油炸上色成熟 → 成品

(2) 工艺要点

①腌制：为了使油炸食品风味更佳，出品率增加，达到外酥里嫩的口感，动物性原料一般要先进行腌制。通过腌制后的原料，不仅可以使原料入味，而且使产品保水性好、口感细嫩、出品率提高。腌制时采用复合调味包在真空腌制机中腌制、滚揉。要求所有粉料先用冰水溶解混匀后方可倒入腌制机内，滚揉间温度控制在 0～10℃。滚揉结束后要求肉块表面有黏性，肉块中心发色均匀。腌制间温度要求在 0～10℃。

②裹粉：此操作一般在各连锁分店进行，因此作业指导书必须严格要求裹粉时间、裹粉手法等，以保证裹粉均匀一致。

③油炸：中央厨房常采用连续油炸机，而连锁分店采用油炸炉来油炸。油炸时油温一般控制在 180～200℃。原料质老，块大，数量多，油温可高些，通常情况下，温度在 180℃ 左右，可以减少食品中丙烯酰胺等有害物的产生。油炸油与物料量的比例一般是 3:1 最为经济。

④炸油的管理：每天生产结束后，炸油应立即过滤去渣、快速降温后密封保存。要求每天对炸油进行脱酸、脱色、脱异味处理，这样油炸食品的色泽、保质期、香气、滋味、口感及生产成本均较好。

(3) 标准化控制点　油炸类菜品从原料加工、腌制调味到炸制都很容易量化，在中央厨房采用真空腌制机、复合腌制料隧道式冷冻机等，把操作人员个人影响降到最低。在连锁分店，采用自动油炸炉来控制油温及油炸时间。

中央厨房预处理过程中，其关键点是腌制。要求中央厨房根据生产计划及工艺要求对主辅料进行切配成形；采用复合腌制料包，要求腌制料与主料拌和均匀；严格控制腌制时间、腌制温度，以保证每批次产品腌制效果的一致性。

分店后厨的标准化：中央厨房配送的半成品如裹粉，可采用复合裹粉料包，严格按照作业指导书控制裹粉的手法、时间。油炸时，采用电脑程控油炸设备，对油炸温度、时间进行量化，使烹饪过程能保持一个统一的标准。

(六) 烧烤类

烤是将生鲜原料经过腌制或加工成半成品后放入特制的烤炉内，燃料在燃烧时所产生的热辐射使原料致熟的一种烹制方法。由于原料在烤制前，一般都要经过预处理，并根据不同成品的要求和原料质地的老嫩、形状、大小来决定不同的烤制方法及火候的运用调节。因此，烧烤类菜品均采用中央厨房预处理与分店厨房烤制相结合的方式。特别是分店通过控制烤炉的温度和时间，从而实现烤制类菜品的标准化生产。

1. 烧烤类小吃的种类

根据采用的烤制设备产生的热辐射特点，一般分为挂炉烤、明炉烤和烤箱烤 3 种。

2. 工艺流程

目前，中央厨房企业最普遍采用的是烤箱烤，也有一些中央厨房企业采用挂炉烤，在此以烤箱烤来做详细阐述。

(1) 工艺流程图

原料修整 → 清洗 → 腌制 → 卤煮或油炸 → 烤制 → 切配 → 成品

(2) 工艺要点

①腌制：为了保证菜品的色、香、味，原料在烤制前一般需要腌制调味。在批量化生产

中，按照一定量的原料配制复合腌制料，如果原料量大，则采用拌和机混合均匀，置于腌制间腌制，使原料充分渗透入味，腌制间温度控制在 0~10℃。

②卤煮或油炸：如采用熟烤的方式，则先需要卤煮或油炸，常用表皮完整的整形原料。卤煮采用夹层锅，一般要求小火浸煮致熟即可。油炸采用自动油炸锅，表面炸制金黄色即可。

③烤制：烤制通常在分店的后厨进行，采用烧烤箱。根据不同菜品特点，设置烧烤箱的参数。例如，无皮的原料，一般先用高温烤制再降低温度；带皮原料，一般采用高温—中温—高温的烤制顺序。

（3）标准化控制点　烧烤类菜品的关键工序是腌制和烤制。通过中央厨房统一腌制，各分店厨房严格控制烤制的温度和时间，烧烤是非常容易实现标准化制作的加工方式。

①中央厨房预处理：在中央厨房预处理过程中，其关键点是腌制。中央厨房应根据生产计划及工艺要求对主辅料进行切配成形；严格按照配方称量腌制料，要求腌制料与主料拌和均匀、严格控制腌制时间，以保证每批次产品腌制的一致性。

②分店后厨的标准化：采用电脑程控烤箱设备，对烤制温度、时间进行量化，使烹饪过程能保持统一的标准。

## 二、中央厨房冷链菜肴产品的特殊要求

### （一）餐饮食品冷链的概念及特征

餐饮食品冷链（Cold Chain For Food）是指蔬菜、水果、肉、禽、蛋、水产品等生鲜易腐食品从产地收购或捕捞之后，在其加工、储藏、运输、分销、零售，直到消费者手中，各个环节始终处于其所必需的低温环境下，以保证其质量安全、减少损耗、防止污染的特殊供应链系统。该链条主要包含原材料获取、冷却、冷藏加工、冷藏运输、冷藏销售等环节。餐饮食品的冷链具有环节多、利益主体多、连续性、时效性、集合性等特点，各个环节相互联结、相互制约，造成了餐饮食品冷链安全控制的复杂性。

餐饮食品冷链的最大特点是需要适应加工与用餐的时间差，一般来说，从餐饮食品的加工到消费者食用，需要确保其在 4h 甚至更长时间内保持鲜美可口、色形不变，因此，对加工工艺、卫生监管、冷藏冷冻技术提出了更高要求，见图 4-1。

### （二）冷链作用

对于易腐食品，通过冷链对储存温度进行监控，以保证其品质的优良性和食用的安全性。冷链在于能控制易腐食品温度，确保其食用的安全性，保证消费者在购买时产品仍具有良好的品质。假如对温度的控制不够准确的话，将会导致产品一系列品质降低，除了一般产品特征有变化外，还包括组织结构上的改变，颜色的改变，碰撞挤压中的损伤以及微生物的繁殖。冷链的每一个环节，从产品被采摘开始一直到被销售出去，都需要参与控制。链条中的任一环节出错都会使冷链断裂，比如仓库的月台、运输途中、存储过程中或是在零售超市里，都很容易产生问题。如果一个环节断裂了，便会影响到最终消费者的需求（典型冷链食品生产工艺流程图如图 4-2 所示。

### （三）冷却设施或场所

由于冷链是以保证冷藏冷冻类物品品质为目的，以保持低温环境为核心要求的供应链系统，所以它比一般常温物流系统的要求更高、更复杂，建设投资也要大很多，是一个庞大的

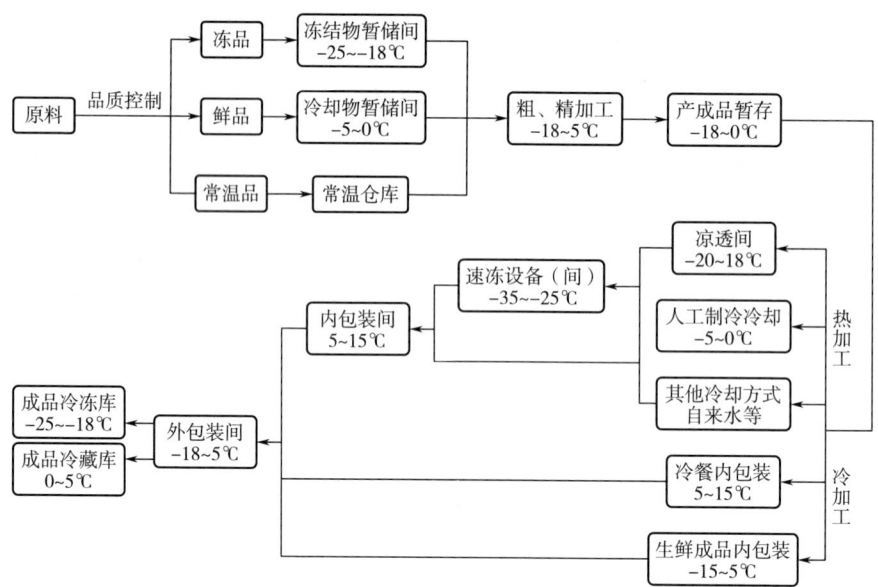

图4-1 餐饮食品冷链系统

(资料来源:郑铮铮,李学工.中央厨房冷链质量安全标准与信息的可追溯化应用.2016)

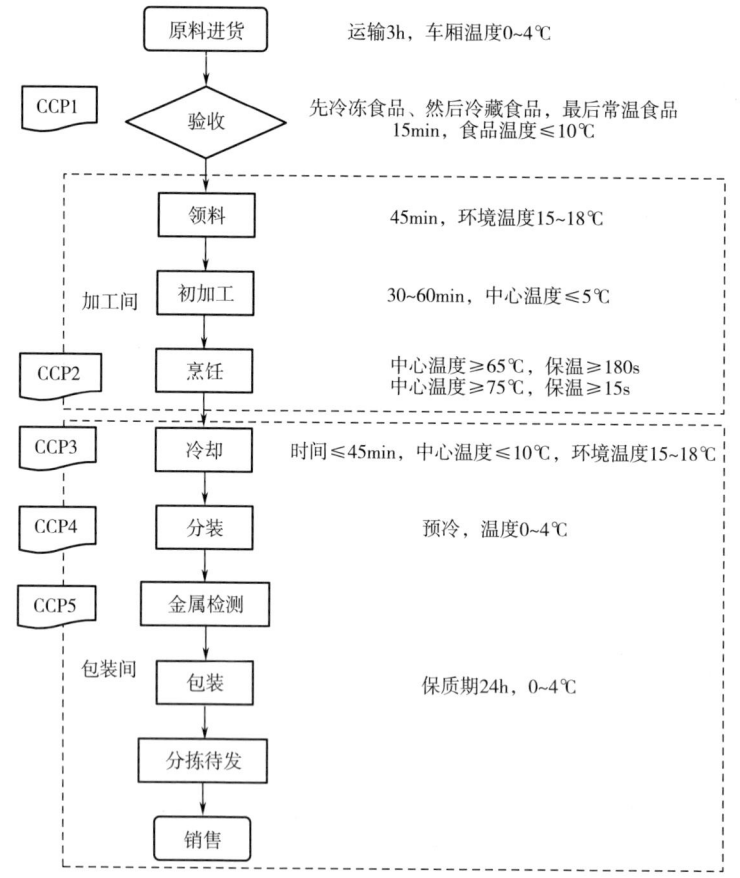

图4-2 典型冷链食品生产工艺流程图

CCP——关键控制点

(资料来源:王存山.中国餐饮业中央厨房与餐饮食品工业化发展研究.2018)

系统工程。此外，冷藏冷冻类物品的时效性要求冷链各环节具有更高的组织协调性，所以，冷藏冷冻类物品冷链的运作始终是和能耗成本相关联的，有效控制运作成本与冷藏冷冻类物品冷链的发展密切相关。

食品冷却是冷藏的必要前处理，其本质上是一种热交换的过程。冷却是食品保鲜的重要措施，冷却速度及其最终冷却的温度是抑制食品本身生化变化和微生物繁殖活动的决定因素。食品冷却的速度取决于食品的种类和大小、冷却前食品原始温度等。

采用冷链工艺生产的食品，必须配备与加工食品的品种和数量相适应的快速冷却设备（如风冷式快速冷却机、真空冷却机、隧道式冷却设备）和设置冷却专间，食品温度从75℃要在2h内快速冷却到10℃以下，且需要将冷却的食品暂存后进行分装或包装。

### （四）冷链包装

冷链分装或包装食品时，从冷库中取出食物数量不得超过1h之内处理完成的所用量，食品温度的上升应控制在15℃以下，应当做到定量提取，快速分装，及时冷却；确保冷链不出现断裂。

### （五）冷链食品储存的要点

（1）所有烹饪过的食品必须快速冷却至4℃或以下，并维持在这一温度进行贮存。

（2）所有烹制好的荤菜、素菜、主食米饭等，都必须在同样温度环境下进行贮存；需要有适合的设施，包括贮存空间和冷藏等，因此，如果不具备能控制食品温度在4℃或以下以及足够的独立的贮存空间，即认为不具备食品冷链制作的前提条件。

（3）如不了解食品贮存的时间，就不可能控制好食品的安全贮存。要做到食品安全贮存，引入一套简单的计时打印系统很有必要。

### （六）星期/颜色标识

星期/颜色标识是一套简单的产品管理工具（图4-3）。星期/颜色标识的使用需标明：产品名称、数量或重量、生产时间、责任部门和责任人；必要时标注保存条件和食用方法。星期/颜色标识的正确运用能够预防食品因贮存、保管、流转和服务过程中出现类似食品变质或报废事件的发生，便于追溯。

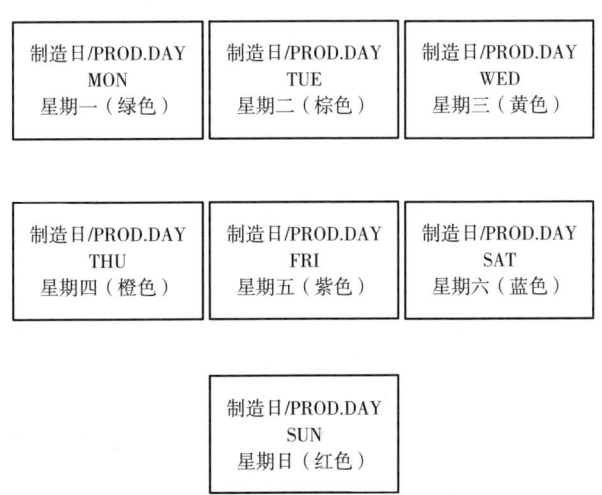

图4-3 星期/颜色标识

（资料来源：王存山．中国餐饮业中央厨房与餐饮食品工业化发展研究．2018）

1. 星期/颜色标识的判断标准

(1) 高温冷库（4℃）中的蔬菜原料，净料、半成品、成品贮存时间不得超过48h。

(2) 冷库内只能出现两种颜色的标识，即当天和前一天的星期/颜色标识。

2. 星期/颜色标识的使用方法

(1) "切配、烹饪、分装"的净料、半成品、成品，在加工、制作、分装等工序结束后，责任者应在第一时间贴上当天的星期/颜色标识，填写食物的品名、数量或质量、日期和时间、并签上责任者的姓名。

(2) 各工序之间、加工中心与项目点之间按星期/颜色标识进行交接与验收。

(3) 严格执行"先进先出"的原则，按颜色的先后提取使用，颜色相同按时间先后提取使用。

3. 星期/颜色标识的处置

(1) 没有星期/颜色标识或超出时间和颜色规定的均视为不合格。

(2) 发现者必须对该批产品进行控制，防止非预期的使用和交付，并及时报品控员、生产或项目主管，由其进行产品质量的鉴定，恢复应有的标识以证明符合要求，确保食品安全。

### （七）构建中央厨房冷链标准化体系

为保证中央厨房生产的产品从食材采购到抵达消费者餐桌过程中的整个冷链系统都有系统、科学、合理的标准化管理，必须从冷链的各个环节（包括食品采购与贮藏、食材加工、食材运输、产品销售等）入手，建立中央厨房的冷链质量安全标准（表4-1）。

表4-1　　　　　　　　　　冷链质量安全标准明细表

| 冷链物流过程 | 冷链质量安全标准 |
| --- | --- |
| 食材采购及贮藏 | 1. 建立原材料出入库完整手续，包括名称、规格、单位、数量、生产日期、保质期等，发霉、腐败、变质原材料不得入库；<br>2. 做好原材料分类工作，保证储藏库内产品位置规整；<br>3. 冷藏库温度保持1~5℃，冷冻库温度应达-18℃以下；<br>4. 定期对库内温度检查，库内产品避免阳光直射；<br>5. 保持库内干净整洁，做好清洁消毒工作；<br>6. 坚持原材料"先进先出"的原则，避免出现过保质期依然使用的情况 |
| 食材加工 | 1. 使用原材料之前，仔细检查原材料是否超过保质期，出现腐烂、发霉、变质等现象不得使用；<br>2. 加工前对原材料认真清洗，必要时做消毒处理；<br>3. 尽量缩短原材料在常温下放置的时间，未用完的原材料5min之内必须放入冷藏库，并单独存放；<br>4. 已进行粗加工的完成品要与原材料分开，避免交叉污染；<br>5. 工作人员加工之前严格按照三步清洁法进行洗手消毒，工作人员出现咳嗽、打喷嚏等流感症状或者其他身体不适时应立即停止工作；<br>6. 生产加工使用的器具应定期清洗消毒，使用完毕后及时放回指定地点 |

续表

| 冷链物流过程 | 冷链质量安全标准 |
| --- | --- |
| 食材/产品运输 | 1. 使用冷藏车装载货物前，对车厢内要做好清洁消毒工作，并提前预冷，温度保持在 -10℃以下；<br>2. 冷藏车运输过程中温度回升限度 -15℃，并要求尽快降至 -18℃；<br>3. 所有运输或搬运工具都应保持清洁，防止食品出现污染；<br>4. 所有产品必须在规定时间内运送到指定地点；<br>5. 对物料进行标准化包装，防止运输过程中倒撒或者其他异物融入 |
| 食材/产品销售 | 1. 冷冻陈列柜的温度应保持 -15℃以下，短时间温度回升不高于 -12℃；<br>2. 冷藏陈列柜短时间温度不得超过10℃；<br>3. 半成品进行精加工之后，中心温度不得低于70℃；<br>4. 规定时间内没有售完的产品应及时废弃；<br>5. 健全完善问题食品召回及处理制度 |

资料来源：赵帅、李学工，中央厨房冷链质量安全标准及可追溯信息技术应用，2016。

### 三、中央厨房热链菜肴产品的特殊要求

#### （一）热链工艺概念

热链工艺是指中央厨房餐饮食品烧熟后，采取加热保温措施，将食品在中心温度≥60℃的条件下分装成盒或直接将食品盛放于密闭保温设备中进行储存、运输和供餐，使食品在食用前的中心温度始终保持在≥60℃的生产加工工艺。

#### （二）热链餐饮产品的分装

采用热链工艺生产的餐饮食品，应设置食品加热场所，配备食品加热设施（如隧道微波炉），以及食品保温、储存及配送时的保温设施（如保温性能良好的保温箱）；采用热链工艺生产的团餐、学生营养餐，应设置膳食暂存间，配备膳食加热设施（如加热柜、蒸箱），以及膳食储存、配送时的保温设施（如保温性能良好的保温箱、保温桶）。食品在食用前的中心温度始终保持在60℃以上。热链餐饮食品的加工工艺及其分装工艺流程图见图4-4。

## 第四节 中央厨房小吃产品工艺设计

小吃是一类在口味上具有特定风格特色食品的总称，是面向大众消费者的，物美价廉是其突出的特点。在原料选择搭配、加工工艺技法、形态色泽设定，甚至进食方式上也有独特之处。世界各地都有各种各样的风味小吃，特色鲜明、风味独特。中国的小吃历史悠久，风味各异，品种繁多。

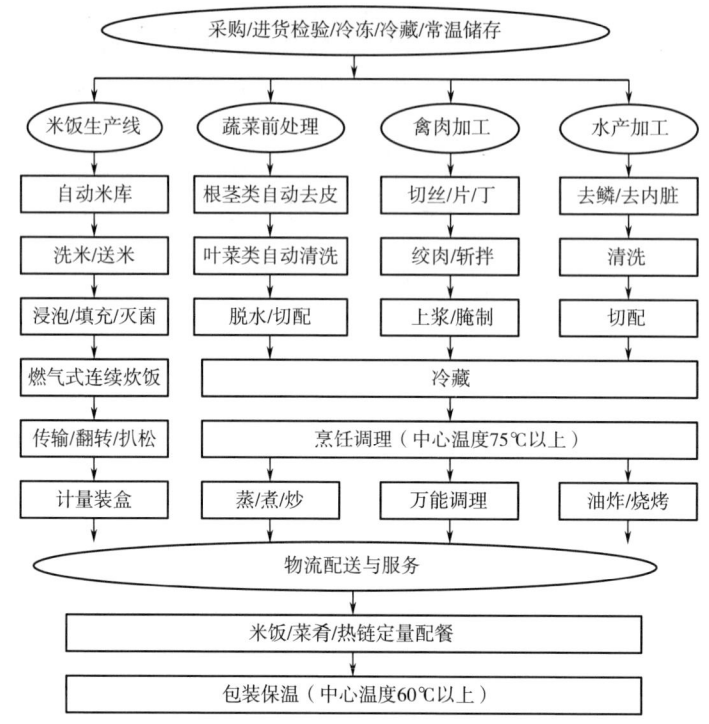

图4-4 热链餐饮食品生产工艺流程图

（资料来源：王存山．中国餐饮业中央厨房与餐饮食品工业化发展研究．2018）

## 一、小吃种类及特点

### （一）小吃的种类

小吃品种类种繁多，加工方式各异，按其加工方式不同有煎炸类、蒸煮类、烤制类、拌制类等，按其风味可分为甜香味和咸鲜味，按其冷热程度可以分为热吃和凉吃等。目前国内中央厨房已经涌现出包子、饺子、萝卜酥、烧卖、开花馒头、卤肉、锅盔、馄饨、芝麻球、南瓜饼、红薯饼、油条等小吃产品。

### （二）小吃的特点

小吃在中央厨房产品中常凸显的优势有：小型化、社区化、平民化等，它类似西式快餐里的炸薯条、蛋塔、水果派等食品。主要产品及特点如下。

（1）煎炸类 主要有炸鸡、芝麻球、萝卜酥、红薯饼、南瓜饼等，产品香脆可口，色泽金黄、外酥内绵。但此类产品油脂含量较高，食用时切勿过量。

（2）蒸煮类 主要有馄饨、担担面、过桥米线、包子、饺子、馒头、汤圆等，产品或味咸鲜而清香，色洁白而素雅，皮馅嫩而爽口，或细腻柔和，香甜适口，皮薄馅重，油而不腻，或滑嫩爽口，咸鲜微辣，香味浓郁。

（3）烤制类 主要有锅盔、薄饼、烤鸡、烤鸭等，产品色泽金黄、外皮酥脆、内松绵软、香味扑鼻，风味别致。

（4）拌制类 常见的有夫妻肺片、姜汁豇豆、卤牛肉等，产品色绿质嫩，味美可口，鲜香味长，夏季进食尤佳。

## 二、小吃生产实例——黄金玉米条

黄金玉米条是一类油炸类小吃，其色泽金黄，外酥脆内细嫩，玉米风味浓郁，便于工业化生产，适合在中央厨房集中加工后，在各分店现场油炸即可。

（1）工艺流程图

原辅料→搅拌均匀→压制成块→切割成形（菱形块或条形生坯）→冷藏→油炸

（2）工艺要点

①搅拌：将熟玉米粉、糯米粉、淀粉、白糖放入搅拌机中拌制均匀，加入乳粉、玉米粒、椰浆、黄油和适量的水一起用搅拌机搅拌。

②压制成块：将搅拌均匀的面团倒压面机中压制成1.5cm厚的面皮备用。

③冷藏成形：把面皮分别放入托盘中，再将托盘放入3℃的冷藏柜中冷藏，存放2h后即可将其切成菱形块或条形即成生坯。

④油炸：采用电脑程控的炸炉，按照作业指导书上对温度、时间的要求进行参数的设置。炸炉温度控制在140℃，炸制5~10min，生坯炸至浮面，再升高油温至180℃炸制成品色泽金黄，表皮变硬即可起锅。

（3）标准化控制点　此产品由于操作简单，适合于工业化生产，便于标准化及批量化，设备只需搅拌机、压面机及炸炉即可。标准化控制点主要有：

①在搅拌工序中采用低速搅拌，同时要控制水量，否则影响成品的外形及酥脆感。

②面块在冷藏时，表面可蒙上一层保鲜膜以防止水分流失，冷藏过程中控制好冷藏温度及时间。

③注意油炸时一般要求油温先低后高，否则影响其口感及色泽。

此产品可在中央厨房预先冷藏成形做成半成品配送到各分店，在门店只进行油炸熟化即可出售。

## 第五节　中央厨房的贮藏与配送

### 一、中央厨房的贮存

中央厨房食品原料的贮存应按品种分别设立冷藏库、冷冻库和常温库，如：畜禽类冷冻库、水产类冷冻库、蔬果冷藏库、鸡蛋冷藏库、冷链产品冷藏库、成品冷库、干货仓库、化学品仓库等。冷藏的温度为4℃（1~10℃），蔬菜贮存在5~10℃、禽肉类水产贮存在2~5℃；冷冻的温度为-18℃以下（-22~-15℃）；常温的温度为25℃以下，夏季高温时需开启空调以确保常温食品贮存在合理的温度环境下。各类库房的容量应当满足食品生产加工的需要；冷藏、冷冻库数量和结构能使食品的原料、半成品和成品分开存放，库房内应设置数量足够的物品存放货架。

### (一) 影响食品冷藏效果的因素

一般来说食品的微生物繁殖与温度有着密切关系,温度越低则越易被抑制;此外,由化学因素引起的变质在低温环境下被延迟;然而,由于食品种类的不同,处在某种限度以下的低温时,反而会发生品质劣变的现象,例如,蔬菜水果等在某种限度以下的温度时,发生其成熟度被抑制、组织硬化等冷害现象。因而食品的保管温度并不是越低越好,需根据食品的种类或性质等决定恰当的保存方式。影响冷藏食品冷藏效果的主要因素如下:

①食品原料的种类、生长环境;
②食品原料收货后的状况(是否受到机械损伤或微生物污染、成熟度等);
③运输、贮存的温度、湿度状况;
④冷却方法。

### (二) 食品冷藏的关键点及相关参数或标准

(1) 冷藏温度为 1~10℃,标准极限≤4℃。
(2) 贮存期限≤标准时间极限(产品的保质期、行业规定)。
(3) 生熟食品、不同类别的食品分开。
(4) 对冷藏设施设备的要求如下。

①一般冷库面积约占中央厨房总建筑面积的1/10;
②食品种类繁多,蔬菜、水果、肉禽、水产、鸡蛋、乳制品等需要分类存放,防止细菌的交叉污染;若是清真食品,则牛羊肉等清真食品需单独设库存放;
③食品在冷藏和冷冻库的摆放间隔、堆高等要求应保证不妨碍冷库内冷空气的循环;一般食品的容积占库容的50%~60%;
④食品不能裸露收存,必须放入密闭的容器或用食品保鲜袋/膜包装或覆盖后再保存,防止食品交叉污染和干燥;
⑤冷库门开启的频率越高,冷库的温度上升的越快,需安装风幕或塑料软帘;当冷库的湿度>80%,其制冷功能变为去湿作用;
⑥当冷库蒸发器积霜或积灰,其制冷功能将下降2/3;
⑦冷库温度的巡查和记录每日不少于2次;
⑧食品贮存的日期/时间的标识,遵循"先进先出"的原则。

### (三) 低温贮藏原则

虽然不间断的低温是食品冷链物流的基础和基本特征,也是保证易腐食品质量的重要条件,但并不是唯一条件。因为影响易腐食品贮运质量的因素还有很多,必须综合考虑、协调配合,才能有效保证食品质量。因此在实践中为保证食品冷链的有效性必须遵循以下原则。

(1) "三 P" 原则 易腐食品原料的品质(Produce)、处理工艺(Processing)、货物包装(Package)。要求原料品质好,处理工艺质量高,包装符合货物的特性,这是食品在进入冷链时的"早期质量"要求。

(2) "三 C" 原则 在整个加工与流通过程中,对易腐食品的重视(Care),清洁卫生(Clean)条件,以及低温(Cool)环境,这是保证易腐食品"流通质量"的基本要求。

(3) "三 T" 原则 著名的"T.T.T"理论,即时间(Time)、温度(Temperature)、容许变质量(或耐藏性)(Tolerance)。

(4) "三 M" 原则 保鲜工具与手段(Means),即在整个链条中所使用的贮运工具的数量要求、技术性能与质量标准等应协调一致。保鲜方法（Methods），即在贮运过程中所采用的保鲜方法，应符合食品的特性，并应能取得最佳保鲜效果。管理措施（Management），由于食品冷链环节众多而复杂，因此要有相应的管理机构和行之有效的管理措施，以保证各作业环节内部的高效性和各环节之间的协调配合，从而实现整个链条的有效性。

## 二、中央厨房物流配送

### （一）中央厨房企业的物流配送

物流配送是中央厨房企业日常经营环节中不可或缺的一环，它使企业总部、配送中心、供应商和连锁门店进行有机结合，实现中央厨房企业的规模化发展。根据 ABC 分类库存分析法，一般对于品种占比小（5%~15%）但消耗大（占比年消耗量80%）的 A 类原料，如牛乳等采取供应商直送模式。而品种占比中等（15%~25%）、消耗量占比小于20%的 B 类原料采取配送中心转运的配送模式。

### （二）中央厨房企业物流配送的特性

中央厨房企业的物流配送不同于其他企业，其具有自身的特性。具体表现在如下几方面。

（1）原料品项多，配送要求多样　中央厨房企业日常经营的原料、半成品、成品的品种多样，有常温仓储运输的，如各种调味品；有需要维持一定温度配送的，如即食盒饭的热链配送；还有需要冷冻冷藏运输的，如冷冻糕点。可见，中央厨房产品在物流配送过程中，都需要有相应的配送措施要求。

（2）配送量小，频次高　中央厨房企业的门店仓储空间有限，周转率较高，对于单个门店来说，原料配送的频次较高，易耗食材基本是日配或周配。

（3）配送门店多，配送路线较复杂　中央厨房企业的门店数一般都较多，区域分布也不均衡，这对中央厨房企业的物流配送能力是很大的考验。

### （三）中央厨房企业物流配送的重要性

物流配送是中央厨房企业运营流程中的必备环节，其重要性如下。

（1）物流配送是中央厨房企业正常运转的基础　中央厨房企业的正常经营离不开物流配送，每天都会有食材和物料从配送中心和供应商配送至门店。物流配送是餐饮连锁企业得以生存和发展的基础。

（2）物流配送可节约中央厨房企业总成本　根据中物联的调查数据，物流配送成本一般占比企业总成本不低于8%。物流配送效率的提高，既可使企业降低物流方面的开支，又可减少资金浪费，从而节约总成本。

（3）提高中央厨房企业核心竞争力　适合企业的物流配送可帮助企业在市场中保持自身优势，区别于竞争对手，提高企业竞争力，推动社会经济发展及满足顾客需求具有积极意义。

### （四）中央厨房物流配送的特点

中央厨房企业的物流配送是从餐饮原料的采购、餐饮菜品生产、餐饮成品到消费者手中的过程。从供应链管理角度看，现代中央厨房行业物流配送管理是对中央厨房行业生产的上游、中端以及下游过程进行科学合理的管控：上游是一种在供应阶段的物流形式，即采购物流，这阶段物流运输的物品主要是原材料，例如用于制作餐品的新鲜果蔬；中游是在生产阶段的物流，又称生产物流，这阶段物流运输的物品主要是半成品，如比萨饼坯、速冻糕点等；下游是处在销售加工阶段的物流形式，即销售物流，这个阶段就是最终餐饮成品从门店到消费者手中的过程，像咖啡、甜品等。

中央厨房企业的物流配送与其他行业相比较为特殊，这是由中央厨房企业的所用食材和原料特性决定的。食材和原料具有品质要求高、易腐败变质、储藏运输温度要求不同、有保质期等特性。因而中央厨房行业的物流配送具有如下的特点。

（1）卫生条件　为了使食材和原料的营养及其食品安全性得到保障，中央厨房行业的物流及仓储要求高度的清洁卫生，定期检查，对物流设备及相关工作人员也有较高的标准和要求。

（2）温控严格　餐饮原料通常有常温品、冷藏品和冻品三种，不同原料要求中央厨房行业的物流系统具有相匹配的储藏场所和设备。一般餐饮都会用到冻品物料，因而中央厨房行业物流必须具有合适的冷链系统。

（3）库存控制　中央厨房企业对库存管理要求更加严格并强调效率。在运输储存的环节中，若库存控制不善，则会发生食品原料临期或过期的情况，因此对食材的交货时间有较为严格的要求。

### （五）中央厨房企业中常见的几种配送模式

1. 自营配送模式

中央厨房企业通过所拥有的基础条件，包括资金、配送设施、运输设备及相关物流人员等，结合各个连锁店的配送量、销售额等多种因素，选择合适的地点建立配送中心，由中央厨房企业的总部对配送中心进行管理，完成企业的各种配送任务。目前西式快餐企业（如肯德基等）主要使用该模式。

由于受到传统经济自给自足思想的影响，中央厨房企业一般都会建立配送中心，对各门店的进行配送服务。在某种意义上说该模式过于耗费企业资源，但从目前的情况研究，专业化的第三方配送体系还未成熟，此配送模式在满足餐饮门店物料配送需求方面起到了巨大的作用，该模式在某种程度上满足了中央厨房企业的大部分配送要求。目前市场上采取自营配送模式的中央厨房企业大都是发展规模大、经营状况良好的企业，初期建设资金问题不大，而且连锁门店数量多，整体物流配送量及规模化效应所节约的成本可以覆盖建设配送中心的成本。但对于资金量少、配送规模不大、管理水平不足的中央厨房企业来说，特别是中小型中央厨房企业，完全使用自营配送模式是行不通的。

如图4-5所示，配送中心是作为中央厨房企业的一个独立部门，中央厨房企业内部的供应链是企业各部门组成的整体，每个部门都是内部供应链上的重要环节。拥有自营配送中心中央厨房企业可减少向第三方物流服务公司寻求物流服务，配送中心在接到门店订单后根据运力安排物流配送，减少配送中间环节，提高企业的综合配送效率。中央厨房企业的总部还能对自身配送中心的配送流程进行更好地监控和管理，这样使内部供应链保持稳定运行。自营配送可以保证企业的信息安全，避免因使用第三方物流服务造成企业内部机密的泄露。但从社会角度来看，如果各个中央厨房企业都各自建立配送中心会导致物流配送资源产生过度浪费，中央厨房企业的不必要支出也会随之增加。主要缺点如下。

（1）投资大　中央厨房企业需要投入大量财力购买物流设备设施和建设信息系统，投资成本较高。

(2) 配送量的要求　中央厨房企业门店对物料的需求规模只有达到一定规模的配送量才可以降低物流配送成本，否则不如由第三方物流配送。

(3) 专业的员工　配送中心除了需要有物流设施设备等硬件，还需要具有专业知识的物流员工来运营管理，不然配送无法达到企业要求。

(4) 空载率高　如果中央厨房企业都建立自营配送中心，仅负责本企业的食材、物料等的运输，会造成运载工具的空载率升高，从而使运输成本升高，并对社会交通造成影响。

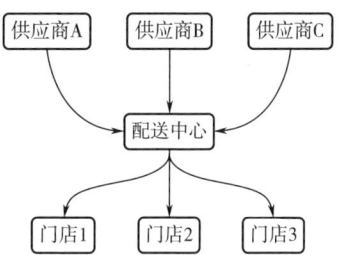

图4-5　自营配送模式

（资料来源：颜博. 中小餐饮连锁企业物流配送研究. 2016）

目前国内的物流理论还有待提高，配送部门从事仓储管理的人员良莠不齐，出现较为复杂的物流配送问题时难以及时解决，造成餐饮连锁自营配送的管理水平不足。

以上问题可以看出：一方面，中小型中央厨房如果全部采用自营配送模式是不太合适的。由于中小型中央厨房资金不充裕且缺乏相关经验，自建配送中心的基础设置不够，管理制度有缺陷，配送效率低下，浪费资源；另一方面，已采用自营配送的中央厨房企业在充分利用自身的物流资源的前提下，在为本企业的连锁门店提供物流服务的同时，承接其他中央厨房企业的配送业务，不但可以增加餐饮企业的额外收入，还可以使物流配送成为中央厨房企业的另一个盈利业务。基于以上分析，将自营配送模式进行优化，中小型中央厨房企业可以学习国外相对发达的共同配送模式，以此解决自建配送中心的问题，可从如下方面得到提高。

(1) 资金节约　解决了初创企业和中小型企业因短期缺乏资金建立配送中心的问题，这些中央厨房企业可以使用发展成熟的中央厨房企业配送中心来对自己企业的物料进行配送，通过"拼车拼单"等方式运输物料，避免浪费资源。

(2) 提高效率　多个中央厨房企业共享配送中心，共同进行配送的作业，既减少空载率，减少配送频次，还提高了企业整体运营的效率，降低了用于投资建设物流设施的资金支出，企业的配送中心利用率因此也会提高，从而企业成本整体得到降低。

(3) 供应保障　此模式整合了类似的中央厨房企业，为中央厨房企业的规模化效益奠定了基础，还能调度中央厨房企业间需求相同或相似的物料，为物料的供应提供保障。

2. 供应商直接配送模式

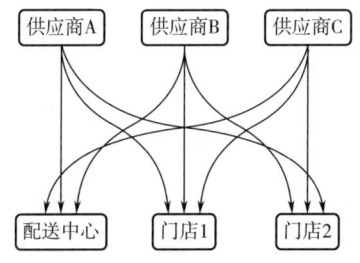

图4-6　供应商直接配送模式

（资料来源：颜博. 中小餐饮连锁企业物流配送研究. 2016）

由供应商将中央厨房企业所需物料按照门店需求数量和种类，直接配送到店。这种模式不需要经过配送中心，提高了效率。

供应商直接配送模式是供应商在指定的时间内直接将中央厨房企业采购的食材物料送到中央厨房企业的配送中心和各连锁分店，如图4-6所示，中央厨房企业的总部只负责选择和签订供应商，物料的相关配送业务均由供应商来完成，这种配送模式某种意义上是供应链的一种产销联盟，减少了中间环节，不仅降低企业自建物流中心的支出，使整体成本降低，而且与供应商成为战略合作伙伴，共同推动食材和物料的库存周转，使得供应商可以根据企业库存，进行高周转、低库存的运作，降低了供应商的成本，从而降低采购价格。还可以缩短配送时间，使某些物料对于物流运输的要求也得到满足。中央厨房企业配送的特点是食材物料品种多样，运输储存条件要求多，中央厨房企业的食材物料如果都采用供应商直接配送模式也会存在如下缺陷。

（1）供应商直供能力不足　国内中央厨房企业的大部分供应商由于自身规模限制，没有足够的物流配送能力来满足多品种的配送需求。连国内规模最大的餐饮供应商联合利华饮食策划公司都是采用第三方配送。部分供应商的物流配送并不能达到中央厨房企业的要求，这会导致配送服务不到位，对中央厨房食材物料的供应产生影响。

（2）餐饮食材配送批量小、频次高　对于这些食材物料如果也让供应商直送，运输车辆空载率就会升高，使物流成本增加，降低中央厨房企业整体物流系统的效益。

（3）连锁门店地域性限制　门店数量增多，供应商数量一般也会随之增加，如果都采用供应商直接配送模式，不仅配送不易管理，配货送货和收货也较易出问题。

随着中央厨房企业门店数量的增长和销售规模的扩大，门店与供应商的沟通问题、供应商的配送成本以及企业的管理成本的增加，使采用供应商直接配送模式的问题越来越多。按餐饮业的食材原料分类管理方法，食材分为两类，干货（常温存储运输）和湿货（含水量较高的食材原料）（冷藏存储运输，冷冻存储运输），所以对于食材原料的配送需要有所选择：

（1）对于频次低、配送量大的食材物料可采用供应商直接配送模式，而对于频次高、批量小的食材物料可采用自配送或第三方配送来降低成本。

（2）特殊配送要求的食材物料，为了缩短物流配送的环节，并保证配送的整体质量，由供应商直接配送效率较高。

由上可见，中央厨房企业可根据食材物料的特点和企业的配送量，采取自营配送和间接配送模式混合的配送模式，这样提高了企业的配送质量和效率，还可以节约配送成本。

3. 第三方配送模式

中央厨房企业将其配送业务直接外包给物流服务企业的一种配送模式。中央厨房企业不需要设立配送中心，总部按照门店的物料需求向供应商订货，由物流服务企业在约定好的时间内，按照谈判好的价格从供应商处取货并向中央厨房企业的连锁门店提供物流配送服务。提供物流服务的属于第三方物流企业，所以又称第三方物流配送。典型的企业是金拱门（中国）有限公司将主要配送业务外包给夏晖公司。

第三方物流起源自20世纪的80年代，在欧美等发达国家较早开始发展，据美国相关协会所做的一次调研，1988年第一次使用了"第三方服务商"的概念。然而第三方物流的准确定义却一直较为模糊。虽然国外目前关于第三方物流概念的文献较多，但未有明确的定义。国外某些学者认为："第三方物流是外部协助或契约物流""第三方物流是传统组织所履行的职能，由外部的公司进行执行，第三方物流公司执行的物流职能包含整体物流过程，或是整个物流过程中的部分活动"等。第三方物流的概念传入国内时间较短，相关专家对其理解也各不相同，较为常见的有："物流服务商在特定的时间内，以特定的运输工具，以约定好的价格向需求方提供个性化的物流服务交易，该服务是在现代信息技术发展上建立起来的。在这里，物流配送的工作由专业的物流和仓储公司来做，这些物流公司不参与货品的交易，而只对货品提供物流的服务，是在买方与卖方之外的公司，所以称为'第三方物流'"。

在 GB/T 18354—2006《物流术语》中,第三方物流的概念是:"独立于供需双方,为客户提供专项或全面的物流系统设计或系统运营的物流服务模式"。

第三方物流目前在国内发展较为迅速。第三方的物流企业与传统运输仓储企业相比,具有较多优点,如依托信息技术,较低的成本,提供相当的服务。所以目前激烈的市场竞争环境,和不断增多的物流配送费用,导致目前很多中央厨房企业都逐渐启用第三方物流来进行物料的配送。对国内大部分中央厨房企业存在的资金量不足、连锁规模较小、物流配送量达不到一定量的情况,如果可以用低成本获得相对最优配送服务,通过第三方物流企业来完成的物流配送是值得考虑的。这种配送模式运用的典型公司是日本的三菱食品配送中心给日本全国 1.6 万个便利店与餐饮连锁店配送餐饮原料和销售给顾客的食品。

如图 4-7 所示,第三方物流配送模式不用中央厨房企业自身设立配送中心,可花费相对低的资金利用第三方物流企业来进行配送服务,既减少相关物流费用支出,又增加现金流,灵活运用本来用于仓储运输的资金,使企业的资金周转得到加快,相应的物流配送管理费用也得到了很大降低。很多第三方物流企业可供选择,它们可提供适合企业的个性化物流服务,来满足不同食材及物料对运输和储存的不同需求,这是自建配送中心所难达到的。作为第三方物流企业可以向餐饮连锁提供超值服务,为企业带来便利。

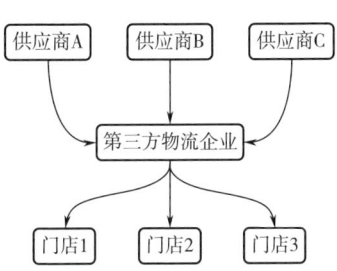

图 4-7 第三方物流配送模式
(资料来源:颜博. 中小餐饮连锁企业物流配送研究. 2016)

但是第三方物流配送模式也存在以下缺点。

(1) 准时性无法保证　第三方物流企业服务众多企业,所配送的时效性得不到保障,这样会影响到食材、物料的供应。

(2) 多样性困难　由于餐饮食材的特点,有的常温运输即可,而有些需要冷链运输,且有些食材的采购点距离不同,一般的第三方物流企业是没有办法独自完成的,这就要求中央厨房企业选择多家第三方物流来进行物流配送服务。

(3) 存在风险　对第三方物流企业产生依赖,存在风险和一些不确定性因素,在物流配送体系中较为被动。

4. 第三方物流联盟/平台模式

第三方物流配送模式对于区域性中央厨房企业来说确实起到十分重要的作用,减少了固定费用支出和相关配送费用。但餐饮食材种类繁多的特点决定了所需要的运输储存条件不尽相同。如果将具有相同业务的物流企业整合成第三方物流企业联盟平台来为中央厨房企业提供配送服务,那么这些企业的资源不仅得到充分利用,企业的配送成本因此降低,资源共享的目的也可达到,并且满足了中央厨房企业配送的特殊需求,对供应链系统中的信息流也进行了整合,餐饮与物流企业的信息沟通更加顺畅。第三方物流企业组成的联盟使中央厨房企业无须做出更多选择,降低了餐饮选择物流服务提供商的难度和风险,见图 4-8,其优点如下。

(1) 提高配送效率　物流企业的配送能力得到整合,可提供较为专业的配送服务,提高中央厨房的配送效率,保证物料的供应。

(2) 设备充分利用　物流企业的资源得以充分利用,可使物流企业节约在物流设施和运输设备上的投资，达到互惠共赢的效果。

（3）成本降低　中央厨房企业不需要花费大量精力来选择第三方物流企业，也不需要根据各物料的不同配送需求来选择最适合的物流企业，减少了对第三方物流企业的选择成本。

（4）效率提高　资源整合使整个供应链得到了高效运转。

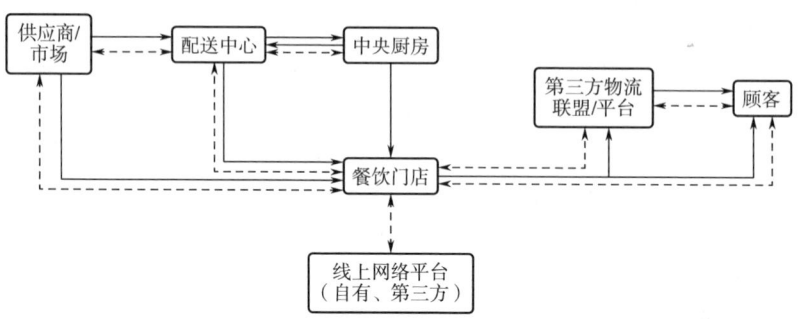

图4-8　典型中央厨房企业物流和供应链模式图
——物流　……信息流
（资料来源：王敏．"互联网+餐饮"模式下物流评价体系研究．2018）

### （六）配送形式

中央厨房的配送一般可分为四种形式，具体如下。

（1）按配送商品种类与数量划分

①多品种、少批量配送——适合门店连锁等配送。

②少品种、大批量配送——适合团餐、学生营养餐等配送。

③成套配送——适合楼宇、写字楼等配送。

（2）按配送时间及数量划分

①定时配送。

②定量配送。

③定时定量配送。

④定时定量定点配送（现阶段中央厨房一般以该配送形式为主）。

⑤即时配送。

（3）按配送地点与组织者划分

①中央厨房配送。

②配送中心配送。

③配送点配送。

④仓库配送。

（4）按配送的服务对象划分

①企业对企业的配送。

②企业内部配送。

③企业对消费者的配送。

（5）其他配送形式

①共同型配送。
②一体化配送。
③高频率、小批量配送。

物流分拨配送区域分表和相关设备指标如表4-2所示。

表4-2　　　　　　　物流分拨配送区域分布和相关设备与指标

| 功能区域分布 | 主要设备 | 技术要求 | 相关参数 |
| --- | --- | --- | --- |
| 成品冷库 | 冷冻库<br>冷藏库 | 食品贮存<br>冷链控制<br>产品标识 | 冷冻≤-18℃<br>冷藏0~4℃ |
| 常温仓库<br>化学品仓库 | 换气设施<br>货架 | 先进先出<br>防虫防霉<br>独立存储 | 温度<br>湿度 |
| 成品配送 | 叉车、液压拖车 | 防虫、防尘 | 运输时间 |
| 物流车队 | 厢式货车/带尾板 | 双温冷链物流车 | 冷冻-18℃<br>冷藏0~4℃ |

资料来源：王存山，中国餐饮业中央厨房与餐饮食品工业化发展研究，2018。

## （七）送达服务

将配好的货物运输到门店或用户还不算配送工作的完成，这是因为送达货和用户接货往往还会出现不协调，使配送不成功的现象。因此，要圆满地实现运到之货的移交，并有效地、方便地处理相关手续并完成结算，还应注重卸货地点、卸货方式等。送达服务也是配送独具的服务。

# 第五章

## 中央厨房的食品安全

## 第一节 中央厨房环境及硬件系统的食品安全

### 一、中央厨房的选址和厂区环境

#### （一）中央厨房的选址

中央厨房在选址和厂区环境上应选择地势干燥、有给排水条件和电力供应的地区，不得设在易受到污染的区域并符合规划、环保和消防等有关要求。距离粪坑、污水池、暴露垃圾场（站）、旱厕等污染源25m以上，并设置在粉尘、有害气体、放射性物质和其他扩散性污染源的影响范围之外。

#### （二）中央厨房的厂区环境

中央厨房的厂区环境应考虑环境给食品生产带来的潜在污染风险，并采取适当的措施将其降至最低水平。厂区应合理布局，各功能区域划分明显，并有适当的分离或分隔措施，防止交叉污染。厂区内的道路应铺设混凝土、沥青或者其他硬质材料；空地应采取必要措施，如铺设水泥、地砖或铺设草坪等方式，保持环境清洁，防止正常天气下扬尘和积水等现象的发生。厂区绿化应与生产车间保持适当距离，植被应定期维护，以防止虫害的滋生。厂区应有适当的排水系统。宿舍、食堂、职工娱乐设施等生活区应与生产区保持适当距离或分隔。

### 二、中央厨房的厂房和生产加工场所

#### （一）中央厨房的设计与布局

中央厨房在设计与布局上应设置与加工方式及加工品种、数量相适应的原料储存、原料加工、烹调热加工、食品冷却、分装（或内包装）、外包装、待配送食品储存、工用具清洗消毒和保洁等生产加工场所，以及更衣室、检验室等。生产加工场所分为一般作业区、准清洁作业区、清洁作业区，各作业区均应设置在室内，且独立分隔。生产加工场所的使用面积应≥300m²，并与加工食品的品种和数量相适应。同时，生产加工场所应按照原料进入、原料处理、半成品加工、成品制作、食品冷却、分装、包装及待配送食品储存的顺序合理布局，防止食品在存放、操作中产生交叉污染。即食食品（即可直接食用的食品）分装（冷

却、暂存）应当设置专间，其面积应与食品品种和数量相适应。单纯分装即食调味料（如火锅蘸料）的分装间面积不小于15m$^2$，其他即食食品的分装间面积不小于30m$^2$。

### （二）中央厨房的建筑内部结构与材料

中央厨房建筑内部结构应易于维护、清洁或消毒。应采用适当的耐用材料建造。

1. 顶棚

中央厨房生产加工场所天花板应离地面2.5m以上。顶棚应使用无毒、无味、与生产需求相适应、易于观察清洁状况的材料建造。若直接在屋顶内层喷涂涂料作为顶棚，应使用无毒、无味、防霉、不易脱落、易于清洁的涂料。同时顶棚应易于清洁、消毒，水蒸气较多场所的天花板应有适当坡度，在结构上减少凝结水滴落，防止虫害和霉菌滋生。清洁作业区、准清洁作业区及其他半成品、成品暴露场所屋顶若为不平整的结构或有管道通过，应加设平整易于清洁的吊顶。

2. 墙壁

中央厨房生产加工场所墙壁应用光滑、不吸水、浅色、耐用和易清洗的材料铺设到顶。墙面、隔断应使用无毒、无味的防渗透材料建造，在操作高度范围内的墙面应光滑、不易积累污垢且易于清洁。若使用涂料，应无毒、无味、防霉、不易脱落、易于清洁。墙壁、隔断和地面交界处应结构合理、易于清洁，能有效避免污垢积存，例如设置漫弯形交界面等。

3. 门窗

中央厨房门窗应使用不透水、坚固、不变形的材料制成。清洁作业区和准清洁作业区与其他区域之间的门应能及时关闭。窗户玻璃应使用不易碎材料。若使用普通玻璃，应采取必要的措施防止玻璃破碎后对原料、包装材料及食品造成污染。窗户如设置窗台，其结构应能避免灰尘积存且易于清洁。与外界直接相通的门和可开启的窗应设有易于拆洗且不生锈的防蝇纱网或设置空气幕，室内窗台下斜45°或采用无窗台结构。

4. 地面

中央厨房地面应使用无毒、无味、不渗透、耐腐蚀的材料建造，地面的结构应有利于排污和清洗的需要。地面应平坦防滑、无裂缝并易于清洁、消毒，还应有适当的措施防止积水。

### （三）中央厨房各类场所的设施设备

中央厨房各类场所的设施设备要按照GB 14881—2013《食品安全国家标准 食品生产通用卫生规范》有关规定执行。一般来讲，根据生产需要，在适当位置配备足够数量的洗手、消毒、照明、更衣、通风、排水、温控等设施，并具备防尘、防蝇、防虫、防鼠以及处理废水、存放垃圾和废弃物等保证生产场所卫生条件的设施。配备满足加工用水要求的水处理系统。

1. 原料加工场所

中央厨房原料加工场所应分别设置与加工食品品种相符合的原料清洗水池和操作台（如畜禽类、果蔬类、水产类等），水池数量或容量和操作台数量应与加工食品的数量相适应，各类水池和不同场所（功能间）、区域有明显的区分标识。加工易腐食品原料的场所应配备空调等温度控制装置。

2. 烹调热加工场所

中央厨房食品烹调场所应采用机械排风。产生油烟或大量蒸汽的设备上部，加设附有机械排风及油烟过滤的排气装置，过滤器便于清洗和更换。排气口装有网眼孔径小于6mm的金属隔栅或网罩，纱网或网罩便于装卸和清洗。

3. 冷却场所

中央厨房食品烹调后需要采用冷链工艺的，应配备与加工食品的品种和数量相适应的快速冷却设备（如真空冷却机、隧道式冷却设备）或设置冷却专间。采用专间方式冷却的，专间内应配降温、紫外线灭菌、温度指示装置等设施。

4. 分装间

中央厨房的食品冷却、分装等应在专间内进行。专间应为独立隔间，专间内应设有专用工具容器清洗消毒设施和空气消毒设施，专间内温度应不高于25℃，应设有独立的空调设施。中央厨房的专间入口处应设置有洗手、消毒、更衣设施的通过式预进间，不具备设置预进间条件的，应在专间入口处设置洗手、消毒、更衣设施。以紫外线灯作为空气消毒设施的，紫外线灯（波长200～275nm）应按功率不小于$1.5W/m^3$设置，紫外线灯应安装反光罩，强度大于$70\mu W/cm^2$。专间内紫外线灯应分布均匀，悬挂于距离地面2m以内高度。中央厨房专间内需要直接接触成品的用水，应加装水净化设施。专间应设一个门，如有窗户应为封闭式（传递食品用的除外）。专间内外食品传送窗口应可开闭，大小宜以可通过传送食品的容器为准。

5. 贮存场所

中央厨房贮存场所的食品和非食品（不会导致食品污染的食品容器、包装材料、工用具等物品除外）库房分开设置。按食品种类分别设立冷藏库、冷冻库和常温库房，各类库房的容量应当满足生产加工数量的需要。冷藏、冷冻库（柜）数量和结构能使原料、半成品和即食食品分开存放，有明显区分标识。冷藏库、冷冻库应配备温度指示装置。库房内应设置数量足够的物品存放货架，能使贮存的食品隔墙离地存放。并配备标识设施，以标注不同物品、进货和使用时间及存量等内容。

6. 工用具清洗消毒和保洁场所

中央厨房工用具清洗消毒和保洁场所应根据加工食品的品种和数量，配备能正常运转的清洗、消毒、保洁设备设施。工用具和容器宜用热力方法进行消毒（因材质、大小等原因无法采用的除外）。采用热力消毒的，至少设有2个专用水池；采用化学消毒的，至少设有3个专用水池。各类水池应以明显标识标明其用途。接触即食食品的工用具、容器的清洗消毒水池应专用，与食品原料、清洁用具及接触非直接入口食品的工具、容器清洗水池分开。水池应使用不锈钢或陶瓷等不透水材料、不易积垢并易于清洗。采用自动清洗消毒设备的，设备上应有温度显示和清洗消毒剂自动添加装置，自动添加装置应定期检定。应设专供存放消毒后工用具和容器的保洁设施，其结构应密闭并易于清洁。

7. 检验室

中央厨房检验室设置与加工制作的食品品种相适应的检验室，检验室的面积和布局应当与企业的生产规模、加工品种、检测项目相适应，开展微生物检测的检验室总面积≥$25m^2$；不开展微生物检测的，总面积≥$15m^2$。开展微生物检验应设有无菌室，无菌室应当设置准备间、缓冲间、洁净实验室。布局采用单方向工作流程，避免交叉污染。洁净实验室面积≥$4m^2$，具备适当的通风和温度调节设施。实验室应配备与检验能力和工作量相适应的仪器设备和设施以及标准物质（参考物质）；检验仪器设备和检验用计量器具应按照有关规定定期进行校验。检验室应配备经专业培训并考核合格的检验人员，从事检验工作。

### 三、中央厨房的设备、工具和容器

中央厨房接触食品的设备、工具、容器、包装材料等应符合食品安全标准或要求。接触食品的设备、工具和容器应易于清洗消毒、便于检查,避免因润滑油、金属碎屑、污水或其他可能引起污染。接触食品的设备、工具和容器与食品的接触面应平滑、无凹陷或裂缝,内部角落部位应避免有尖角,以避免食品碎屑、污垢等的聚积。设备的摆放位置应便于操作、清洁、维护和减少交叉污染。用于原料、半成品、成品的工具和容器,应分开摆放和使用有明显的区分标识;原料加工中切配动物性食品、植物性食品、水产品的工具和容器,应分开摆放和使用有明显的区分标识。所有食品设备、工具和容器,不宜使用木质材料,必须使用木质材料时应确保其不会对食品产生污染。中央厨房应配备盛装、分送产品的专用密闭容器,运送产品的车辆应为专用封闭式,车辆内部结构应平整、便于清洁,设有温度控制设备。

## 第二节 中央厨房产品的食品安全控制

### 一、中央厨房生产的食品安全控制

#### (一)中央厨房原料与包装材料的要求

1. 原料

(1)原料采购 中央厨房原料采购应选择具有相关合法资质的供货者,应建立供货者评价和退出机制,对供货者的食品安全状况等进行评价,将符合食品安全管理要求的列入供货者名录,及时更换不符合要求的供货者。中央厨房应自行或委托第三方机构定期对供货者食品安全状况进行现场评价。建立固定的供货渠道,与固定供货者签订供货协议,明确各自的食品安全责任和义务。根据每种原料的安全特性、风险高低及预期用途,确定对其供货者的管控力度。

(2)原料运输 中央厨房原料运输前,对运输车辆或容器进行清洁,防止食品受到污染。运输过程中,做好防尘、防水,食品与非食品、不同类型的食品原料(动物性食品、植物性食品、水产品,下同)应分隔,食品包装完整、清洁,防止食品受到污染;运输食品的温度、湿度应符合相关食品安全要求;不得将食品与有毒有害物品混装运输,运输食品和运输有毒有害物品的车辆不得混用。

(3)进货查验 中央厨房应进行随货证明文件查验:从食品生产者采购食品的,需查验其食品生产许可证和产品合格证明文件等;采购食品添加剂、食品相关产品的,需查验其营业执照和产品合格证明文件等。从食品销售者(商场、超市、便利店等)采购食品的,需查验其食品经营许可证等。从食品销售者(商场、超市、便利店等)采购食品添加剂、食品相关产品的,查验其营业执照等。从食用农产品个体生产者直接采购食用农产品的,需查验其有效身份证明。从食用农产品生产企业和农民专业合作经济组织采购食用农产品的,需查验其社会信用代码和产品合格证明文件。从集中交易市场采购食用农产品的,需索取并留存市场管理部门或经营者加盖公章(或负责人签字)的购货凭证。采购畜禽肉类的,还应查验动物产品检疫合格证明。采购猪肉的,还应查验肉品品质检验合格证明。实行统一配送经营方式的,可由企业总部统一查验供货者的相关资质证明及产品合格证明文件,留存每笔购物或送货凭证,各门店能及时查询、获取相关证明文件复印件或凭证。采购食品、食品添加剂、食品相关产品的,应留存每笔购物或送货凭证。

中央厨房应进行入库查验和记录:首先进行外观查验。预包装食品应包装完整、清洁、无破损,标识与内容物一致,冷冻食品无解冻后再次冷冻情形,具有正常的感官性状,食品标签标识符合相关要求,食品在保质期内。其次温度查验。温度查验期间,尽可能减少食品的温度变化。冷藏食品表面温度与标签标识的温度要求不得超过3℃,冷冻食品表面温度不宜高于-9℃。无具体要求且需冷冻或冷藏的食品,其温度可参考表5-1的相关温度要求执行。

(4)原料储存 中央厨房原料贮存时要分区、分架、分类、离墙、离地存放食品,分隔或分离储存不同类型的食品原料,在散装食品(食用农产品除外)储存位置,应标明食品的名称、生产日期或者生产批号、使用期限等内容,宜使用密闭容器储存。有明确的保存条件和保质期的,应按照保存条件和保质期储存。保存条件、保质期不明确及开封后的,应根据食品品种、加工制作方式、包装形式等针对性地确定适宜的保存条件(需冷藏冷冻的食品原料可参照附录M确定保存温度)和保存期限,并应建立严格的记录制度来保证不存放和使用超期食品或原料,防止食品腐败变质。及时冷冻(藏)储存采购的冷冻(藏)食品,减少食品的温度变化。冷冻储存食品前,宜分割食品,避免使用时反复解冻、冷冻。冷冻(藏)储存食品时,不宜堆积、挤压食品。遵循先进、先出、先用的原则,使用食品原料、食品添加剂、食品相关产品。及时清理腐败变质等感官性状异常、超过保质期等的食品原料、食品添加剂、食品相关产品。

表5-1 餐饮服务业食品原料建议存储温度

| 种类 | | 环境温度 | 涉及产品范围 |
| --- | --- | --- | --- |
| 蔬菜类 | 根茎菜类 | 0~5℃ | 蒜薹、大蒜、长柱山药、土豆、辣根、芜菁、胡萝卜、萝卜、竹笋、芦笋、芹菜 |
| | | 10~15℃ | 扁块山药、生姜、甘薯、芋头 |
| | 叶菜类 | 0~3℃ | 结球生菜、直立生菜、紫叶生菜、油菜、奶白菜、菠菜(尖叶型)、茼蒿、小青葱、韭菜、甘蓝、抱子甘蓝、菊苣、乌塌菜、小白菜、芥蓝、菜心、大白菜、羽衣甘蓝、莴笋、欧芹、茭白、牛皮菜 |
| | 瓜菜类 | 5~10℃ | 佛手瓜和丝瓜 |
| | | 10~15℃ | 黄瓜、南瓜、冬瓜、冬西葫芦(笋瓜)、矮生西葫芦、苦瓜 |
| | 茄果类 | 0~5℃ | 红熟番茄和甜玉米 |
| | | 9~13℃ | 茄子、绿熟番茄、青椒 |
| | 食用菌类 | 0~3℃ | 白灵菇、金针菇、平菇、香菇、双孢菇 |
| | | 11~13℃ | 草菇 |
| | 菜用豆类 | 0~3℃ | 甜豆、荷兰豆、豌豆 |
| | | 6~12℃ | 四棱豆、扁豆、芸豆、豇豆、豆角、毛豆荚、菜豆 |

续表

| 种类 | | 环境温度 | 涉及产品范围 |
|---|---|---|---|
| 水果类 | 核果类 | 0～3℃ | 杨梅、枣、李、杏、樱桃、桃 |
| | | 5～10℃ | 橄榄、芒果（催熟果） |
| | | 13～15℃ | 芒果（生果实） |
| | 仁果类 | 0～4℃ | 苹果、梨、山楂 |
| | 浆果类 | 0～3℃ | 葡萄、猕猴桃、石榴、蓝莓、柿子、草莓 |
| | 柑橘类 | 5～10℃ | 柚类、宽皮柑橘类、甜橙类 |
| | | 12～15℃ | 柠檬 |
| | 瓜类 | 0～10℃ | 西瓜、哈密瓜、甜瓜和香瓜 |
| | 热带、亚热带水果 | 4～8℃ | 椰子、龙眼、荔枝 |
| | | 11～16℃ | 红毛丹、菠萝（绿色果）、番荔枝、木菠萝、香蕉 |
| 畜禽肉类 | 畜禽肉（冷藏） | -1～4℃ | 猪、牛、羊和鸡、鸭、鹅等肉制品 |
| | 畜禽肉（冷冻） | -12℃以下 | 猪、牛、羊和鸡、鸭、鹅等肉制品 |
| | 水产品（冷藏） | 0～4℃ | 罐装冷藏蟹肉、鲜海水鱼 |
| 水产品 | 水产品（冷冻） | -15℃以下 | 冻扇贝、冻裹面包屑虾、冻虾、冻裹面包屑鱼、冻鱼、冷冻鱼糜、冷冻银鱼 |
| | 水产品（冷冻） | -18℃以下 | 冻罗非鱼片、冻烤鳗、养殖红鳍东方鲀 |
| | 水产品（冷冻生食） | -35℃以下 | 养殖红鳍东方鲀 |

资料来源：《餐饮服务食品安全操作规范》（2018年版）。

2. 包装材料

中央厨房包装材料应清洁、无毒且符合国家相关安全标准的规定。内包装材料应能在正常储存、运输、销售中充分保护食品免受污染，防止损坏。重复使用的包装材料在使用前应彻底清洗，必要时进行消毒。一次性内包装材料应脱去外包装后进入专间。

### （二）中央厨房生产过程的食品安全控制

1. 原料加工

中央厨房食品原料加工时应进行挑选、解冻、清洗（干燥）、去皮，剔除腐烂、病、虫、异常、畸形，其他感官性状异常的，去除不可食用部分。畜禽类、果蔬类、水产类原料应当分池清洗，清洗后要沥干，去除多余水分，禽蛋在使用前应对外壳进行清洗，必要时进行消毒。盛装沥干的容器不得与地面直接接触，以防止食品受到污染。要严格按照加工配方和工艺规程，对原料进行切配、分割、腌制和上浆等加工。切配、调制好的半成品应根据性质分类存放，与原料分开，避免受到污染。需冷藏或冷冻保存的半成品应该按照储存条件分类存放。动物性食品的腌制应在4℃以下冷藏条件下进行,易腐食品暂存应在7℃以下冷藏条件下进行,分装应在25℃以下条件下进行。

2. 热加工

热加工是指食品的煎、炒、炸、焖、煮、烤、烘、蒸等加热处理过程。中央厨房产品热加工前应认真检查待加工食品,发现有腐败变质或者其他感官性状异常的,不得进行加工。热加工的食品应能保证加热温度的均匀性。需要熟制的应烧熟煮透,其加工时食品中心温度应≥70℃。热加工后的食品应与生制半成品、原料分开存放,熟制的食品与未熟制的食品分开存放,避免受到污染。应按照 GB 2716—2018《食品安全国家标准 植物油》的要求,采取措施或监测控制食用油煎炸过程的安全质量(表5-2)。若无法实施监控措施的,连续煎炸食品的食用油累计使用期限不超过12h,非连续使用的食用油使用期限不超过3天。废弃的食用油应全部更换,不能以添加新油的方式延长使用期限。

表5-2 植物油理化标准

| 项目 | 分类 | 指标 | | | 检验方法 |
| --- | --- | --- | --- | --- | --- |
| | | 植物原油 | 食用植物油(包括调和油) | 煎炸过程中的食用植物油 | |
| 酸价(KOH)/(mg/g) | 米糠油 | ≤25 | 3 | 5 | GB 5009.229 |
| | 棕榈(仁)油、玉米油、橄榄油、棉籽油、椰子油 | ≤10 | | | |
| | 其他 | | ≤4 | | |
| 过氧化值/(g/100g) | | ≤0.25 | 0.25 | — | GB 5009.227 |
| 极性组分/% | | — | — | ≤27 | GB 5009.202 |
| 溶剂残留量[①]/(mg/kg) | | — | ≤20 | — | GB 5009.262 |
| 游离棉酚/(mg/kg) | 棉籽油 | — | ≤200 | 200 | GB 5009.148 |

注:"—"为不做检测。

① 压榨油溶剂残留量不得检出(检出值小于10mg/kg时,视为未检出)。

3 冷却

中央厨房热加工处理的易腐食品应在快速冷却设备或冷却专间内进行冷却,在2h内将食品中心温度降至10℃以下。应及时测量每批冷却后食品的中心温度,2h内食品中心温度未降到10℃以下的,不得使用。用于即食食品冷却的快速冷却设备或冷却专间应专用,不得用于冷却热加工半成品。采用冷却专间方式冷却的,应当符合下述专间操作要求。

4. 分装

中央厨房分装前应认真检查待分装食品,发现有腐败变质或者其他感官性状异常的,不得进行分装。即食食品分装应当在食品加工专间内进行,并符合专间操作要求。

5. 包装和标签

中央厨房配送的食品应采用密闭包装。鼓励采用真空（充氮）方式进行包装。中央厨房加工配送食品的最小使用包装或食品容器包装上的标签应标明食品名称、加工单位、生产日期及时间、保存条件、保质期、加工方法与要求、成品食用方法等。中央厨房加工食品过程中使用食品添加剂的，应在标签上标明。非即食的熟制品种应在标签上明示"食用前应彻底加热"。

6. 工用具清洗消毒和保洁要求

中央厨房的工用具使用后应及时洗净，定位存放，保持清洁。接触热加工半成品和即食食品的工用具、容器要专用，使用前要消毒，消毒后的工用具应储存在专用保洁柜（或保洁间）内备用，保洁柜应有明显标记。应定期检查消毒设备、设施是否处于良好状态。采用化学消毒的应定时测量有效消毒浓度。消毒后工、用具和容器不得重复使用一次性包装材料。已消毒和未消毒的工用具应分开存放，保洁柜（或保洁间）应当定期清洗，保持洁净，不得存放其他物品。

7. 专间操作要求

中央厨房专间内应当由专人加工制作，非操作人员不得擅自进入专间。不得在专间内从事与食品加工无关的活动。专间每次使用前应进行空气和食品货架的消毒。使用紫外线灯消毒的，应在无人工作时开启30min以上。进入专间前应更换洁净的工作衣帽，并将手洗净、消毒，工作时应戴口罩，操作中适时地消毒双手。加工操作时专间温度应在25℃以下。专间内应使用专用的设备、工具、容器，用前应消毒，用后应洗净并保持清洁。专间内不得放置未经消毒的原料、半成品等易造成交叉污染的物品。

8. 有效期要求

中央厨房相关企业应根据加工生产工艺的特点和国家相应标准的规定，制定原料、生制半成品、热加工半成品、即食食品的保质期，必要时应进行产品保质期试验和验证，并严格执行保质期规定。

9. 食品添加剂使用要求

中央厨房使用食品添加剂的，应在技术上确有必要，并在达到预期效果的前提下尽可能降低使用量。按照GB 2760—2014《食品安全国家标准 食品添加剂使用标准》规定的食品添加剂品种、使用范围、使用量，规范使用食品添加剂。不得采购、储存、使用亚硝酸盐（包括亚硝酸钠、亚硝酸钾）。应专柜（位）存放食品添加剂，并标注"食品添加剂"字样。使用容器盛放拆包后的食品添加剂的，应在盛放容器上标明食品添加剂名称，并保留原包装。应专册记录使用的食品添加剂名称、生产日期或批号、添加的食品品种、添加量、添加时间、操作人员等信息，GB 2760—2014规定按生产需要适量使用的食品添加剂除外。使用有GB 2760—2014"最大使用量"规定的食品添加剂，应精准称量使用。

10. 生产加工过程的监控

中央厨房应针对生产过程中的关键环节制定操作规程，并严格执行。配方和工艺条件未经核准不得随意更改。应根据产品工艺特点，规定各类产品用于杀灭或抑制微生物生长繁殖的方法，如冷冻冷藏、高温灭菌等，并实施有效监控。应按配方和工艺规定要求，对关键技术参数进行监控，并有监控记录，具体监控内容见表5-3。用于测定、控制、记录的监控设备，如温湿度计、压力表等，应定期校准、维护，确保准确有效。

表 5-3　　　　　　　　　中央厨房生产加工过程的关键技术参数控制表

| 工艺名称 | 适用产品 | 关键技术参数控制内容 |
| --- | --- | --- |
| 原料加工 | 有此工艺要求的产品 | 防止工用具容器交叉污染、环境温度控制、食品添加剂品种、范围及使用量严格按照 GB 2760—2014 执行 |
| 热加工 | 有此工艺要求的产品 | 时间和中心温度控制、防止工用具容器交叉污染 |
| 冷却 | 有此工艺要求的产品 | 时间和中心温度控制 |
| 分装 | 全部产品 | 环境温度控制、防止工用具容器交叉污染 |
| | 即食食品 | 生产环境微生物监控 |
| 工用具清洗消毒 | 即食食品 | 热力消毒的温度及消毒时间、化学消毒使用的消毒剂浓度 |
| 贮存 | 需要采取温控措施的产品 | 产品中心温度、环境温度控制 |
| 运输 | 需要采取温控措施的产品 | 产品中心温度、环境温度控制 |

## 二、中央厨房的检验

中央厨房应制定检验检测计划，定期对大宗食品原料、加工制作环境等自行或委托具有资质的第三方机构进行检验检测。可根据自身的食品安全风险分析结果，确定检验检测项目，如农药残留、兽药残留、致病性微生物、餐用具清洗消毒效果等。检验检测人员应经过培训与考核。

### （一）中央厨房的原料检验

中央厨房应根据采购原料的品种和数量，制定原料品质验收标准、抽样及检测方法。鲜冻畜肉及内脏、果蔬、食用油等原料应逐批进行检验，检验项目可按表5-4执行。

表 5-4　　　　　　　　　原料检验项目设置要求

| 序号 | 检测项目 | 适用范围 |
| --- | --- | --- |
| 1 | 农药残留（有机磷、氨基甲酸酯类） | 果蔬原料 |
| 2 | 瘦肉精残留（盐酸克伦特罗、沙丁胺醇、莱克多巴胺等） | 鲜冻畜肉及内脏 |
| 3 | 酸价、极性组分 | 食用油 |

### （二）中央厨房的环节表面检验

环节表面是指食品直接接触的食（饮）具、工用具、容器、操作台面、操作者等的总称。

1. 环节表面检测

中央厨房应根据生产工艺和产品品种的特点，定期对环节表面进行检测，检验项目可按表 5-5 进行。

表5-5　　　　　　　　　　生产加工环节表面检验项目设置要求

| 检测项目 | 适用范围 |
|---|---|
| 微生物（菌落总数、大肠菌群或大肠杆菌） | 即食食品生产环境监控 |

2. 即食食品生产环境微生物监控要求

生产过程中的环境微生物监控措施是保证即食食品产品安全的重要手段。当相应即食食品产品安全标准设置指示性微生物指标时，建立的环境微生物监控计划应以使终产品符合标准中的微生物指标为目标；当相应即食食品产品安全标准未设立指示性微生物指标时，建立的环境微生物监控计划应通过设定生产过程中卫生指示微生物指标确保终产品的安全。

监测环境中卫生状况指示微生物（如菌落总数、大肠菌群或大肠杆菌）的水平，可以帮助评估需要保持干燥的加工环境的湿度控制情况，也常用作验证清洁消毒效果的指标。即食食品环境微生物监控计划涵盖了生产环境的微生物学评估、清洁消毒效果以及微生物控制效果的评价。从本质上来讲它不是一种控制手段，而是验证或评估目标微生物控制程序整体有效性的工具。在建立环境微生物监控计划时，需要考虑以下几点。

（1）该程序应当包括的要素为取样点、取样频率、样品量、取样方法和检测方法。

（2）取样点的分布区域应在全面监控的前提下，将关注点放到清洁作业区域，同时帮助找到适当的纠正措施。例如，可划分为四个区，如表5-6所示。

表5-6　　　　　　　　　　即食食品生产环境微生物监控示例

| 分区 | 定义 | 取样点举例 | 检测微生物 | 频率 |
|---|---|---|---|---|
| 一区 | 清洁作业区内产品接触表面 | 设备接触产品面、产品传送带、刀具、托盘、包装机等 | 菌落总数、大肠菌群（或大肠杆菌） | 清洁之后以及监测、确认或验证需要时，也可定期为上岗时、上岗后间隔一定时间等 |
| 二区 | 清洁作业区内产品间接接触表面——在正常操作条件下，这些区域一旦污染，产品接触表面被污染的可能性就很高 | 设备外表面、腿/支架、电动机盖、狭小通道、控制面板、零件车、地沟、空调通风口、空气过滤器等 | 菌落总数、大肠菌群（或大肠杆菌） | 每周、每两周或每月 |
| 三区 | 清洁作业区内非产品接触表面——这些地方一旦污染，在没有机械力或人为干预的情况下不会直接导致产品接触表面的污染 | 清洁工具（扫帚）、地面洗刷用具、叉车/升降车、地沟、到生产区域的通道、墙与地面的连接处、清洗池或清洗间、原料存放区等 | 菌落总数、大肠菌群（或大肠杆菌） | 每周或每月 |

续表

| 分区 | 定义 | 取样点举例 | 检测微生物 | 频率 |
|---|---|---|---|---|
| 四区 | 准清洁作业区内非产品接触表面——这些区域一旦污染，可能通过鞋底或流动设备带入生产区域（例如：废料处理区域的废料车将污染源携带到其他区域） | 垃圾处理区、卫生通道、衣帽间、储藏室等 | 菌落总数、大肠菌群（或大肠杆菌） | 每月或每季度 |

可根据需要选择一个或多个卫生指示微生物实施监控。

一区在控制区域的产品接触表面；
二区在控制区域、与产品接触表面接近或邻近的非产品接触表面；
三区在控制区域、与产品接触表面远离的非产品接触表面；
四区在非生产区域的所有地方（例如：卫生通道、仓库、衣帽间、卸料平台）。
（3）在正常生产情况下，常规环境微生物监控应当重点监测非产品接触表面。
（4）还应当对操作人员的手部、工作服、手套等，以及生产区域的空气进行取样监控。
（5）清洁消毒后的环境取样只供验证清洁效果，不用于环境监控目的。
（6）取样计划应是动态的，并且应该随数据变化而有所响应；取样点不宜限定在某个区域的特定位置；需要定期回顾环境监控的结果。
（7）监控计划应使中央厨房中需要监控的区域按照一定的周期（例如：每隔几小时、每天、每周、每月、每季度）得到监控。每个区域的监控周期可以不同，但应保证在一定时间内监控到所有的区域。取样计划应有一定的灵活度，必要时应允许一些额外的取样。
（8）在出现新建项目、改建项目、设备安装、设备维修等情况时，在工作进行中和结束后都应该加强环境监控，如增加监控频率和（或）取样数量。

即食食品环境微生物监控计划中各取样点卫生指示微生物的指标，应综合考虑微生物控制程序的效果以及对产品安全的影响后确定。对各生产控制区域的建议指标参见表 5-7。

表 5-7　　即食食品生产过程中卫生指示微生物参考指标设置示例

| 取样位置 | 取样方法 | 监测微生物 | 参考指标 |
|---|---|---|---|
| 产品接触表面 | 涂抹 | 菌落总数 | ≤CFU/100cm$^2$ |
| | | 大肠菌群 | ≤CFU/100cm$^2$ |
| 非产品接触表面 | 涂抹 | 菌落总数 | ≤CFU/100cm$^2$ |
| | | 大肠菌群 | ≤CFU/100cm$^2$ |

注：实际制订时应综合考虑微生物控制程序的效果以及对产品安全的影响后确定。

即食食品环境微生物监控计划中各取样点卫生指示微生物的实际水平应当符合预先确定

的指标并保持稳定。如出现轻微异常，通常需要加强监控，如采取增加取样频次等措施；若异常情况显著，则应当针对微生物控制程序采取相应的纠偏措施。

### （三）中央厨房的产品检验

中央厨房即食食品检验中的食品安全指标应符合相应国家标准、地方标准或企业标准的要求。应定期对加工的即食食品进行检验，检验项目参考表5-8。检验结果不符合标准的，应及时查找原因，并采取措施进行改进。每年应委托有资质的检验机构对即食食品进行至少一次的全项目检验。

表5-8　　　　　　　　　　即食食品成品检验项目设置要求

| 检测项目 | 适用范围 |
| --- | --- |
| 微生物（菌落总数、大肠菌群或大肠杆菌） | 即食食品 |

### （四）中央厨房的留样管理

中央厨房每批即食食品均应有留样，留样食品应按品种、批号分别盛放于清洗消毒后的密闭专用容器内，放置在专用冷藏设施中，留样应保存至保质期届满之后48h。每个品种留样量应满足检验需要，不少于100g。留样记录应包括食品名称、留样量、留样时间、留样人员、审核人员等项目。

## 三、中央厨房产品的贮存与运输

中央厨房应根据产品的种类和性质选择贮存和运输的方式，并符合产品标签所标识的贮存条件。贮存和运输过程中应避免日光直射、雨淋。配备与加工食品品种、数量以及贮存要求相适应的封闭式专用运输车辆，配送易腐食品时应采用冷藏车，车辆内部结构便于清洗和消毒。高危易腐食品应采用冷冻（藏）方式配送，采用冷链工艺生产的食品，应根据产品特性在相应的冷藏或冷冻条件下贮存和运输。贮存、运输和装卸食品的容器、工具和设备应当安全、无害，保持清洁，防止食品污染，不得将食品与有毒、有害物品一同运输。贮存场所中的食品应定期检查，如有异常应及时处理。

## 四、中央厨房产品的追溯和召回

中央厨房应建立产品追溯制度，确保对产品可进行有效追溯。应及时向餐饮门店收集汇总所配送产品的缺陷信息，包括不符合食品安全规定和标准，或者存在或可能存在健康安全隐患的食品的品种、数量、不符合指标等。应建立产品召回制度。当发现某一批次或类别的产品含有或可能含有对消费者健康造成危害的因素时，应按照国家相关规定启动产品召回程序，及时向相关部门通告，并做好相关记录。召回食品应采用染色、毁形等措施予以销毁，采用照片或视频方式记录销毁过程，并详细记录食品召回和处理情况。不得将回收后的食品加工后再次使用。

## 第三节　中央厨房食品安全管理相关要求

### 一、中央厨房的食品安全管理

#### （一）中央厨房厂房与设施卫生管理

厂房内各项设施应保持清洁，出现问题及时维修或更新；厂房地面、屋顶、天花板及墙壁有破损时，应及时修补。生产、包装、储存等设备及工器具、生产用管道、裸露食品接触表面等应定期清洁消毒。

#### （二）中央厨房场所、设施、设备及工具卫生管理要求

（1）中央厨房应建立相应场所、设施、设备及工具清洁、消毒制度，各岗位相关人员宜按照《推荐的餐饮服务场所、设施、设备及工具清洁方法》相关要求（表5-9）进行清洁，使场所及其内部各项设施设备随时保持清洁。

（2）中央厨房应建立相应场所、设施、设备及工具维修保养制度，并按规定进行维护或检修，以使其保持良好的运行状况。

（3）食品处理区不得存放与食品加工无关的物品，各项设施、设备及工具不得用作与食品加工无关的用途。

表5-9　　推荐的餐饮服务场所、设施、设备及工具清洁方法

| 项目 | 频率 | 使用物品 | 方法 |
| --- | --- | --- | --- |
| 地面 | 每天完工或有需要时 | 扫帚、拖把、刷子、清洁剂 | 1. 用扫帚扫地；<br>2. 用拖把以清洁剂拖地；<br>3. 用刷子刷去余下污物；<br>4. 用水彻底冲净；<br>5. 用干拖把拖干地面 |
| 排水沟 | 每天完工或有需要时 | 铲子、刷子、清洁剂及消毒剂 | 1. 用铲子铲去沟内大部分污物；<br>2. 用水冲洗排水沟；<br>3. 用刷子刷去沟内余下污物；<br>4. 用清洁剂、消毒剂洗净排水沟 |
| 墙壁、天花板（包括照明设施）及门窗 | 每月一次或有需要时 | 抹布、刷子及清洁剂 | 1. 用干布除去干的污物；<br>2. 用湿布抹擦或用水冲刷；<br>3. 用清洁剂清洗；<br>4. 用湿布抹净或用水冲净；<br>5. 风干 |

续表

| 项目 | 频率 | 使用物品 | 方法 |
|---|---|---|---|
| 冷库 | 每周一次或有需要时 | 抹布、刷子及清洁剂 | 1. 清除食物残渣及污物；<br>2. 用湿布抹擦或用水冲刷；<br>3. 用清洁剂清洗；<br>4. 用湿布抹净或用水冲净；<br>5. 用清洁的抹布抹干/风干 |
| 工作台及洗涤盆 | 每次使用后 | 抹布、清洁剂及消毒剂 | 1. 清除食物残渣及污物；<br>2. 用湿布抹擦或用水冲刷；<br>3. 用清洁剂清洗；<br>4. 用湿布抹净或用水冲净；<br>5. 用消毒剂消毒；<br>6. 风干 |
| 工具及加工设备 | 每次使用后 | 抹布、刷子、清洁剂及消毒剂 | 1. 清除食物残渣及污物；<br>2. 用水冲刷；<br>3. 用清洁剂清洗；<br>4. 用水冲净；<br>5. 用消毒剂消毒；<br>6. 风干 |
| 排烟设施 | 表面每周一次<br>内部清洗每年不少于2次 | 抹布、刷子及清洁剂 | 1. 用清洁剂清洗；<br>2. 用刷子、抹布去除油污；<br>3. 用湿布抹净或用水冲净；<br>4. 风干 |
| 废弃物暂存容器 | 每天完工或有需要时 | 刷子、清洁剂及消毒剂 | 1. 清除食物残渣及污物；<br>2. 用水冲刷；<br>3. 用清洁剂清洗；<br>4. 用水冲净；<br>5. 用消毒剂消毒；<br>6. 风干 |

### （三）中央厨房人员健康管理与卫生要求

1. 健康管理

中央厨房从事接触直接入口食品工作（清洁操作区内的加工制作及切菜、配菜、烹饪、传菜、餐饮具清洗消毒）的从业人员（包括新参加和临时参加工作的从业人员，下同）应取得健康证明后方可上岗，并每年进行健康检查取得健康证明，必要时应进行临时健康检查。食品安全管理人员应每天对从业人员上岗前的健康状况进行检查。患有发热、腹泻、咽部炎症等病症及皮肤有伤口或感染的从业人员，应主动向食品安全管理人员等报告，暂停从事接触直接入口食品的工作，必要时进行临时健康检查，待查明原因并将有碍食品安全的疾病治愈后方可重新上岗。手部有伤口的从业人员，使用的创可贴宜颜色鲜明，并及时更换。佩戴一次性手套后，可从事非接触直接入口食品的工作。患有霍乱、细菌性和阿米巴痢疾、伤寒和副伤寒、病毒性肝炎（甲型、戊型）、活动性肺结核、化脓性或者渗出性皮肤病等国务院卫生行政部门规定的有碍食品安全疾病的人员，不得从事接触直接入口食品的工作。

2. 培训考核

中央厨房应每半年对其从业人员进行一次食品安全培训考核。培训考核内容为餐饮食品安全的法律法规知识、基础知识及本单位的食品安全管理制度、加工制作规程等。培训可采用专题讲座、实际操作、现场演示等方式。考核可采用询问、观察实际操作、答题等方式。对培训考核及时评估效果、完善内容、改进方式。从业人员应在食品安全培训考核合格后方可上岗。

3. 人员卫生

（1）个人卫生　中央厨房从业人员应保持良好的个人卫生。从业人员不得留长指甲、涂指甲油。工作时，应穿清洁的工作服，不得披散头发，佩戴的手表、手镯、手链、手串、戒指、耳环等饰物不得外露。食品处理区内的从业人员不宜化妆，应戴清洁的工作帽，工作帽应能将头发全部遮盖住。进入食品处理区的非加工制作人员，应符合从业人员卫生要求。

（2）口罩和手套　中央厨房专间的从业人员应佩戴清洁的口罩。如佩戴手套，佩戴前应对手部进行清洗消毒。手套应清洁、无破损，符合食品安全要求。手套使用过程中，应定时更换，重新洗手消毒，应在重新洗手消毒后更换手套。手套应存放在清洁卫生的位置，避免受到污染。

4. 手部清洗消毒

中央厨房从业人员在加工制作食品前，应洗净手部，手部清洗宜符合附录一中"餐饮服务从业人员洗手消毒方法"，在加工制作过程中，应保持手部清洁。出现下列情形时，应重新洗净手部：

①加工制作不同类型的食品原料前、加工制作不同存在形式的食品前；

②清理环境卫生、接触化学物品或不洁物品（落地的食品、受到污染的工具容器和设备、餐厨废弃物、钱币、手机等）后；

③咳嗽、打喷嚏及擤鼻涕后；

④使用卫生间、用餐、饮水、吸烟等可能会污染手部的活动后。

从事接触直接入口食品工作的从业人员，加工制作食品前应洗净手部并进行手部消毒，加工制作过程中，应保持手部清洁。出现下列情形时，应重新洗净手部并消毒：

①接触非直接入口食品后；

②触摸头发、耳朵、鼻子、面部、口腔或身体其他部位后。

5. 工作服

中央厨房从业人员工作服宜为白色或浅色，应定点存放，定期清洗更换。从事接触直接入口食品工作的从业人员，其工作服宜每天清洗更换。中央厨房食品处理区内加工制作食品的从业人员使用卫生间前，应更换工作服。工作服受到污染后，应及时更换。待清洗的工作服不得存放在食品处理区。中央厨房清洁操作区与其他操作区从业人员的工作服应有明显的颜色或标识区分。专间内从业人员离开专间时，应脱去专间专用工作服。

6. 来访者

非食品生产人员不得进入中央厨房食品生产场所，特殊情况下进入时应遵守和食品生产人员同样的卫生要求。

### （四）中央厨房清洗和消毒管理

1. 餐用具清洗消毒

中央厨房餐用具使用后应及时洗净，餐饮具、盛放或接触直接入口食品的容器和工具使用前应消毒。清洗消毒方法参照附录一中"推荐的餐用具清洗消毒方法"。宜采用蒸汽等物理方法消毒，因材料、大小等原因无法采用的除外。餐用具消毒设备（如自动消毒碗柜等）应连接电源，正常运转。定期检查餐用具消毒设备或设施的运行状态。采用化学消毒的，消毒液应现用现配，并定时测量消毒液的消毒浓度。从业人员佩戴手套清洗消毒餐用具的，接触消毒后的餐用具前应更换手套。手套宜用颜色区分。消毒后的餐饮具、盛放或接触直接入口食品的容器和工具，应符合 GB 14934—2016《食品安全国家标准 消毒餐（饮）具》的规定。宜沥干、烘干清洗消毒后的餐用具。使用抹布擦干的，抹布应专用，并经清洗消毒后方可使用。不得重复使用一次性餐饮具。

2. 餐用具保洁

中央厨房消毒后的餐饮具、盛放或接触直接入口食品的容器和工具，应定位存放在专用的密闭保洁设施内，保持清洁。保洁设施应正常运转，有明显的区分标识。定期清洁保洁设施，防止清洗消毒后的餐用具受到污染。

3. 洗涤剂消毒剂

中央厨房使用的洗涤剂、消毒剂应分别符合 GB 14930.1—2015《食品安全国家标准 洗涤剂》和 GB 14930.2—2012《食品安全国家标准 消毒剂》等食品安全国家标准和有关规定。严格按照洗涤剂、消毒剂的使用说明进行操作。

### （五）中央厨房的废弃物管理

1. 废弃物存放容器与设施

中央厨房食品处理区内可能产生废弃物的区域，应设置废弃物存放容器。废弃物存放容器与食品加工制作容器应有明显的区分标识。废弃物存放容器应配有盖子，防止有害生物侵入、不良气味或污水溢出，防止污染食品、水源、地面、食品接触面（包括接触食品的工作台面、工具、容器、包装材料等）。废弃物存放容器的内壁光滑，易于清洁。在中央厨房场所外适宜地点，宜设置结构密闭的废弃物临时集中存放设施。

2. 废弃物处置

中央厨房餐厨废弃物应分类放置、及时清理，不得溢出存放容器。废弃物的存放容器应及时清洁，必要时进行消毒。应索取并留存废弃物收运者的资质证明复印件（需加盖收运者公章或由收运者签字），并与其签订收运合同，明确各自的食品安全责任和义务。应建立废弃物处置台账，详细记录餐厨废弃物的处置时间、种类、数量、收运者等信息。

### （六）有害生物防制管理

中央厨房有害生物防制应遵循物理防治（黏鼠板、灭蝇灯等）优先，化学防治（滞留喷洒等）有条件使用的原则，保障食品安全和人身安全。中央厨房的墙壁、地板无缝隙，天花板修葺完整。所有管道（供水、排水、供热、燃气、空调等）与外界或天花板连接处应封闭，所有管、线穿越而产生的孔洞，选用水泥、不锈钢隔板、钢丝封堵材料、防火泥等封堵，孔洞填充牢固，无缝隙。使用水封式地漏。所有线槽、配电箱（柜）封闭良好。人员、货物进出通道应设有防鼠板，门的缝隙应＜6mm。除此以外，其他具体要求如下。

1. 设施设备的使用与维护

（1）灭蝇灯　中央厨房食品处理区、就餐区宜安装黏捕式灭蝇灯。使用电击式灭蝇灯的，灭蝇灯不得悬挂在食品加工制作或储存区域的上方，防止电击后的虫害碎屑污染食品。应根据中央厨房场所的布局、面积及灭蝇灯使用技术要求，确定灭蝇灯的安装位置和数量。

（2）鼠类诱捕设施　中央厨房场所内应使用黏鼠板、捕鼠笼、机械式捕鼠器等装置，不得使用杀鼠剂。餐饮服务场所外可使用抗干预型鼠饵站，鼠饵站和鼠饵必须固定安装。

（3）排水管道出水口　中央厨房排水管道出水口安装的箅子宜使用金属材料制成，箅子缝隙间距或网眼应＜10mm。

（4）通风口　中央厨房与外界直接相通的通风口、换气窗外，应加装≥16目的防虫筛网。

（5）防蝇帘及风幕机　中央厨房使用防蝇胶帘的，防蝇胶帘应覆盖整个门框，底部离地距离＜2cm，相邻胶帘条的重叠部分≥2cm。使用风幕机的，风幕应完整覆盖出入通道。

2. 防制过程要求

中央厨房收取货物时，应检查运输工具和货物包装是否有有害生物活动迹象（如鼠粪、鼠咬痕等鼠迹，蟑尸、蟑粪、卵鞘等蟑迹），防止有害生物入侵。定期检查食品库房或食品储存区域、固定设施设备背面及其他阴暗、潮湿区域是否存在有害生物活动迹象。发现有害生物，应尽快将其杀灭，并查找和消除其来源途径。防制过程中应采取有效措施，防止食品、食品接触面及包装材料等受到污染。

3. 卫生杀虫剂和杀鼠剂的管理

（1）卫生杀虫剂和杀鼠剂的选择　中央厨房选择的卫生杀虫剂和杀鼠剂，标签信息应齐全（农药登记证、农药生产许可证、农药标准）并在有效期内。不得将不同的卫生杀虫剂制剂混配。鼓励使用低毒或微毒的卫生杀虫剂和杀鼠剂。

（2）卫生杀虫剂和杀鼠剂的使用要求　中央厨房使用卫生杀虫剂和杀鼠剂的人员应经过有害生物防治专业培训。应针对不同的作业环境，选择适宜的种类和剂型，并严格根据卫生杀虫剂和杀鼠剂的技术要求确定使用剂量和位置，设置警示标识。

（3）卫生杀虫剂和杀鼠剂的存放要求　中央厨房不得在食品处理区和就餐场所存放卫生杀虫剂和杀鼠剂产品。应设置单独、固定的卫生杀虫剂和杀鼠剂产品存放场所，存放场所具备防火防盗通风条件，由专人负责。

## 二、中央厨房管理机构和人员

中央厨房应设立与生产能力相适应的食品安全管理机构，负责企业的食品安全管理，建立健全本单位的食品安全管理制度，负责生产实施产品全过程的食品安全质量控制，保证产品符合法律、法规和相关标准的要求。食品安全管理机构应配备专职食品安全管理人员。企业负责人、食品安全管理人员、原料采购、烹调、分装（内包装）、清洁作业区、工用具消毒等关键环节操作人员应持有有效食品安全培训合格证明。应建立从业人员培训制度，针对不同岗位制定培训计划，评估培训效果，应建立各类人员培训及考核档案。

## 三、中央厨房记录和文件的管理

中央厨房应建立相应的记录管理制度,对加工中原料、成品和包装材料等的采购、生产、储存、检验、配送、销售等环节详细记录。应如实记录食品原料、食品添加剂、食品相关产品的名称、规格、数量、保质期、供货者名称及联系方式、进货日期等内容。应如实记录产品的加工过程(包括工艺参数、环境监测等)、产品储存情况及产品的检验批号、检验日期、检验人员、检验方法、检验结果等内容。如实记录出厂产品的名称、规格、数量、生产日期、保质期、生产批号、发货地点、收货人名称及联系方式、发货日期等内容。中央厨房应如实记录发生召回的食品名称、批次、规格、数量、发生召回的原因、处理销毁方式及后续整改方案等内容。各项记录均应由执行人员和管理人员复核签名或签章,记录内容如有修改,不能将原文涂掉以致无法辨认,且修改后应由修改人在修改文字附近签名或签章。所有生产和管理记录应由相关部门审核,以确定所有处理均符合规定,如发现异常现象,应立即处理。对本标准所规定的有关记录,保存期不应少于二年。应建立文件的管理制度,并建立完整的食品安全管理档案,文件应分类归档、保存。分发、使用的文件应为批准的现行文本。已废除或失效的文件除留档备查外,不应在工作现场出现。鼓励企业采用电子计算机信息技术系统和手段进行文件和记录的管理。

## 四、中央厨房管理制度

中央厨房食品安全管理机构应制定食品安全管理制度,管理制度应切实可行、便于操作和检查,至少应包括下列内容:食品和食品原料采购查验管理、场所环境卫生管理、设施设备卫生管理、清洗消毒管理、人员卫生管理、人员培训管理、加工操作管理、餐厨垃圾及废弃食用油脂管理、消费者投诉管理、食品安全管理人员岗位职责规定、食品供应商遴选制度、食品添加剂使用管理制度、食品检验制度、问题食品召回和处理方案、食品安全突发事件应急处置方案、根据生产加工工艺的产品类别,制定关键环节操作规程。包括采购、储存、烹调温度控制、专间操作、包装、留样、运输、清洗消毒等。

### (一)清洗方法

(1)采用手工方法清洗的,应按以下步骤进行:刮掉餐用具表面的食物残渣;用含洗涤剂的溶液洗净餐用具表面;用自来水冲去餐用具表面残留的洗涤剂。

(2)采用洗碗机清洗的,按设备使用说明操作。

### (二)消毒方法

1. 物理消毒

(1)采用蒸汽、煮沸消毒的,温度一般控制在100℃,并保持10min以上。

(2)采用红外线消毒的,温度一般控制在120℃以上,并保持10min以上。

(3)采用洗碗机消毒的,消毒温度、时间等应确保消毒效果满足国家相关食品安全标准要求。

2. 化学消毒

化学消毒主要是指使用各种含氯消毒剂(参见附录一中"餐饮服务化学消毒常用消毒剂及使用注意事项")消毒,在确保消毒效果的前提下,可以采用其他消毒剂。

(1)使用含氯消毒剂(不包括二氧化氯消毒剂)的消毒方法 严格按照含氯消毒剂产

品说明书标明的要求配制消毒液，消毒液中的有效氯浓度宜在 250mg/L 以上；将餐用具全部浸入配制好的消毒液中 5min 以上；用自来水冲去餐用具表面残留的消毒液。

（2）使用二氧化氯消毒剂的消毒方法　严格按照产品说明书标明的要求配制消毒液，消毒液中的有效氯浓度宜在 100~150mg/L；将餐用具全部浸入配置好的消毒液中 10~20min；用自来水冲去餐用具表面残留的消毒液。

（三）保洁方法

（1）餐用具清洗或消毒后宜沥干、烘干。使用抹布擦干的，抹布应专用，并经清洗消毒方可使用，防止餐用具受到污染；

（2）及时将消毒后的餐用具放入专用的密闭保洁设施内。

第六章

# 新技术在中央厨房行业的应用

CHAPTER 6

中央厨房是一种标准化、工业化的餐饮运营模式，它体现了集团化采购、标准化操作、集约化生产、工厂化配送、专业化运营和科学化管理的餐饮业发展特征。在产品品质管控、资源综合利用、食品安全保障和环境保护等方面离不开新技术的运用。近年来，食品安全追溯信息技术、食品快速检测、高温灭菌、气调保鲜、餐厨垃圾处理、空气净化、智慧厨房等新技术在中央厨房行业应用越来越广泛，显著提高了中央厨房的自动化生产水平和安全管理水平，有利于解决制约餐饮业发展的瓶颈问题，进而促进传统餐饮产业的技术创新和产业升级，实现餐饮产业持续、健康、快速发展。

## 第一节 食品安全溯源系统的应用

中央厨房冷链物流配送是一种成本高、周转快、控制难度大的特殊物流，在保证冷链质量和安全的前提下，应积极采用信息技术和电子商务平台整合各类资源信息，提高运营效率。利用电子数据交换技术（EDI）、全球定位系统（GPS）、地理信息系统（GIS）及物联网等技术提升冷链的物流质量和响应速度，通过冷链物流信息系统为供应链中相关方提供准确的市场信息，为食品安全提供可溯源性信息支持，对于问题食品可以系统追溯。

### 一、可追溯信息化技术的发展特点

可逆溯信息化技术的发展有3个特点。
①可追溯系统中的信息采集技术由人工采集发展到智能化数据采集；
②可追溯系统功能由事后的问题追查发展到对食品的预测监督及控制；
③追溯系统从简单的信息记录发展到智能化决策支持。

### 二、可追溯信息化技术在中央厨房中的应用

中央厨房推行可追溯系统，应加强各个环节的质量检测和过程控制，原材料采购冷藏、冷库冻库储存、冷链物流配送、半成品精加工及成品的门店销售等各个环节应严格按照标准规范操作，并严格进行监督，确保食品质量安全。

#### （一）原材料采购的质量安全追溯

建立原材料供应商诚信记录信息和原材料可查询系统。中央厨房一直坚持标准化的作业

形式，原材料采购既要保证质量也要保证安全。中央厨房因生产量大，合作供应商需要长期维持。一般来说，中央厨房要保证进货安全，多通过购买经验了解原材料质量。随着信息化技术的发展，借助网络平台，可以通过建立供应商诚信记录信息系统，了解供应商资质信息，核实原材料是否符合质量要求；通过建立原材料可查询系统，实现原材料来源、品质特征、生产日期、保质期等可追溯，当出现食品安全问题时，可直接追溯到源头。

### （二）生产加工过程中的质量安全追溯

在生产过程中，应充分利用现代信息技术，建立基于计算机网络开发的具备信息收集、信息处理、综合分析和信息发布等基础功能的食品安全风险预警信息系统，将各种信息源进行有效沟通连接，形成基本信息资源库系统，再通过数模分析系统对数据进行综合分析，形成指标体系，通过指标体系发布等级指标化的预警信息，对中央厨房潜在食品安全风险，做到"早发现、早分析、早计划、早预防"。

### （三）配送运输过程中的质量安全追溯

升级冷链质量安全管理体系，对于整个冷链物流、基础设施、服务水平要统一规划，建立一个完整的监控平台，包括温度反馈系统、卫星导航系统（GPS）、无线射频技术（RFID）、无线通信技术及温度传感技术的有效运用，使得运输过程中货物质量、车厢内即时温度，以及整个物流线路的规划设计都能实现可追溯。加强运输过程中的信息化管理，是有效提高冷链物流效率和保证质量安全的关键。

### （四）销售过程中的质量安全追溯

中央厨房冷链物流末端即半成品、成品的销售过程，虽然已经脱离了中央厨房的管控范围，但是作为一条完整的冷链，质量安全同样不可忽视。这个过程要保证质量安全，建立和完善追溯系统，就要加强与负责销售的零售商的合作交流，沟通搭建冷链质量安全平台和销售体系，中央厨房根据自己产品的特性，通过有效平台可以向销售方提供保证质量安全的可行性建议，作为信息的反馈一方，零售商通过与消费者的面对面交流，可以向中央厨房发送产品销售中的动态过程信息，共同完善整条冷链的追溯功能。

## 第二节 现代食品安全快速检测技术的应用

我国农产品、食品生产企业数量多、规模小、分散，法治和自律意识比较弱，且人口众多，消费人群和渠道也多，导致食品安全问题多发。除环保因素和生产条件的客观因素外，多源于对农药、兽药、添加剂等的违用、滥用。要从根本上解决我国的食品安全问题，就必须对食品的生产、加工、流通和销售等各环节实施全程管理和监控，而实验室检测方法和仪器难以及时、快速而全面地从各环节监控食品安全状况，快速、方便、准确、灵敏的现代食品安全分析检测技术应运而生。

### 一、食品快速检测的概念

食品快速检测方法是一种包括样品前处理，短时间内能对相关食品质量安全指标得出检测结果的技术。通常认为，理化检验方法一般在2h内能够得出结果的即可视为快速方法；

微生物检验方法与常规方法相比,能够缩短 1/2 或 1/3 时间得出具有判断性意义结果的方法即可视为快速方法;现场快速检测方法一般在 30min 内能够出结果,若可在十几分钟内甚至几分钟内得出结果的即是较好的方法。食品快速检测产品是食品快检方法的产品化,包括试剂化、试纸化、仪器化、设备化等。与快速检测方法和产品类似或相关的概念有替代分析方法(Alternative Method)、试剂盒(Test Kit)、筛查方法(Screening Method)等。

## 二、 食品快速检测的分类

食品安全快速检测分为现场快速检测和实验室快速检测。实验室快速检测是利用一切可以利用的仪器设备对检测样品进行快速定性与定量,而现场快速检测是利用一切可以利用的手段对检测样品快速定性与半定量。现场食品快速检测方法要求:

①实验准备简化,使用的试剂较少,配制好的试剂保存期长;
②样品前处理简单,对操作人员要求低;
③分析方法简单、准确和快速。

快速检测项目分为农药残留、兽药残留、微生物、重金属、毒素、添加剂及化学品和包装材料等的检测。

## 三、 传统实验室检测与快速检测比较

传统实验室检测,检测费用高、检测设备复杂、设备不易操作、检测耗时长,并且传统实验室对于人员、设备的要求相对较高,不利于在建立中央厨房的餐饮企业中普及。

食品快速检测,具有检测费用低廉,快速出具检测结果,操作简单,检测设备便携且易于操作等优点,使其在现代餐饮食品加工中应用越来越广泛。

## 四、 中央厨房常用的食品快速检测项目

中央厨房常用的食品快速检测项目包括氨基甲酸酯类农药残留(蔬菜、水果)、有机磷农药残留(蔬菜、水果)、菊酯类(茶叶)、二氧化硫(蜜饯、冰糖、竹笋、干果、粉丝和蘑菇等限量使用)、呋喃它酮(蜂蜜、组织、肝脏)、呋喃妥因(蜂蜜、组织、肝脏)、呋喃西林(蜂蜜、组织、肝脏)、呋喃唑酮(蜂蜜、组织、肝脏)、黄曲霉毒素 B1(谷物、饲料、食用油、酱油、醋和发酵酒)、黄曲霉毒素 M1(液体乳)、火锅底料罂粟壳(火锅底料、火锅调料)、甲醇(酒类)、甲醛(水发产品、腐竹、面粉等)、孔雀石绿(水样、水产品)、莱卡多巴胺(畜禽肉)、沙丁胺醇(畜禽肉、组织、肝脏)、盐酸克伦特罗(畜禽肉)、氯霉素(牛乳)、三聚氰胺(液态乳、乳粉)、食用油过氧化值(食用油)、食用油酸价(食用油)、四环素(牛乳)和亚硝酸盐(肉制品、酱腌菜等)。另外,还包括餐具的表面洁净度、肉类水分检测等。

## 五、 食品快速检测在突发事件中的应用

食品快速检测在中央厨房这种集中加工、供餐模式中具有非常重要的作用。按照《餐饮服务食品安全操作规范》的规定,百人以上聚餐、小饭桌、学校食堂、托幼机构食堂每餐次必须留样,且需保存 48h。食品安全突发事件发生时,如果按照传统的实验室检测方法对留样进行检测,时间长,效率低,不能及时为中毒人员救治提供有效信息,而食品快速检测能

快速地检测留样的农药残留、油脂酸败、致病性添加剂超标等,可为医生针对性救治及时提供信息,并为后续食物中毒事件处理和实验室定量检测奠定基础。

## 六、食品快速检测在重大事件保障中的应用

中央厨房利用其自身优势可完成大规模集中供餐的任务,因此,建有中央厨房的餐饮企业必须按照国家食品药品监督管理总局《重大活动餐饮服务食品安全监督管理规范》的要求,对重大活动全程进行餐饮安全保障。在未使用快速检测设备以前,只能通过检查菜单是否存在高风险食品,检查加工场所是否干净卫生,询问人员是否存在发热、腹泻等方面进行保障。使用快速检测设备之后,既能对餐具的表面清洁度进行测定,又能对食品原材料的农药、兽药残留进行检测,还可以对已加工食品的中心温度进行测量,保证中心温度70℃以上,从而全面预防食源性疾病的发生。食品快速检测除了在餐饮日常监管、食品安全突发事件及重大活动餐饮安全保障有重要应用外,对于风险性高且可能存在问题的食品,像牛羊肉、咸菜、其他畜禽肉类,如果全部进行实验室检测,成本相对较高,但如果通过食品快速检测进行定性,可以显著缩减可疑食品实验室定量检测的成本。

## 第三节 高温灭菌技术的应用

食品工业中采用的杀菌方法,主要有热杀菌和非热杀菌两大类。热杀菌是通过钝化酶活性而杀灭在食品正常保质期内可导致食品腐败变质的微生物。热杀菌技术是食品加工与保藏中用于改善食品品质、延长食品储藏期的最重要的处理方法之一,食品既有正面作用也有负面作用。热杀菌具有可靠、简便、投资小等特点,成为食品工业的主流杀菌技术。

根据杀灭微生物的种类的不同,可分为巴氏杀菌(Pasteurization)和商业杀菌(Sterilization)。

巴氏杀菌是一种较温和的热杀菌形式,巴氏杀菌的处理温度通常在100℃以下,典型的巴氏杀菌的条件是62.8℃、30min,达到同样的巴氏杀菌效果,可以有不同的温度和时间组合。巴氏杀菌可使食品中的酶失活,并破坏食品中热敏性的微生物和致病菌。巴氏杀菌的目的及其产品的储藏期主要取决于杀菌条件、食品成分(如pH)和包装情况。对低酸性食品(pH>4.6),其主要目的是杀灭致病菌,而对于酸性食品,还包括杀灭腐败菌和钝化酶。

商业杀菌一般又称杀菌,是一种较强烈的热处理形式,通常是将食品加热到较高的温度并维持一定的时间以达到杀死所有致病菌、腐败菌和绝大部分微生物的目的,使杀菌后的食品符合保质期的要求。这种热处理形式一般也能钝化酶,但对食品的营养成分破坏也较大。杀菌后的食品通常也并非达到完全无菌,只是不含致病菌,残存的处于休眠状态的非致病菌在正常的食品储藏条件下不能生长繁殖,这种无菌程度被称为"商业无菌"。中央厨房生产的产品大部分为预调理食品(多为半成品或成品),在销售终端需对其进行再次加工或复热,因此,对于中央厨房生产的产品也应按照食品加工的要求进行减菌化处理。另外,由于对中央厨房产品的整个加工销售环节,餐厨用具的洁净度要求也较高,还可以将高温灭菌技术应用于餐厨用具的清洗和准备上。

理想的热杀菌效果应该是,在热力对食品品质的影响程度限制在最小条件下,迅速而有效地杀死存在于食品物料中的有害微生物,达到产品指标的要求。超高温杀菌、微波杀菌和欧姆杀菌是达到这一理想效果的新途径。随着人们消费意识的增强与消费水平的提高,对食品的质量与安全的要求也越来越高。在这种形势下,传统热杀菌技术仍然会继续发挥它的重要作用,但新型热杀菌技术和非热杀菌技术的应用会更加广泛。因为新的技术不仅能够更好地保持食品原有的色、香、味,对环境的伤害也更小,同时节能、节水并减少废气废水的排放。而各种杀菌方式的结合使用也是一种新的趋势,除保证食品达到杀菌、灭酶目的,还可更好地保持其本身的色泽、风味和营养价值。

## 第四节　真空快速预冷技术的应用

中央厨房的产品加工配送方式通常分为冷链工艺和热链工艺。其中,冷链工艺主要指生产快餐的企业能够在2h内将产品中心温度降低到10℃,并能保证在10℃以下条件贮存和运输至客户。若使用真空预冷技术可显著提高产品的品质及安全性。

真空预冷是指在真空条件下,使水迅速在真空处理室内以较低的温度蒸发,水在蒸发过程中要消耗较多的热量,在没有外界热源的情况下,可在真空室内产生制冷效果。当真空处理室的压力降低时,水的饱和蒸汽压力也降低,从而使水从被冷物品表面蒸发出来,热量从物品释放成为水蒸气,达到物品迅速冷却的目的。

真空预冷与传统的冷却技术相比主要有如下优点。

(1) 冷却速度快　真空预冷技术的突出特点是预冷速度快,绝大部分叶类蔬菜,即使在预冷前经过包装,一般20~30min即可使温度降至4~5℃,对宽叶类蔬菜的真空预冷效果尤为显著。

(2) 效果均匀　由于预冷箱内各点的压力均衡,果蔬内的水分能吸收并蒸发其蓄存的田间热,使得箱内果蔬的温降非常均匀。

(3) 能耗低　因系统中无冷却介质,所以不再需要额外的能量将之去除,并且真空使得从外界传入的热量最小化。

(4) 清洁　因为空气只有当真空冷却室被打开时才能进入,从而可以保证果菜的清洁。冷却过程中可通过对绝对压力的控制,实现温度精确控制,使产品保持所需温度。

真空冷却技术十分有利于中央厨房工业化生产效率的提高。真空冷却条件下,200g菜肴的中心温度从70℃冷却到10℃,比自然冷却速度快30倍以上。真空冷却的食品能够在短时间内迅速通过细菌容易繁殖的危险温度区域,并且卫生状况远优于自然冷却的食品,因此,真空冷却技术有助于保障食品卫生,延长食品保质期。

但真空冷却对产品质量损耗比其他冷却方法更大,为了解决真空冷却后部分产品由于失水而造成感官质量变化以及产品质量减少的问题,可适当调整制作工艺和配方,并且可以选择含水量较少的蔬菜,以及在冷却前补水的方式来提高真空冷却的效果,以此补偿真空冷却造成的失水损失。

# 第五节　气调保鲜技术的应用

气调保鲜包装（Modified Atmosphere Packing，MAP），国外又称 MAP 或 CAP、国内称气调包装或置换气体包装、充气包装。是采用具有气体阻隔性能的包装材料包装食品，根据客户实际需求将一定比例的 $O_2+CO_2+N_2$，$N_2+CO_2$，$O_2+CO_2$ 混合气体充入包装内，防止食品在物理、化学、生物等方面发生质量下降或减缓质量下降的速度，从而延长食品保质期，提升食品价值。

食品气调保鲜包装中常用的保护气体有 $CO_2$、$O_2$、$N_2$ 三种。其中，$CO_2$ 是气调包装中起关键作用的气体，用于抑制好氧微生物和霉菌的生长。$O_2$ 的作用包括：

①抑制厌氧菌的生长繁殖；
②保持新鲜猪、牛、羊肉的红色色泽；
③保持新鲜果蔬新陈代谢需氧呼吸。

而 $N_2$ 作为惰性气体，可防止 $CO_2$ 溶于肉制品而造成包装凹陷，不与食品直接作用气调保鲜可广泛应用于肉、禽、鱼以及果蔬等新鲜食品、熟肉制品、面包糕点等焙烤食品的包装。经过气调包装的食品，可较好地保持食品原有的口感、色泽、形状及营养，同时具有较长的保鲜期。气调保鲜包装后的成品形状多为盒装或袋装。

## 一、气调保鲜在生鲜肉类的应用

生鲜肉类气调保鲜包装有两类：一类是猪、牛、羊肉，肉呈红色又称红肉包装，要求既保持鲜肉红色色泽又能防腐保鲜；另一类鸡、鸭等家禽肉，可称为白肉包装，只要求防腐保鲜。

红肉类的肉中含有鲜红色的氧合肌红蛋白，在高氧环境下可保持肉色鲜红，在缺氧环境下还原为淡紫色的肌红蛋白。红肉气调保鲜包装的保护气体由 $O_2$ 和 $CO_2$ 组成，$O_2$ 的浓度需超过 60% 才能保持肉的红色色泽，$CO_2$ 的最低浓度不低于 25% 才能有效地抑制细菌的繁殖。各类红肉的肌红蛋白含量不同，肉的红色程度不相同，如牛肉比猪肉色泽深，因此不同红肉气调包装时氧的浓度需要调整，以达到最佳的色泽保持和防腐的效果。猪肉气调保鲜包装保护气体的组成通常为 60%~70% $O_2$ 和 40%~30% $CO_2$，0~4℃ 储存条件下保质期通常为 7~10d。家禽肉气调保鲜包装目的是防腐，保护气体由 $CO_2$ 和 $N_2$ 组成，禽肉用 50%~70% $CO_2$，50%~30% $N_2$ 的混合气体气调保鲜包装，在 0~4℃ 储存条件下保质期约为 14d。

## 二、气调保鲜在熟肉制品中的应用

熟肉食品气调保鲜包装，除了对原料有较严格的要求外，食品烹调加工达到巴氏杀菌标准和保持时间也很重要。如美国农业部熟牛肉包装的巴氏杀菌标准，要求食品的中心温度达到 71.1℃ 并保持 7.3s。熟食品烹调后需立即真空快速冷却和分切成薄片后包装，如果该阶段的加工卫生条件差，如空气有病原菌，或者刀具与操作人员消毒不足等，均会导致食品再次受到污染，残留细菌大量增殖降低气调保鲜包装延长保质期的效果。熟食品气调保鲜包装是依靠二氧化碳抑制大多数需氧菌和真菌生长繁殖曲线的滞后期，而二氧化碳最有效抑制数很低（100~200CFU/g）。因此，熟食品包装前细菌污染数越少，气调保鲜包装抑菌效果越好，保质期越长。一般通过真空快速冷却，用25%~35% $CO_2$，75%~35% $N_2$气调保鲜包装，在超市冷藏陈列柜的保质期可达40~60d。

### 三、气调保鲜在盒饭中的应用

目前中央厨房盒饭包装都较简单，现大多采用保鲜膜包装机。但保鲜膜包装机存在较大缺陷：首先，保鲜膜包装机的包装不能密封，而中央厨房产品大多都带有菜汤，菜汤的渗漏使产品整体看起来很不卫生，导致运输不便；其次，不能抑制细菌的生长，细菌的大量繁殖会影响产品风味品质，降低保鲜效果。

使用气调保鲜包装机在中央厨房的加工中优势如下：

①气调保鲜包装是采用密封包装，不会引起菜汤的渗漏，保持盒饭外观的整体洁净；

②气调保鲜包装采用先抽真空后充入保鲜气体，最大限度抑制细菌的生长繁殖，较长时间的保持食品的新鲜度，还能更好地保证冷却下来的食品不再受到空气污染；

③盒式包装的封口膜可彩印，将公司信息、品牌信息或产品信息印制在上面，具有一定的广告效应。

因气调包装成本相对比较高，比较适合对产品的风味、质构等品质要求较高的肉类菜肴制品。

## 第六节 超高压灭菌技术的应用

食品超高压灭菌技术（High Pressure Processing，HPP）即在密闭的超高压容器内，用水作为介质对软包装食品等物料施以400~600MPa的压力或用高级液压油施以100~1000MPa的压力，从而杀死其中几乎所有的细菌、霉菌和酵母菌，达到保藏食品的目的，而且不会像高温杀菌那样造成营养成分破坏和风味变化，是一个物理过程。超高压主要通过两种途径导致微生物细胞失活，包括破坏细胞膜通透性和破坏细胞膜结合蛋白。

超高压杀菌技术与热杀菌相比，食品可以保留更多的固有营养成分，较少产生热杀菌带来的异臭及异常物质，可以较好地保持食品原有风味、性状及活性成分。该技术已经受到各国的重视，如日本的Meidi-Ya公司于1990年4月生产了第一个高压食品——果酱，之后又有果味酸奶、果冻、色拉和调味料等面市。日本的Pokka和Wakayama公司用半连续高压杀菌处理柑橘汁。明治屋食品公司将草莓、猕猴桃、苹果的果酱软包装后进行400~600MPa、10~30min的处理，产品色泽、风味不变，并保持水果原有的口感，维生素C含量大大提高；还将软包装的腌菜进行高压处理，杀死了全部酵母菌，极大地提高了保藏期。日本已对高压杀菌相关的技术在乳制品（乳酸饮料）、鸡蛋、水产品（贝类）、高黏性食品（蜂蜜）等方面的应用进行了广泛研究。还利用高压技术使冻制品迅速解冻与冻结，或在0℃以下加压，可使食品不发生冻结现象，既保持食品原有风味和组织状态，还能抑制微生物生长，可使水果、蔬菜在低温加压不冻的状态下较长期冷藏。法国、英国政府也开始资助高压食品加工的研究，并于1993年底推出高压杀菌鹅肝小面饼。美国的FMC公司、英国的凯氏食品饮料公司（Campden Food & Drink）开始建立商业化的高压杀菌食品的工艺流程，应用于天然果汁、豆乳等饮料的杀菌。而目前国内超高压杀菌技术的研究多在果汁及果汁饮料的灭酶及杀菌方面。超高压杀菌也有其难度和局限性，未来应聚焦在高压与低温或中温结合杀菌相关研究，以提高杀菌效果。

# 第七节　液氮快速冷却（冷冻）技术的应用

液氮是无色、无味、低黏度的透明液体，化学性质稳定。液氮在常压下的沸点是 $-195.8℃$，当与被冻食品相接触时，可吸收的蒸发潜热为 $198.9kJ/kg$；再让氮蒸气升温至 $-20℃$，平均比热以 $1.047kJ/(kg·K)$ 计，则能吸收 $184.1kJ/kg$，共计 $383.0kJ/kg$，是一种理想的制冷剂。液氮快速冷却，食品及原料等生命物体一直保持低温，可使生物细胞维持休眠，相对于生命就是暂停，温度上升就会恢复过来，在一定程度上达到活体保鲜的目的。

## 一、液氮快速冷却（冷冻）发展概况

液氮快速冷却（冷冻）早在20世纪50年代，美国就开始研究用液氮速冻食品，1960年正式用于速冻食品，1964年开始迅速推广。液氮速冻技术产生的背景是20世纪50年代末，由于宇宙空间技术的发展，作为火箭燃料所产生的大量液态氧的需要，促使空气液化分离工业的飞跃发展。液氮的生产使空气中所含78%的氮的大量液化生产成为可能，从而为冷冻食品工业新的应用开辟了途径。20世纪60年代初，美国的冷冻食品工业面临一个新的转折点，当时的冷冻食品向三个方向发展：冷冻食品向"单体快速冻结"（IQF）方向发展；要求通过连续速冻装置提高冷冻食品的生产量；要求冷冻食品向高质量的速冻保鲜食品发展。

上述要求促使冻结方法必须在技术上进行更新，因此液氮速冻技术应运而生，并迅速得到广泛应用。液氮速冻有着下列优点。

①液氮无毒，且对食品成分呈惰性，替代了从食品中出来的空气，所以可在冻结和带包装贮藏过程使氧化变化降低到最小限度。

②液氮可与形状不规则的食品的所有部分密切接触，使传热阻力降低到最小限度。

③冻结食品的干耗小。用一般冻结装置冻结的食品，其干耗率在3%~6%，而用液氮冻结装置冻结，干耗率在0.6%~1%。所以适于冻结一些含水分较高的食品，如杨梅、番茄、蟹肉等。

④占地面积小，初投资低，装置效率高。

⑤冻结食品的品质高。由于液氮和食品直接接触，以200K以上的温差进行强烈的热交换，故冻结速度极快，每分钟能降温7~15K。食品内的冰结晶细小而均匀，解冻后食品质量高。

随着液氮速冻技术的进一步完善和发展，该技术被迅速、广泛应用于鱼、虾、螃蟹、鸡、鸭、肉（牛、羊等）、水果（杨梅、荔枝等）、蔬菜及各种预制食品（牛排、生鱼片、肉丸子、炸虾、肉饼、汉堡包、比萨饼、蛋制品、汤料等）的冷冻中。英国1981年液氮速冻食品占冷冻食品的10%，用液氮量超过10万t，西欧液氮产量的1/3用于食品速冻和冷藏运输，日本液氮速冻食品占冷冻食品的40%~50%，美国有几百家食品加工企业采用液氮速冻，仅一家速冻牛排厂每天可用700t液氮。我国在20世纪70年代初，北京、上海就已研制出液氮速冻食品生产线，80年代先后从日本、瑞典、法国、美国和丹麦等国引进了各种速冻装置（包括液氮速冻），并对银鱼、湖蟹、对虾等鲜活水产品液氮速冻成功。由于每千克速冻食品需用液氮0.8~1.0kg，受液氮价格高的影响，1991年我国自主制造的250台各类速冻装置中，采用液氮的极少，造成我国20世纪液氮速冻食品在冷冻食品中所占比例很低。

近几年，随着改革开放的深入，国外主要跨国气体公司竞相在我国建立合资企业，带来了先进的空分设备、技术和管理，使我国低温液体的产量大幅度提高，供应的地区和范围不断扩大，价格大幅度降低（液氮的售价从2元/kg左右降低到1元/kg以下），极大地促进了液氮的应用。

利用液氮来快速冷冻食品的优点很多，但应用中也存在一些问题亟待解决：

（1）液氮蒸发后成为低温氮气，具有吸收大量显热的能力，充分利用这部分冷量是提高液氮冷冻设备经济性的根本，但目前利用率不高，措施有待加强。

（2）因为冻结速度极快，食品表面与中心之间会产生较大的瞬时温差，膨胀压力大，造成低温断裂，破坏食品的组织结构，给食品品质带来不利影响。

## 二、液氮食品速冻方式

液氮冻结装置可以分为：液氮柜式冻结装置、隧道式冻结装置、沉浸式冻结装置、旋转式冻结装置等，而冻结方式大致有沉浸式、喷淋式、冷空气循环式三种。沉浸式冷冻是将食品完全浸入液氮中，它可以达到所期望的快速冻结，食品占用的空间小，仅用了液氮的潜热这部分冷量，导致液氮消耗量较大。

喷淋式冷冻设有三个冷冻区：预冷区、冻结区和均温区。液氮经喷嘴成雾状与食品进行热交换，液氮吸热蒸发成氮气，氮气又被用来预冷新进入的食品，这样既利用了液氮的潜热，又利用了液氮的显热，可使冷量得到充分利用。

冷空气循环式冷冻，由液氮冷却循环的冷空气，用空气作为载冷剂冷冻食品，不需庞大的制冷设备，可降低初投资。

## 三、流态化食品速冻理论和装置

流态化现象最初用于化学工程，随后陆续在能源、冶金和食品工程等领域得到应用。1959年瑞典的Frigoscandia公司首先使用这种方法冻结食品，并于1962年研制成功世界上第一台试验性的流态化冻结装置。此后，美国、法国、保加利亚、苏联、日本等国家对流态化的应用和理论研究都十分重视，目前这种冻结装置已在各国冷冻食品工厂，特别是蔬菜加工厂中被广泛使用。

流态化快速冻结，是使置于筛网或槽板上的颗粒状、片状或块状食品，在一定流速的低温空气自下而上的作用下形成类似沸腾状态，像流体一样运动，并在运动中被快速冻结的过程。当冷气流自下而上穿过食品层而流速较低时，食品颗粒处于静止状态，称为固定床（A）。随着气流速度的增加，食品床层两侧的气流压力降也将增加，食品层开始松动（B）。当气流速度达到一定数值时，食品颗粒不再保持静止状态，部分颗粒悬浮向上，造成床层膨胀，空隙率增大，即开始进入流化状态。这种状态是区别固定床和流化床的分界点，称为临界状态。对应的最大压力降值称为临界压力，对应的风速称为临界风速。临界压力和临界速度是形成流态化的必要条件（C）。当气流速度继续增加时，床层将继续膨胀，床层空隙率也随之增加。但床层中的实际气流速度则保持不变，流体的压降只是消耗在托起固体颗粒的重量上，即床层的压力降与气流速度无关而始终保持定值（D）。此时强烈的冷气流与食品颗粒相互作用，使食品颗粒时上时下、无规则地运动，因此食品层内的传质与传热十分迅速，从而实现食品单体快速冻结。

食品流态化速冻的主要特点如下。

（1）冻结速度快　流态化冻结过程具有很强的换热特性。与传统的空气强制循环冻结装置相比，换热强度增加了30~40倍。这是因为食品悬浮冻结时的热阻减少15~18倍，产品表面与冷空气的放热系数增大4~6倍，有效换热面积增大3.5~10倍。所以流态化冻结装置的冻结速度要比普通冻结设备的速度高几十倍。由于冻结速度快，所以流态化冻结能最大限度地保持食品原有的营养成分和新鲜状态。

（2）实现单体快速冻结　由于食品在冻结过程中呈悬浮状态，食品冻结后不会粘连在一起，实现了 IQF 冻结，不仅质量好，而且便于包装和消费者食用。

（3）食品干耗少　每个速冻食品的表面都有一层很薄的冰膜，既有利于保持食品鲜度防止氧化，又具有较低的干耗。瑞典学者对蘑菇、草莓等进行的对比试验表明，流态化冻结的干耗只是强制送风隧道冻结的一半左右，因此更为适合价格较高的食品。

（4）易于实现机械化和自动化连续生产，生产效率高，工人可在常温条件下进行操作，改善了劳动条件。

# 第八节　在线无菌包装技术的应用

## 一、技术原理

在线无菌热包装是指食品加热制熟后，在生产线上的无菌状态下进行密封包装，包装时食品的温度约90℃。1913年丹麦人金森对牛乳进行了无菌灌装，1917年美国人佟克莱获得了食品无菌保藏方法的世界首项专利。我国通过多年的实践与研究，现已研发出适合于固态、半固态食品的在线无菌热包装保鲜技术与方法。

## 二、使用范围

（1）适用于大多数气蒸、烘焙、烙制、煮制、卤制等生产工艺的面制品、米饭及米制品，部分中式菜肴、肉制品等，居民主餐食品、学生主餐食品、应急主餐食品、军需主餐食品等。

（2）产品可以袋装和碗装，产品包装内达到商业无菌，包装完成后温度在90℃左右，在不添加防腐剂的情况下常温保质期达60d以上。

（3）主餐类食品，使用保温箱储运，在20h之内产品温度在40℃（外界温度25℃）以上，无须复热即可食用。

### 三、技术优势

在线无菌热包装技术与常用主餐食品包装工艺技术比较，有以下显著优势。

（1）缩短工艺流程、减少厂房面积、节能环保，降低投资成本。该工艺技术为热包装，省去了冷却工艺环节，不需要建设冷却车间以及相匹配的净化、制冷、排气设备，节约了生产设备和基础设施的能耗，也减少了污染物的排放。和现有工艺相比，能减少30%以上的厂房建设、减少35%以上的能源消耗。

（2）保证了食品的安全性。在线无菌热包装工艺，杜绝了生产工序中微生物对食品的二次污染，同时也降低食源性疾病的概率。

（3）降低劳动力成本。省去了冷却工艺环节，节省了食品冷却所需的劳动力，和现有工艺相比能降低15%以上的人工成本。

（4）降低了食品的浪费，提高了固定资产的利用率。该技术延长了产品保质期，销售范围扩大，企业可以规模化生产，提高了固定资产的使用率。

（5）在线无菌热包装保鲜技术和设备的应用，改变了现有主餐供应方式，提高了主餐食品的安全性、方便性和营养性。

## 第九节　水触媒食品净化技术的应用

### 一、净化技术原理

水触媒食品净化技术，通过激发水的能量，模拟出大自然自我净化的方式，形成一个"浓缩、高效的自然净化系统"，无须任何化学添加，利用水裂解、还原产生的高能量，与生鲜食材表面细菌、病毒等微生物细胞壁脂类物质发生双链反应，使其细胞壁通透性发生改变，破坏其代谢过程，杀灭微生物；打开农药、激素、抗生素等有机化合物组成元素的共价键，高效降解农药、激素、抗生素等有机化学残留，还原食物本来味道，对人与环境安全无害，是领先一代的绿色、安全、高效的食品净化技术。

### 二、技术特点

（1）安全　对人与环境安全无害。
（2）无添加　以水为媒，用水解毒，不添加任何化学物质。
（3）不逸散　水触媒功能团来源于水，溶于水，对人体无害。
（4）无残留　水触媒功能团迅速还原于水，对环境无害。
（5）不破坏　通过科学的时间和功率设定，对食物营养不造成破坏性损失。

### 三、应用领域

水触媒食品净化技术是一项贴近民生、与百姓生活息息相关的创新食品安全保障技术。

以水触媒食品净化技术为核心技术研制而成的食品安全净化机,有家用型、水槽型、商用型和工业型四大系列产品,可广泛应用于政府机关、军队、学校食堂、酒店餐饮机构、净菜加工以及百姓家庭等领域。

水触媒食品净化技术的应用有望切实解决中央厨房标准化生产中食品安全风险控制问题,同时确保生产过程的节能环保,将助力中央厨房产业的发展。

# 第十节 IT 技术与人工智能的应用

## 一、大数据的应用

近几十年来,以互联网技术(IT 技术)为主要标志的信息化社会发展,释放和提高了社会生产力,推动了社会的进步,但 IT 技术的发展仅是信息化社会发展的初级阶段。随着各种电子化数据的收集存储、传输共享、分析利用,数据的价值和重要性逐渐显现出来,数据已成为最重要战略资源。目前的信息化社会发展,已经开始由 IT 发展阶段进入到 DT(数据技术)发展阶段。

互联网公司通过建立外卖平台,收集到海量消费者的个人信息及其订餐信息的价值,已超过经营外卖平台的直接收益。未来企业的竞争,不仅是拥有多少传统的人财物资源的竞争,更是拥有多少数据资源的竞争。

## 二、中央厨房企业资源计划管理系统

企业资源计划(ERP)管理模型和技术起源于 20 世纪 60 年代的美国。最初以物料需求计划(MRPII)管理技术的研究和应用为初始发展阶段,主要解决生产所需材料的计划管理问题;20 世纪 80 年代发展到 MRP 阶段,管理的范围扩大到材料、加工能力等生产相关的各要素的计划管理;20 世纪 90 年代进一步发展到面向企业整体业务和资源计划管理系统。经过半个多世纪的不断发展,ERP 系统已成为世界各国企业广泛应用的管理系统。同时,ERP 管理技术与不同的行业需求相结合,又发展出具有不同管理特征的行业 ERP 系统。

ERP 管理的核心思想是:通过加强企业整体业务和资源利用的计划性,以及对业务处理流程状况的监控,及时调整计划和资源调度,最大限度地优化企业资源的利用,从而提升企业的运行效率和效益。

ERP 管理技术的创立、发展和推广应用,与以计算机和网络技术为代表的 IT 技术密不可分。IT 技术是其得以实现的技术基础,ERP 管理系统是 ERP 管理理念与 IT 技术相结合的产物。进入 21 世纪以来,伴随着互联网、特别是移动互联网的应用普及,ERP 系统管理的功能范围、内涵及其实现和使用的方式,已经发生了深刻的变化。

中央厨房 ERP 管理系统是在一般 ERP 系统原理基础上,结合餐饮行业和食品行业特点,建立和发展起来的具有鲜明行业特色的 ERP 管理系统。主要覆盖了销售、采购、仓储、生产、配送、产品研发、质检、财务等部门的应用。主要功能构成如图 6-1 所示。

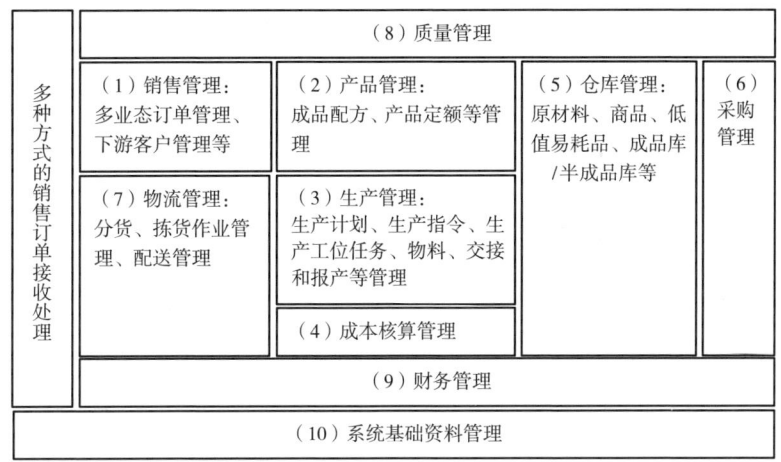

图 6-1 中央厨房 ERP 系统功能构成

利用计算机网络和数据处理技术，中央厨房 ERP 管理系统实现了企业整体业务流程的紧密衔接和实时数据交换，数据共享和业务协同改变了企业运行和管理的方式，大大提高了企业运行效率和业务决策的准确性、及时性。

中央厨房 ERP 系统对业务流程的管理和衔接处理如图 6-2 所示。

## 三、物联网技术的应用

物联网概念是近些年新出现的具有广阔应用前景和重大意义的一项 IT 技术。到目前为止的移动互联网发展，主要解决了人与人之间的信息联通。物联网将在此基础上，实现人与物、物与物之间的信息联通，实现真正意上的万物互联。从这个意义上说，物联网技术是互联网技术发展的进一步升级。随着物联网技术的逐步发展和应用，它将带来社会生产、生活各方面的深刻变化，进一步提高社会的生产效率和管理运行效率。

中央厨房企业的业务运营管理的许多环节，未来都可以引入物联网技术。在生产环节，伴随着设备的智能化发展，通过物联网技术，可以将设备的运行状态、已完成加工的数据，实时发送给生产管理系统；通过系统的汇总分析处理，包括自动的和人工介入两种方式的处理，再将相应的指挥控制信息及时地发送回设备，可实现生产的自动化、远程化的指挥管理。

在餐饮物流的各个环节，通过物联网的各种传感技术，可实现远程、实时、自动的物流状态的感知和管控。

在食品安全追溯环节，物联网技术在整个餐饮食品产业链中有着广阔的应用前景。利用物联网技术，建立可追溯的食品安全监控体系，提供安全高品质的采购平台。通过物联网，采用智能信息技术，及时准确获得供应链各环节信息。在蔬菜基地，通过 RFID 终端设备，将基地蔬菜写入周转筐的芯片中，并通过物联网系统，把检测信息发送到批发中心和配送零售环节。提供可追溯服务，集合农产品的检测结果、产地来源以及流向等信息，消费者通过溯源码即可获取产品信息，实现进货有记录、流向可追踪、信息可查询、质量可追溯的功能。一旦发现质量安全有问题，几分钟内即可追溯到源头，及时进行处理。

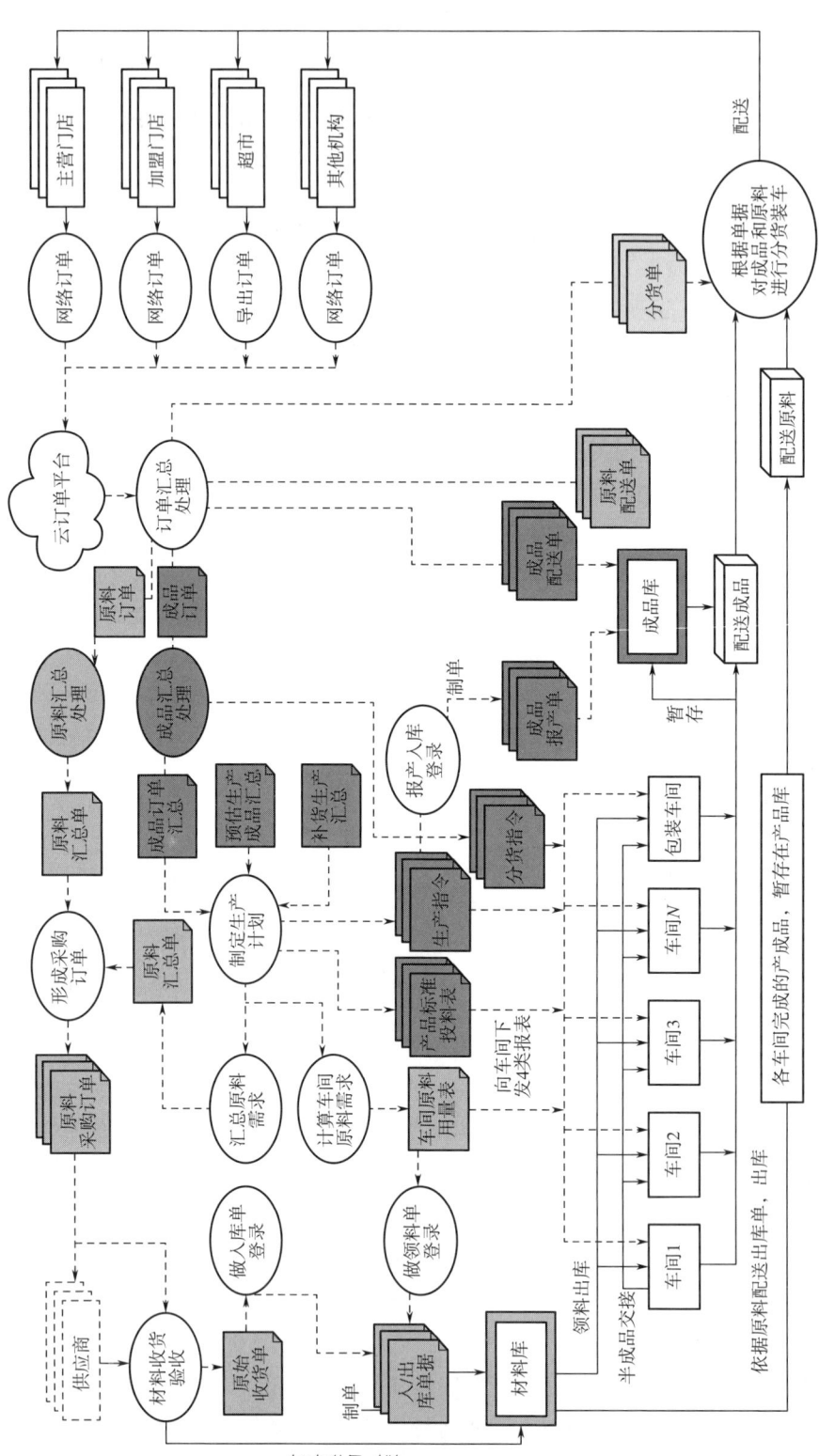

图 6-2 中央厨房 ERP 系统功能流程图

## 四、智能远程控制系统的应用

在中央厨房安装智能远程控制系统,使用餐需求单位和餐饮服务提供单位能直观了解食品生产流程中的卫生情况。通过安装智能远程控制系统让餐饮服务单位的后厨从幕后走到前台,将餐饮服务单位的操作间、洗消间、健康晨检、食品留样等关键部位透明化,直接展示给消费者,使"后厨"成为可视、可感、可知、可查的"阳光厨房",让消费者可以直观感知厨房的环境卫生和食品粗加工、切配烹饪、清洗消毒等各环节真实状况,并加以监督。监管部门、餐饮企业可通过影像采集设备全面采集并记录关键环节操作情况,采取针对性监管措施,加强食品安全监管,提升餐饮服务食品安全管理水平。

## 五、人工智能技术的应用

人工智能(Artificial Intelligence,AI)是研究、开发用于模拟、延伸和扩展人的智能的理论、方法、技术及应用系统的一门新的技术科学。AI是计算机科学的一个分支,它企图了解智能的实质,并生产出一种新的能以人类智能相似的方式做出反应的智能机器,该领域的研究包括机器人、语言识别、图像识别、自然语言处理和专家系统等。人工智能的概念于1956年首次提出,即让机器能像人一样认知、思考和学习,人工智能从诞生以来,理论和技术日益成熟,应用领域也不断扩大。当前,人工智能广泛应用于社会各个领域,将会对社会结构产生重大变革。AI时代的到来,不管是对个人、企业还是国家都将是一个全新的机遇和挑战。人工智能技术在餐饮行业逐渐应用,具体如下。

1. 精准调控就餐环境

一般来说,餐厅的温度由人工调节成固定温度,且受到人流量、季节变化的影响,实际温度在动态变化,而人工调节不能实时进行。可以借助人工智能设备,发挥其实时监测和自动调控的功能。具体来讲,将人工智能设备安装在就餐区域的圆心位置,使其覆盖到整个就餐区域。根据其实时监测到的餐厅人流量的大小、所处当地的地理季节、气候信息和多年平均气温值等数据,对环境温度进行自动调控,从而确保餐厅就餐的顾客在舒适宜人的温度中享受美食和服务。

灯光会影响顾客就餐的氛围和舒适感,快餐厅的灯光设置普遍缺乏专业性,影响不同功能区域灯光作用的发挥。人工智能设备利用大数据和深度学习对人体光线的舒适度有更专业的了解,并通过对餐厅不同功能分区的感知,对光线进行实时调控。如在公共就餐区域,光线变得柔和而不刺眼;在顾客就座进餐的小区域,人工智能设备通过微感知和微调节,把顾客落座区域的光线调暗,突出台面的光线强度和亮度;根据菜品多少实时调节,运用点光源和多光源,当菜品数量少时,智能调用点光源突出个别菜品的色泽,当菜品众多时,调用多光源突出所有菜品的整体色泽;此外,在功能分区的过渡地带,灯光随之智能过渡,使顾客感到自然而不突兀。

噪声是快餐厅普遍存在的问题。除运用除音、隔声设备进行外部干预外,还可运用人工智能设备实时监测就餐环境中声音分贝大小,通过自动播放背景音乐的方式减少噪声对顾客的影响。当就餐环境中的声音分贝不高时,人工智能设备实时播放节奏舒缓、轻柔的音乐作为餐厅背景音乐;当就餐环境中的声音过于嘈杂时,人工智能设备即可适时调整播放音乐的曲目和音量,从而使顾客愉快享受整个就餐过程。

### 2. 改善经营管理及服务

人工智能设备可实时接收订单，并对订单进行分析整合，将同时段相同的订单菜品一次下单，减少重复工作，降低服务员的拿取次数。同时，人工智能设备还可分析订单菜品的数量及拿取时间，智能调节订单顺序，减少顾客等待时间。

人工智能设备可根据库存原材料数量和备料经验，精准制定原材料采购计划，以保证每日的原材料品种对路、数量合适、补货及时；还可对原材料进行自主质量检测，在原材料入库时智能识别其种类及储藏要求，控制库房的温度、湿度，对其进行归类存放，确保原材料质量合格。

人工智能设备可利用大数据和云服务记录每位来店消费的顾客信息。此外，如果万物相连、信息共享的物联网能够普及，即使首次进店的客人，也会为其推送个性化服务，从而使促销和客户管理更具有针对性。

### 3. 缩减成本

餐饮业不像高科技行业、医药行业、娱乐业有高的利润空间，许多餐饮公司被持续增高的各种成本支出拖垮，包括食品成本、半变动成本、固定成本和人工成本。首先，人工智能可以将食材加工的所有环节统一前置到外包供应商和中央厨房，利用自动温控30万级超洁净智能仓库，所有食材经0~4℃冷链保鲜物流直达门店。其次，人工智能可用一组机械臂进行配菜，客人通过智能设备点单后，数据传输到后厨菜品仓库中，机械臂轻松取下，仅用2min即可完成这个过程，可大幅缩短客人等餐时间。

### 4. 食品安全

人工智能技术涉及知识表示、自动推理和搜索方法、机器学习和知识获取、知识处理系统、自然语言理解、计算机视觉、智能机器人、自动程序设计等多种类别和学科。在食品安全监管领域涉及的技术主要有动态侦测技术、动态定位技术、卷积神经网络3种。食品安全智能识别的流程涉及流媒体处理、提取关键数据、视频动态追踪识别、判别识别需求、按需求组合逐层调用AI，分析比对识别结果6个步骤，共有流动态处理、分区状态监控、AI识别、视频结构化4个部分。通过食品安全智能识别，可以实时监控厨房内工作人员按规定穿戴衣帽口罩的情况，厨房内可能出现的老鼠等热血生物的情况，标记出厨房内的设施设备（清洗设施、消毒设施、保洁设施）并记录其使用状况。

## 六、智慧厨房（机器人）的应用

智慧厨房是指将厨房内燃气灶、光照传感器、日光灯、壁挂炉、燃气表、温度检测仪、红外监测仪等智能燃具、智能表、智能开关、报警器等设备通过智能无线终端互联起来，用户可以通过系统软件，自由控制各智能设备间的操作，各智能设备之间也可以联动，以实现对厨房的安全自动监控、环境自动监控，实现燃气设备的智能运行、能耗自动最佳控制，以此保证厨房环境的健康舒适，为用户智能便捷的生活服务。智慧厨房后台系统还将能源消耗、食材品质、食客反馈等数据实时反馈给食材供应商、农场、后厨等环节，形成食品溯源、定向种植、订单采购、菜谱优化、能源管理等数据闭环，让种植更精准、食品更安全、菜品更美味、能源更高效。

餐饮企业和中央厨房企业需尽快采取措施，着手建立自己的大数据库，积累经营所需的各种数据，逐步引入人工智能技术。在企业经营管理的三个层级，即战略决策层、战术管控层、执行作业层，人工智能技术都有用武之地。

## 第十一节 餐厨垃圾转化生物质新能源技术的应用

餐厨垃圾是餐饮垃圾和厨余垃圾的总称。餐饮垃圾包括饭馆、宾馆、单位食堂等的饮食剩余物以及后厨的肉食、油脂、果蔬、面点等加工过程废弃物。厨余垃圾是指家庭日常生活中丢弃的果蔬及食物下脚料、剩菜剩饭、果皮等易腐有机垃圾。根据联合国粮食及农业组织（FAO）的统计，当前全球每年约有13亿t之多的餐厨垃圾在食品供应链中产生，并且随着经济和人口地不断增加，这个数字也在不断增加。

目前，大多数餐厨垃圾通常与生活垃圾混合在一起填埋或焚烧处理。填埋处理是一种简单高效的垃圾处理方式，但处理成本高并且沼气排放会引起全球变暖。焚烧处理虽然可以减小污染物体积，但热能的热值不高并易产生二噁英等有毒有害气体。

餐厨废弃物有机物含量高，营养元素丰富，内含的淀粉、蛋白质、脂肪、纤维素等物质，均是价值较高的生物质原料。所以餐厨废弃物具有典型的"废物和资源"双重属性。我国企业研制出"餐厨废弃物能源化处置成套技术"，该技术将餐厨废弃物转变为乙醇、沼气和生物柴油等生物质能源，实现餐厨废弃物彻底的无害化处理和能源化利用，避免餐厨废弃物因处理不当再次进入人类食物链而引发"地沟油""泔水猪"泛滥的现状。餐厨废弃物经过高效酶解，可以分别作为乙醇发酵、生物柴油炼制、沼气发酵的原料，并可以经过成分调整变成微生物培养基，用于微生物菌剂和自用酶制剂的生产（图6-3）。

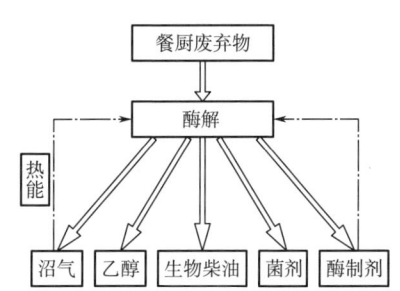

图6-3 餐厨垃圾可转化的生物质新能源

（1）餐厨废弃物的乙醇发酵 餐厨废弃物组分复杂，与传统乙醇发酵原料差异较大，但经过酶解后的浓度调整，还原糖浓度可达18%，发酵乙醇的浓度达8%~10%。该乙醇经过浓缩和纯化，可作为燃料乙醇的原料。

（2）生物柴油炼制 粗油脂经过脱色、除臭、除杂等预处理后，运用先进的甲酯化反应生产生物柴油。

（3）沼气 将餐厨废弃物乙醇发酵后的蒸馏残液和分选阶段产生的有机废水进行中温厌氧发酵，生产出沼气，并根据生物质废弃物的发酵规律对气体进行纯化和净化，使其可提供有效能源。

（4）微生物菌剂的生产 将餐厨废弃物酶解后的固形物用于微生物菌剂的生产。一方面降低菌剂的生产成本，另一方面可消耗部分餐厨废弃物。生产出的复合菌剂又可作为餐厨废弃物处理过程中的生物脱臭剂和肥料菌剂。

（5）酶制剂 餐厨废弃物酶解后的固形物可用于生产酶制剂，该复合酶制剂又可用于乙醇发酵过程中的酶解工艺。

餐厨垃圾的处理已经成为当今社会面临的主要挑战,作为一种典型的可再生资源,利用餐厨垃圾生产各种再生能源,不仅可以保护环境,更可以缓解能源危机,实现社会、经济及环境共赢。但目前餐厨垃圾能源化处理工艺各有优劣,工业化应用仍面临着巨大的挑战。

## 第十二节　冷杀菌技术的应用

冷杀菌技术是近年来研究利用较多的一种杀菌技术,由于杀菌过程中食品温度并不升高或升高较少,既有利于保持食品中功能成分的生理活性,又利于保持食品的色、香、味、形及营养特性,所以,在现代餐饮行业中引入冷杀菌技术是非常有必要的。主要的冷杀菌技术包括以下几种。

1. 超高压杀菌

将食品置于 100~600MPa 的均衡压力下,进行低温短时间处理,使微生物细胞膜产生破裂而抑制或杀死微生物的技术。与热杀菌技术相比,超高压技术可以较多地保留食品原有的营养成分,较少产生异味物质,较好地保持食品特有风味、形状和活性成分。

2. 高压脉冲电场杀菌

利用强电磁场脉冲的介电阻断原理对食品微生物产生抑制作用,经高压脉冲电场处理的食品在色、香、味和营养方面与新鲜食品一致,延长了食品在常温下的保质期。

3. 磁力杀菌

采用 0.6T 的磁力强度,将食品放在 N 极与 S 极之间,经过连续摆动,不需加热便可达到较好的杀菌效果,且对食品的成分和风味影响很小。

4. 感应电子杀菌

以电为能源的线性感应电子加速器所产生的电离辐射导致微生物的 DNA 和细胞发生变化,进而钝化和杀死有害微生物,对谷物和香精等食品表面杀菌率达 100%,对产品质量和风味不产生影响。

5. 辐射杀菌

利用电磁波中的 X 射线、γ 射线和放射性同位素(如 $^{60}Co$)射线杀灭微生物的方法,原理是破坏菌体的脱氧核糖核酸(DNA),同时有杀虫、抑制植物发芽的作用。

6. 脉冲强光杀菌

这种新方法是用连续的宽带光谱短而强的脉冲,抑制食品和包装材料表面、透明饮料、固体表面和气体中的微生物,脉冲强光对多数微生物有致死作用。

7. 微波杀菌

该技术同时存在热效应及非热效应的杀菌效果,具有加热快、热效高、无污染等特点,有利于保持食品中功能成分的活性。与热杀菌相比,在相同条件下致死温度比常规加热灭菌低,加工中食品维生素 C 含量高于其他加工法。

8. 超声波灭菌

超声波对传声媒质的相互作用,蕴藏着巨大的能量,这种能量能在极短的时间内起到杀灭和破坏微生物的作用，而且能够对食品产生诸如均质、催陈、裂解大分子物质等多种作用，具有其他物理灭菌方法难以取得的最佳效果，从而提高品质，保持功能成分不受破坏。

9. 紫外线杀菌

该技术杀菌原理是用紫外线照射物质，使物体表面的微生物细胞内核蛋白分子构造发生变化而死亡。目前使用紫外线装置大多数是管壁能够通过紫外线的低压汞灯，这种技术多见于对水的处理。紫外线杀菌装置使用时间不宜过长，否则效果变差。

10. 臭氧杀菌

该技术主要是通过臭氧发生器产生臭氧，臭氧在水中不稳定，分解产生活泼的氧原子是一种强氧化剂，有很强的杀菌能力，不仅可杀死细菌，还可消灭细菌芽孢。

11. 电阻杀菌技术

利用电流通过食品时，食品中的极性分子在电极极性的高频变化下，不断旋转摩擦而产生热量，达到杀死活菌体的作用，主要用于炖牛肉类炖制食品，可实现连续化生产，能量利用率高，易于操作控制。

## 第十三节　空气净化技术的应用

目前，空气已被视为疾病传播的主要媒介之一。室内空气污染是指人所处的封闭空间之内的空气中所含的对人体健康有一定危害的物质，且其浓度超过了国家标准从而对人体健康产生危害。空气中充满了各种危害人体健康的物理、化学和微生物污染物。随着经济的发展和人民生活水平日益提高，厨房烟气问题已成为受人关注的热点，越来越多的人开始意识到厨房烟气对室内环境的不良影响，关于厨房烟气的处理与排放标准相应出台。厨房烟气主要是指厨房操作产生的热油烟气，这些烟气对人体的危害比香烟对人的危害更为严重。厨房烟气常带有一定的惯性力和浮升力，且具有强渗透性和黏性，不但会污染厨房空间，而且还可能对毗邻区域空间的室内环境造成不良影响。此外，厨房的空间较为密闭和潮湿，会导致各种微生物的滋生而造成微生物因素的污染。因此，厨房空气的净化消毒处理极其重要。

我国的空气净化技术研究始于20世纪50年代，伴随着电子、航空、精密机械、制药、食品等行业的发展及对空气洁净程度要求的不断提高，空气净化技术快速发展。食品加工间空气净化可分为人员和食品静态和动态消毒净化。食品静态消毒是在无人的情况下采用紫外线、臭氧进行净化。常用的空气净化技术有纤维过滤技术、吸附法、非平衡等离子体技术、静电除尘技术、负离子法和膜分离技术等。可以采用某一种方法，或几种方法偶联去除空气中的固体微粒、微生物和有害气体，达到净化空气的目的。

1. 纤维过滤技术

这是目前主流的净化手段，主要净化对象为空气中的颗粒物，一般采用多组分玻璃纤维制成的高效空气过滤器（HEPA）作为过滤材料，具有吸附容量大、净化效率高等特点。HEPA材料对微粒的捕捉能力较强，可有效滤除 $0.3\mu m$ 以上的可吸入颗粒物、烟雾、细菌等，过滤效率达99.97%以上，在空气净化器中得到了广泛应用。

2. 吸附法

主要是利用活性炭的物理吸附和化学吸附作用对空气进行净化，物理吸附吸附质与吸附剂的结合较弱，温度、风速升高到一定程度，所吸附的污染物就可能游离出来，造成二次污染。对室内空气中的有毒有害污染物，化学吸附更可靠。值得注意的是，活性炭吸附饱和后会失去吸附功能，需频繁更换。

3. 非平衡等离子体技术

通过高压、高频脉冲放电形成非对称等离子体电场，等离子体中包含大量的高能电子、离子、激发态粒子和具有强氧化性的自由基，这些活性粒子和有害气体分子发生频繁的碰撞，产生雪崩效应式的一系列物理、化学反应，对有毒有害气体及病毒、细菌等进行快速分解。

4. 静电除尘技术

该技术利用高压静电场形成电晕，在电晕区里自由电子和离子碰撞附到尘埃颗粒上，使颗粒带上电荷，荷电后的颗粒在电场力作用下被吸着到收集区并沉积下来，从而降低空气中的颗粒物浓度，同时能杀灭细菌等微生物。

5. 负离子法

负离子技术是利用施加高电压产生负离子，借助凝结和吸附作用，附着在固相或液相污染物微粒上，形成大粒子并沉降下来。空气中的负离子不仅能使空气格外新鲜，还可以杀菌和消除异味。

6. 膜分离技术

这种技术净化空气的机理包括分子筛分和克努森扩散。根据分子筛分机理，分子大小不同的混合物与膜接触后，大分子被截留，而小分子则通过孔道，从而实现分离。根据克努森扩散理论，气体透过膜孔的速度与其相对分子质量的平方根成反比，各组分在压力推动下透过膜的传质速率不同而实现分离。

# 第十四节 其他技术的应用

## 一、金属探测仪的应用

金属探测仪是一台综合性的食品安全分析仪器，可分析食品中的重金属铅、金属异物等的测定，能准确识别断针（金属）所在位置。金属探测仪由两部分组成，即金属探测仪与自动剔除装置，其中检测器为核心部分。系统可以利用该报警信号驱动自动剔除装置等，从而排除生产过程中的金属杂质。

金属探测仪按被检测物品输送方式可划分为：分体式金属探测仪、一体通道式、落体式、管道式、平板式。食品行业及中央厨房行业主要使用一体通道式金属探测仪，既可用于半成品的质量控制检验，也可用作成品出厂检验。检测的产品主要是已包装好的块状产品。

## 二、微波技术的应用

微波（Microwave Power）是一种电磁波，波长范围没有明确的界限，一般是指分米波、厘米波和毫米波三个波段，也就是波长从 1mm 到 1m，频率范围从 300MHz 到 300GHz，由于微波的频率很高，所以又称超高频电磁波。微波加热技术则是运用介电损耗原理将热量更直接地传递到物料内部，实现内外同时加热，因此相比于上述加热技术更易达到均匀加热的目的。食品、药品、烟叶及医疗等行业逐渐采用微波技术，并取得了良好的经济效益。微波能技术作为一种新的加工手段，在微波通信工程由于微波热效应造成能损耗。1945 年，美国就有人提出利用微波的这种热效应来对材料进行加热的想法。微波能终于被作为一种能源来加以利用，进行加热、干燥、杀虫、灭菌、医疗等。在食品工业方面家用微波炉的出现更进一步扩大了微波加热技术的应用领域，在中央厨房中已有相关应用。

微波引起的生物组织或系统受热而对生物体产生的生理影响对生物体产生热效应。生物材料由极性分子与非极性分子组成，在电磁场作用下，极性分子从随机分布状态转为依电场方向排列。而在微波作用下，这些取向运动以每秒数十亿次的频率不断变化，造成分子的剧烈运动与碰撞摩擦，从而产生热量，达到电能直接转化为介质内的热能。

微波加热表现出选择性加热的特点。物质不同，产生的热效果也不同。水分子属极性分子，介电常数较大，其介质损耗因数也很大，对微波具有强吸收能力。而蛋白质、碳水化合物等的介电常数相对较小，其对微波的吸收能力比水小得多。因此，对于食品来说，含水量的多少对微波加热效果影响很大。微波对介质材料是瞬时加热升温，能耗也很低。另一方面，微波的输出功率随时可调，介质温度可无惰性地随之改变，不存在"余热"现象，有利于自动控制和连续化生产的需要。微波加热具有加热速度快、加热均匀、选择性加热、节能高效、清洁卫生，并能保持营养成分和风味等特点。

利用微波加热原理可在中央厨房对食品简单加热、杀菌、解冻和嫩化。应用微波加热技术能在较低的湿度下灭菌杀虫，若用微波处理食品和物料，在 50~80℃时就能起到杀虫灭菌作用。微波解冻时，必须使用解冻档或中低功率档，其升温从产品材料内部开始，利用这种方法回温解冻原料具有费用低、效率高、产品无细菌滋长和占地面积小的优点。解冻时热量有足够时间传递，可防止食品的某部分在解冻，而另外部分已开始产生熟化现象。微波解冻具有热效应和生物效应，能保持解冻物料的风味，蛋白质、氨基酸、维生素等营养成分不受破坏，达到嫩化的目的。

# 附录一

APPENDIX

# 餐饮服务食品安全操作规范（2018 版）

## 餐饮服务食品安全操作规范

### 1 总则

1.1 为指导餐饮服务提供者按照食品安全法律、法规、规章、规范性文件要求，落实食品安全主体责任，规范餐饮经营行为，提升食品安全管理能力，保证餐饮食品安全，制定本规范。

1.2 本规范适用于餐饮服务提供者包括餐饮服务经营者和单位食堂等主体的餐饮服务经营活动。

1.3 鼓励和支持餐饮服务提供者采用先进的食品安全管理方法，建立餐饮服务食品安全管理体系，提高食品安全管理水平。

1.4 鼓励餐饮服务提供者明示餐食的主要原料信息、餐食的数量或重量，开展"减油、减盐、减糖"行动，为消费者提供健康营养的餐食。

1.5 鼓励餐饮服务提供者降低一次性餐饮具的使用量。

1.6 鼓励餐饮服务提供者提示消费者开展光盘行动、减少浪费。

### 2 术语与定义

**2.1 原料**

指供加工制作食品所用的一切可食用或者饮用的物质。

**2.2 半成品**

指原料经初步或部分加工制作后，尚需进一步加工制作的食品，不包括贮存的已加工制作成成品的食品。

**2.3 成品**

指已制成的可直接食用或饮用的食品。

**2.4 餐饮服务场所**

指与食品加工制作、供应直接或间接相关的区域，包括食品处理区、就餐区和辅助区。

**2.5 食品处理区**

指贮存、加工制作食品及清洗消毒保洁餐用具（包括餐饮具、容器、工具等）等的区域。根据清洁程度的不同，可分为清洁操作区、准清洁操作区、一般操作区。

**2.6　清洁操作区**

指为防止食品受到污染，清洁程度要求较高的加工制作区域，包括专间、专用操作区。

**2.7　专间**

指处理或短时间存放直接入口食品的专用加工制作间，包括冷食间、生食间、裱花间、中央厨房和集体用餐配送单位的分装或包装间等。

**2.8　专用操作区**

指处理或短时间存放直接入口食品的专用加工制作区域，包括现榨果蔬汁加工制作区、果蔬拼盘加工制作区、备餐区（指暂时放置、整理、分发成品的区域）等。

**2.9　准清洁操作区**

指清洁程度要求次于清洁操作区的加工制作区域，包括烹饪区、餐用具保洁区。

**2.10　烹饪区**

指对经过粗加工制作、切配的原料或半成品进行热加工制作的区域。

**2.11　餐用具保洁区**

指存放清洗消毒后的餐饮具和接触直接入口食品的容器、工具的区域。

**2.12　一般操作区**

指其他处理食品和餐用具的区域，包括粗加工制作区、切配区、餐用具清洗消毒区和食品库房等。

**2.13　粗加工制作区**

指对原料进行挑拣、整理、解冻、清洗、剔除不可食用部分等加工制作的区域。

**2.14　切配区**

指将粗加工制作后的原料，经过切割、称量、拼配等加工制作成为半成品的区域。

**2.15　餐用具清洗消毒区**

指清洗、消毒餐饮具和接触直接入口食品的容器、工具的区域。

**2.16　就餐区**

指供消费者就餐的区域。

**2.17　辅助区**

指办公室、更衣区、门厅、大堂休息厅、歌舞台、卫生间、非食品库房等非直接处理食品的区域。

**2.18　中心温度**

指块状食品或有容器存放的液态食品的中心部位的温度。

**2.19　冷藏**

指将原料、半成品、成品置于冰点以上较低温度下贮存的过程，冷藏环境温度的范围应在 $0 \sim 8℃$。

**2.20　冷冻**

指将原料、半成品、成品置于冰点温度以下，以保持冰冻状态贮存的过程，冷冻温度的范围宜低于 $-12℃$。

**2.21　交叉污染**

指食品、从业人员、工具、容器、设备、设施、环境之间生物性或化学性污染物的相互转移、扩散的过程。

### 2.22 分离
指通过在物品、设施、区域之间留有一定空间，而非通过设置物理阻断的方式进行隔离。

### 2.23 分隔
指通过设置物理阻断如墙壁、屏障、遮罩等方式进行隔离。

### 2.24 特定餐饮服务提供者
指学校（包括托幼机构）食堂、养老机构食堂、医疗机构食堂、中央厨房、集体用餐配送单位、连锁餐饮企业等。

### 2.25 高危易腐食品
指蛋白质或碳水化合物含量较高［通常酸碱度（pH）大于4.6且水分活度（Aw）大于0.85］，常温下容易腐败变质的食品。

### 2.26 现榨果蔬汁
指以新鲜水果、蔬菜为原料，经压榨、粉碎等方法现场加工制作的供消费者直接饮用的果蔬汁饮品，不包括采用浓浆、浓缩汁、果蔬粉调配而成的饮料。

### 2.27 现磨谷物类饮品
指以谷类、豆类等谷物为原料，经粉碎、研磨、煮制等方法现场加工制作的供消费者直接饮用的谷物饮品。

## 3 通用要求

### 3.1 场所及设施设备
3.1.1 具有与经营的食品品种、数量相适应的场所、设施、设备，且布局合理。

3.1.2 定期维护食品加工、贮存等设施、设备；定期清洗、校验保温设施及冷藏、冷冻设施。

### 3.2 原料控制
3.2.1 制定并实施食品、食品添加剂及食品相关产品控制要求，不得采购不符合食品安全标准的食品、食品添加剂及食品相关产品。

3.2.2 加工制作用水的水质符合 GB 5749《生活饮用水卫生标准》规定。

### 3.3 加工制作
3.3.1 对原料采购至成品供应的全过程实施食品安全管理，并采取有效措施，避免交叉污染。

3.3.2 从业人员具备食品安全和质量意识，加工制作行为符合食品安全法律法规要求。

## 4 建筑场所与布局

### 4.1 选址与环境
4.1.1 应选择与经营的餐食相适应的场所，保持该场所环境清洁。

4.1.2 不得选择易受到污染的区域。应距离粪坑、污水池、暴露垃圾场（站）、旱厕等污染源25m以上，并位于粉尘、有害气体、放射性物质和其他扩散性污染源的影响范围外。

4.1.3 宜选择地面干燥、有给排水条件和电力供应的区域。

## 4.2 设计与布局

4.2.1 食品处理区应设置在室内,并采取有效措施,防止食品在存放和加工制作过程中受到污染。

4.2.2 按照原料进入、原料加工制作、半成品加工制作、成品供应的流程合理布局。

4.2.3 分开设置原料通道及入口、成品通道及出口、使用后餐饮具的回收通道及入口。无法分设时,应在不同时段分别运送原料、成品、使用后的餐饮具,或者使用无污染的方式覆盖运送成品。

4.2.4 设置独立隔间、区域或设施,存放清洁工具。专用于清洗清洁工具的区域或设施,其位置不会污染食品,并有明显的区分标识。

4.2.5 食品处理区加工制作食品时,如使用燃煤或木炭等固体燃料,炉灶应为隔墙烧火的外扒灰式。

4.2.6 饲养和宰杀畜禽等动物的区域,应位于餐饮服务场所外,并与餐饮服务场所保持适当距离。

## 4.3 建筑结构

建筑结构应采用适当的耐用材料建造,坚固耐用,易于维修、清洁或消毒,地面、墙面、门窗、天花板等建筑围护结构的设置应能避免有害生物侵入和栖息。

4.3.1 天花板

4.3.1.1 天花板的涂覆或装修材料无毒、无异味、不吸水、易清洁。天花板无裂缝、无破损,无霉斑、无灰尘积聚、无有害生物隐匿。

4.3.1.2 天花板宜距离地面2.5m以上。

4.3.1.3 食品处理区天花板的涂覆或装修材料耐高温、耐腐蚀。天花板与横梁或墙壁结合处宜有一定弧度。水蒸气较多区域的天花板有适当坡度。清洁操作区、准清洁操作区及其他半成品、成品暴露区域的天花板平整。

4.3.2 墙壁

4.3.2.1 食品处理区墙壁的涂覆或铺设材料无毒、无异味、不透水。墙壁平滑、无裂缝、无破损,无霉斑、无积垢。

4.3.2.2 需经常冲洗的场所(包括粗加工制作、切配、烹饪和餐用具清洗消毒等场所,下同),应铺设1.5m以上、浅色、不吸水、易清洗的墙裙。各类专间的墙裙应铺设到墙顶。

4.3.3 门窗

4.3.3.1 食品处理区的门、窗闭合严密、无变形、无破损。与外界直接相通的门和可开启的窗,应设置易拆洗、不易生锈的防蝇纱网或空气幕。与外界直接相通的门能自动关闭。

4.3.3.2 需经常冲洗的场所及各类专间的门应坚固、不吸水、易清洗。

4.3.3.3 专间的门、窗闭合严密、无变形、无破损。专间的门能自动关闭。专间的窗户为封闭式(用于传递食品的除外)。专间内外运送食品的窗口应专用、可开闭,大小以可通过运送食品的容器为准。

4.3.4 地面

4.3.4.1 食品处理区地面的铺设材料应无毒、无异味、不透水、耐腐蚀。地面平整、无裂缝、无破损、无积水积垢。

4.3.4.2 清洁操作区不得设置明沟，地漏应能防止废弃物流入及浊气逸出。

4.3.4.3 就餐区不宜铺设地毯。如铺设地毯，应定期清洁，保持卫生。

## 5 设施设备

### 5.1 供水设施

5.1.1 食品加工制作用水的管道系统应引自生活饮用水主管道，与非饮用水（如冷却水、污水或废水等）的管道系统完全分离，不得有逆流或相互交接现象。

5.1.2 供水设施中使用的涉及饮用水卫生安全产品应符合国家相关规定。

### 5.2 排水设施

5.2.1 排水设施应通畅，便于清洁、维护。

5.2.2 需经常冲洗的场所和排水沟要有一定的排水坡度。排水沟内不得设置其他管路，侧面和底面接合处宜有一定弧度，并设有可拆卸的装置。

5.2.3 排水的流向宜由高清洁操作区流向低清洁操作区，并能防止污水逆流。

5.2.4 排水沟出口设有符合12.2.3条款要求的防止有害生物侵入的装置。

### 5.3 清洗消毒保洁设施

5.3.1 清洗、消毒、保洁设施设备应放置在专用区域，容量和数量应能满足加工制作和供餐需要。

5.3.2 食品工用具的清洗水池应与食品原料、清洁用具的清洗水池分开。采用化学消毒方法的，应设置接触直接入口食品的工用具的专用消毒水池。

5.3.3 各类水池应使用不透水材料（如不锈钢、陶瓷等）制成，不易积垢，易于清洁，并以明显标识标明其用途。

5.3.4 应设置存放消毒后餐用具的专用保洁设施，标识明显，易于清洁。

### 5.4 个人卫生设施和卫生间

5.4.1 洗手设施

5.4.1.1 食品处理区应设置足够数量的洗手设施，就餐区宜设置洗手设施。

5.4.1.2 洗手池应不透水，易清洁。

5.4.1.3 水龙头宜采用脚踏式、肘动式、感应式等非手触动式开关。宜设置热水器，提供温水。

5.4.1.4 洗手设施附近配备洗手液（皂）、消毒液、擦手纸、干手器等。从业人员专用洗手设施附近应有洗手方法标识。

5.4.1.5 洗手设施的排水设有防止逆流、有害生物侵入及臭味产生的装置。

5.4.2 卫生间

5.4.2.1 卫生间不得设置在食品处理区内。卫生间出入口不应正对食品处理区，不宜直对就餐区。卫生间与外界直接相通的门能自动关闭。

5.4.2.2 设置独立的排风装置，有照明；与外界直接相通的窗户设有易拆洗、不易生锈的防蝇纱网；墙壁、地面等的材料不吸水、不易积垢、易清洁；应设置冲水式便池，配备便刷。

5.4.2.3 应在出口附近设置洗手设施，洗手设施符合5.4.1条款要求。

5.4.2.4 排污管道与食品处理区排水管道分设，且设置有防臭气水封。排污口位于餐饮服务场所外。

5.4.3 更衣区

5.4.3.1 与食品处理区处于同一建筑物内，宜为独立隔间且位于食品处理区入口处。

5.4.3.2 设有足够大的更衣空间、足够数量的更衣设施（如更衣柜、挂钩、衣架等）。

### 5.5 照明设施

5.5.1 食品处理区应有充足的自然采光或人工照明设施，工作面的光照强度不得低于220lx，光源不得改变食品的感官颜色。其他场所的光照强度不宜低于110lx。

5.5.2 安装在暴露食品正上方的照明灯应有防护装置，避免照明灯爆裂后污染食品。

5.5.3 冷冻（藏）库应使用防爆灯。

### 5.6 通风排烟设施

5.6.1 食品处理区（冷冻库、冷藏库除外）和就餐区应保持空气流通。专间应设立独立的空调设施。应定期清洁消毒空调及通风设施。

5.6.2 产生油烟的设备上方，设置机械排风及油烟过滤装置，过滤器便于清洁、更换。

5.6.3 产生大量蒸汽的设备上方，设置机械排风排汽装置，并做好凝结水的引泄。

5.6.4 排气口设有易清洗、耐腐蚀并符合12.2.4条款要求的防止有害生物侵入的网罩。

### 5.7 库房及冷冻（藏）设施

5.7.1 根据食品贮存条件，设置相应的食品库房或存放场所，必要时设置冷冻库、冷藏库。

5.7.2 冷冻柜、冷藏柜有明显的区分标识。冷冻、冷藏柜（库）设有可正确显示内部温度的温度计，宜设置外显式温度计。

5.7.3 库房应设有通风、防潮及防止有害生物侵入的装置。

5.7.4 同一库房内贮存不同类别食品和非食品（如食品包装材料等），应分设存放区域，不同区域有明显的区分标识。

5.7.5 库房内应设置足够数量的存放架，其结构及位置能使贮存的食品和物品离墙离地，距离地面应在10cm以上，距离墙壁宜在10cm以上。

5.7.6 设有存放清洗消毒工具和洗涤剂、消毒剂等物品的独立隔间或区域。

### 5.8 加工制作设备设施

5.8.1 根据加工制作食品的需要，配备相应的设施、设备、容器、工具等。不得将加工制作食品的设施、设备、容器、工具用于与加工制作食品无关的用途。

5.8.2 设备的摆放位置，应便于操作、清洁、维护和减少交叉污染。固定安装的设备设施应安装牢固，与地面、墙壁无缝隙，或保留足够的清洁、维护空间。

5.8.3 设备、容器和工具与食品的接触面应平滑、无凹陷或裂缝，内部角落部位避免有尖角，便于清洁，防止聚积食品碎屑、污垢等。

## 6 原料（含食品添加剂和食品相关产品）管理

### 6.1 原料采购

6.1.1 选择的供货者应具有相关合法资质。

6.1.2 特定餐饮服务提供者应建立供货者评价和退出机制，对供货者的食品安全状况等进行评价，将符合食品安全管理要求的列入供货者名录，及时更换不符合要求的供货者。

鼓励其他餐饮服务提供者建立供货者评价和退出机制。

6.1.3 特定餐饮服务提供者应自行或委托第三方机构定期对供货者食品安全状况进行现场评价。

6.1.4 鼓励建立固定的供货渠道，与固定供货者签订供货协议，明确各自的食品安全责任和义务。鼓励根据每种原料的安全特性、风险高低及预期用途，确定对其供货者的管控力度。

**6.2 原料运输**

6.2.1 运输前，对运输车辆或容器进行清洁，防止食品受到污染。运输过程中，做好防尘、防水，食品与非食品、不同类型的食品原料（动物性食品、植物性食品、水产品，下同）应分隔，食品包装完整、清洁，防止食品受到污染。

6.2.2 运输食品的温度、湿度应符合相关食品安全要求。

6.2.3 不得将食品与有毒有害物品混装运输，运输食品和运输有毒有害物品的车辆不得混用。

**6.3 进货查验**

6.3.1 随货证明文件查验

6.3.1.1 从食品生产者采购食品的，查验其食品生产许可证和产品合格证明文件等；采购食品添加剂、食品相关产品的，查验其营业执照和产品合格证明文件等。

6.3.1.2 从食品销售者（商场、超市、便利店等）采购食品的，查验其食品经营许可证等；采购食品添加剂、食品相关产品的，查验其营业执照等。

6.3.1.3 从食用农产品个体生产者直接采购食用农产品的，查验其有效身份证明。

6.3.1.4 从食用农产品生产企业和农民专业合作经济组织采购食用农产品的，查验其社会信用代码和产品合格证明文件。

6.3.1.5 从集中交易市场采购食用农产品的，索取并留存市场管理部门或经营者加盖公章（或负责人签字）的购货凭证。

6.3.1.6 采购畜禽肉类的，还应查验动物产品检疫合格证明；采购猪肉的，还应查验肉品品质检验合格证明。

6.3.1.7 实行统一配送经营方式的，可由企业总部统一查验供货者的相关资质证明及产品合格证明文件，留存每笔购物或送货凭证。各门店能及时查询、获取相关证明文件复印件或凭证。

6.3.1.8 采购食品、食品添加剂、食品相关产品的，应留存每笔购物或送货凭证。

6.3.2 入库查验和记录

6.3.2.1 外观查验

6.3.2.1.1 预包装食品的包装完整、清洁、无破损，标识与内容物一致。

6.3.2.1.2 冷冻食品无解冻后再次冷冻情形。

6.3.2.1.3 具有正常的感官性状。

6.3.2.1.4 食品标签标识符合相关要求。

6.3.2.1.5 食品在保质期内。

6.3.2.2 温度查验

6.3.2.2.1 查验期间，尽可能减少食品的温度变化。冷藏食品表面温度与标签标识的温度要求不得超过+3℃,冷冻食品表面温度不宜高于-9℃。

6.3.2.2.2 无具体要求且需冷冻或冷藏的食品,其温度可参考本规范附录M的相关温度要求。

### 6.4 原料贮存

6.4.1 分区、分架、分类、离墙、离地存放食品。

6.4.2 分隔或分离贮存不同类型的食品原料。

6.4.3 在散装食品(食用农产品除外)贮存位置,应标明食品的名称、生产日期或者生产批号、使用期限等内容,宜使用密闭容器贮存。

6.4.4 按照食品安全要求贮存原料。有明确的保存条件和保质期的,应按照保存条件和保质期贮存。保存条件、保质期不明确的及开封后的,应根据食品品种、加工制作方式、包装形式等针对性的确定适宜的保存条件(需冷藏冷冻的食品原料建议可参照附录M确定保存温度)和保存期限,并应建立严格的记录制度来保证不存放和使用超期食品或原料,防止食品腐败变质。

6.4.5 及时冷冻(藏)贮存采购的冷冻(藏)食品,减少食品的温度变化。

6.4.6 冷冻贮存食品前,宜分割食品,避免使用时反复解冻、冷冻。

6.4.7 冷冻(藏)贮存食品时,不宜堆积、挤压食品。

6.4.8 遵循先进、先出、先用的原则,使用食品原料、食品添加剂、食品相关产品。及时清理腐败变质等感官性状异常、超过保质期等的食品原料、食品添加剂、食品相关产品。

## 7 加工制作

### 7.1 加工制作基本要求

7.1.1 加工制作的食品品种、数量与场所、设施、设备等条件相匹配。

7.1.2 加工制作食品过程中,应采取下列措施,避免食品受到交叉污染:

a)不同类型的食品原料、不同存在形式的食品(原料、半成品、成品,下同)分开存放,其盛放容器和加工制作工具分类管理、分开使用、定位存放;

b)接触食品的容器和工具不得直接放置在地面上或者接触不洁物;

c)食品处理区内不得从事可能污染食品的活动;

d)不得在辅助区(如卫生间、更衣区等)内加工制作食品、清洗消毒餐饮具;

e)餐饮服务场所内不得饲养和宰杀禽、畜等动物。

7.1.3 加工制作食品过程中,不得存在下列行为:

a)使用非食品原料加工制作食品;

b)在食品中添加食品添加剂以外的化学物质和其他可能危害人体健康的物质;

c)使用回收食品作为原料,再次加工制作食品;

d)使用超过保质期的食品、食品添加剂;

e)超范围、超限量使用食品添加剂;

f)使用腐败变质、油脂酸败、霉变生虫、污秽不洁、混有异物、掺假掺杂或者感官性状异常的食品、食品添加剂;

g)使用被包装材料、容器、运输工具等污染的食品、食品添加剂;

h) 使用无标签的预包装食品、食品添加剂;
i) 使用国家为防病等特殊需要明令禁止经营的食品（如织纹螺等）;
j) 在食品中添加药品（按照传统既是食品又是中药材的物质除外）;
k) 法律法规禁止的其他加工制作行为。

7.1.4 对国家法律法规明令禁止的食品及原料，应拒绝加工制作。

## 7.2 加工制作区域的使用

7.2.1 中央厨房和集体用餐配送单位的食品冷却、分装等应在专间内进行。

7.2.2 下列食品的加工制作应在专间内进行:
a) 生食类食品;
b) 裱花蛋糕;
c) 冷食类食品（7.2.3 除外）。

7.2.3 下列加工制作既可在专间也可在专用操作区内进行:
a) 备餐;
b) 现榨果蔬汁、果蔬拼盘等的加工制作;
c) 仅加工制作植物性冷食类食品（不含非发酵豆制品）;对预包装食品进行拆封、装盘、调味等简单加工制作后即供应的;调制供消费者直接食用的调味料。

7.2.4 学校（含托幼机构）食堂和养老机构食堂的备餐宜在专间内进行。

7.2.5 各专间、专用操作区应有明显的标识，标明其用途。

## 7.3 粗加工制作与切配

7.3.1 冷冻（藏）食品出库后，应及时加工制作。冷冻食品原料不宜反复解冻、冷冻。

7.3.2 宜使用冷藏解冻或冷水解冻方法进行解冻，解冻时合理防护，避免受到污染。使用微波解冻方法的，解冻后的食品原料应被立即加工制作。

7.3.3 应缩短解冻后的高危易腐食品原料在常温下的存放时间，食品原料的表面温度不宜超过8℃。

7.3.4 食品原料应洗净后使用。盛放或加工制作不同类型食品原料的工具和容器应分开使用。盛放或加工制作畜肉类原料、禽肉类原料及蛋类原料的工具和容器宜分开使用。

7.3.5 使用禽蛋前，应清洗禽蛋的外壳，必要时消毒外壳。破蛋后应单独存放在暂存容器内，确认禽蛋未变质后再合并存放。

7.3.6 应及时使用或冷冻（藏）贮存切配好的半成品。

## 7.4 成品加工制作

7.4.1 专间内加工制作

7.4.1.1 专间内温度不得高于25℃。

7.4.1.2 每餐（或每次）使用专间前，应对专间空气进行消毒。消毒方法应遵循消毒设施使用说明书要求。使用紫外线灯消毒的，应在无人加工制作时开启紫外线灯30min以上并做好记录。

7.4.1.3 由专人加工制作，非专间加工制作人员不得擅自进入专间。进入专间前，加工制作人员应更换专用的工作衣帽并佩戴口罩。加工制作人员在加工制作前应严格清洗消毒手部，加工制作过程中适时清洗消毒手部。

7.4.1.4 应使用专用的工具、容器、设备，使用前使用专用清洗消毒设施进行清洗消毒并保持清洁。

7.4.1.5 及时关闭专间的门和食品传递窗口。

7.4.1.6 蔬菜、水果、生食的海产品等食品原料应清洗处理干净后，方可传递进专间。预包装食品和一次性餐饮具应去除外层包装并保持最小包装清洁后，方可传递进专间。

7.4.1.7 在专用冷冻或冷藏设备中存放食品时，宜将食品放置在密闭容器内或使用保鲜膜等进行无污染覆盖。

7.4.1.8 加工制作生食海产品，应在专间外剔除海产品的非食用部分，并将其洗净后，方可传递进专间。加工制作时，应避免海产品可食用部分受到污染。加工制作后，应将海产品放置在密闭容器内冷藏保存，或放置在食用冰中保存并用保鲜膜分隔。放置在食用冰中保存的，加工制作后至食用前的间隔时间不得超过1h。

7.4.1.9 加工制作裱花蛋糕，裱浆和经清洗消毒的新鲜水果应当天加工制作、当天使用。蛋糕胚应存放在专用冷冻或冷藏设备中。打发好的奶油应尽快使用完毕。

7.4.1.10 加工制作好的成品宜当餐供应。

7.4.1.11 不得在专间内从事非清洁操作区的加工制作活动。

7.4.2 专用操作区内加工制作

7.4.2.1 由专人加工制作。加工制作人员应穿戴专用的工作衣帽并佩戴口罩。加工制作人员在加工制作前应严格清洗消毒手部，加工制作过程中适时清洗消毒手部。

7.4.2.2 应使用专用的工具、容器、设备，使用前进行消毒，使用后洗净并保持清洁。

7.4.2.3 在专用冷冻或冷藏设备中存放食品时，宜将食品放置在密闭容器内或使用保鲜膜等进行无污染覆盖。

7.4.2.4 加工制作的水果、蔬菜等，应清洗干净后方可使用。

7.4.2.5 加工制作好的成品应当餐供应。

7.4.2.6 现调、冲泡、分装饮品可不在专用操作区内进行。

7.4.2.7 不得在专用操作区内从事非专用操作区的加工制作活动。

7.4.3 烹饪区内加工制作

7.4.3.1 一般要求

7.4.3.1.1 烹饪食品的温度和时间应能保证食品安全。

7.4.3.1.2 需要烧熟煮透的食品，加工制作时食品的中心温度应达到70℃以上。对特殊加工制作工艺，中心温度低于70℃的食品，餐饮服务提供者应严格控制原料质量安全状态，确保经过特殊加工制作工艺制作成品的食品安全。鼓励餐饮服务提供者在售卖时按照本规范相关要求进行消费提示。

7.4.3.1.3 盛放调味料的容器应保持清洁，使用后加盖存放，宜标注预包装调味料标签上标注的生产日期、保质期等内容及开封日期。

7.4.3.1.4 宜采用有效的设备或方法，避免或减少食品在烹饪过程中产生有害物质。

7.4.3.2 油炸类食品

7.4.3.2.1 选择热稳定性好、适合油炸的食用油脂。

7.4.3.2.2 与炸油直接接触的设备、工具内表面应为耐腐蚀、耐高温的材质（如不锈钢等），易清洁、维护。

7.4.3.2.3 油炸食品前，应尽可能减少食品表面的多余水分。油炸食品时，油温不宜超过190℃。油量不足时，应及时添加新油。定期过滤在用油，去除食物残渣。鼓励使用快速检测方法定时测试在用油的酸价、极性组分等指标。定期拆卸油炸设备，进行清洁维护。

7.4.3.3　烧烤类食品

7.4.3.3.1　烧烤场所应具有良好的排烟系统。

7.4.3.3.2　烤制食品的温度和时间应能使食品被烤熟。

7.4.3.3.3　烤制食品时，应避免食品直接接触火焰或烤制温度过高，减少有害物质产生。

7.4.3.4　火锅类食品

7.4.3.4.1　不得重复使用火锅底料。

7.4.3.4.2　使用醇基燃料（如酒精等）时，应在没有明火的情况下添加燃料。使用炭火或煤气时，应通风良好，防止一氧化碳中毒。

7.4.3.5　糕点类食品

7.4.3.5.1　使用烘焙包装用纸时，应考虑颜色可能对产品的迁移，并控制有害物质的迁移量，不应使用有荧光增白剂的烘烤纸。

7.4.3.5.2　使用自制蛋液的，应冷藏保存蛋液，防止蛋液变质。

7.4.3.6　自制饮品

7.4.3.6.1　加工制作现榨果蔬汁、食用冰等的用水，应为预包装饮用水、使用符合相关规定的水净化设备或设施处理后的直饮水、煮沸冷却后的生活饮用水。

7.4.3.6.2　自制饮品所用的原料乳，宜为预包装乳制品。

7.4.3.6.3　煮沸生豆浆时，应将上涌泡沫除净，煮沸后保持沸腾状态5min以上。

**7.5　食品添加剂使用**

7.5.1　使用食品添加剂的，应在技术上确有必要，并在达到预期效果的前提下尽可能降低使用量。

7.5.2　按照GB 2760《食品安全国家标准 食品添加剂使用标准》规定的食品添加剂品种、使用范围、使用量，使用食品添加剂。不得采购、贮存、使用亚硝酸盐（包括亚硝酸钠、亚硝酸钾）。

7.5.3　专柜（位）存放食品添加剂，并标注"食品添加剂"字样。使用容器盛放拆包后的食品添加剂的，应在盛放容器上标明食品添加剂名称，并保留原包装。

7.5.4　应专册记录使用的食品添加剂名称、生产日期或批号、添加的食品品种、添加量、添加时间、操作人员等信息，GB 2760《食品安全国家标准 食品添加剂使用标准》规定按生产需要适量使用的食品添加剂除外。使用有GB 2760《食品安全国家标准 食品添加剂使用标准》"最大使用量"规定的食品添加剂，应精准称量使用。

**7.6　食品相关产品使用**

7.6.1　各类工具和容器应有明显的区分标识，可使用颜色、材料、形状、文字等方式进行区分。

7.6.2　工具、容器和设备，宜使用不锈钢材料，不宜使用木质材料。必须使用木质材料时，应避免对食品造成污染。盛放热食类食品的容器不宜使用塑料材料。

7.6.3　添加邻苯二甲酸酯类物质制成的塑料制品不得盛装、接触油脂类食品和乙醇含量高于20%的食品。

7.6.4 不得重复使用一次性用品。

**7.7 高危易腐食品冷却**

7.7.1 需要冷冻（藏）的熟制半成品或成品，应在熟制后立即冷却。

7.7.2 应在清洁操作区内进行熟制成品的冷却，并在盛放容器上标注加工制作时间等。

7.7.3 冷却时，可采用将食品切成小块、搅拌、冷水浴等措施或者使用专用速冷设备，使食品的中心温度在2h内从60℃降至21℃，再经2h或更短时间降至8℃。

**7.8 食品再加热**

7.8.1 高危易腐食品熟制后，在8~60℃条件下存放2h以上且未发生感官性状变化的，食用前应进行再加热。

7.8.2 再加热时，食品的中心温度应达到70℃以上。

**7.9 食品留样**

7.9.1 学校（含托幼机构）食堂、养老机构食堂、医疗机构食堂、中央厨房、集体用餐配送单位、建筑工地食堂（供餐人数超过100人）和餐饮服务提供者（集体聚餐人数超过100人或为重大活动供餐），每餐次的食品成品应留样。其他餐饮服务提供者宜根据供餐对象、供餐人数、食品品种、食品安全控制能力和有关规定，进行食品成品留样。

7.9.2 应将留样食品按照品种分别盛放于清洗消毒后的专用密闭容器内，在专用冷藏设备中冷藏存放48h以上。每个品种的留样量应能满足检验检测需要，且不少于125g。

7.9.3 在盛放留样食品的容器上应标注留样食品名称、留样时间（月、日、时），或者标注与留样记录相对应的标识。

7.9.4 应由专人管理留样食品、记录留样情况，记录内容包括留样食品名称、留样时间（月、日、时）、留样人员等。

# 8 供餐、用餐与配送

**8.1 供餐**

8.1.1 分派菜肴、整理造型的工具使用前应清洗消毒。

8.1.2 加工制作围边、盘花等的材料应符合食品安全要求，使用前应清洗消毒。

8.1.3 在烹饪后至食用前需要较长时间（超过2h）存放的高危易腐食品，应在高于60℃或低于8℃的条件下存放。在8~60℃条件下存放超过2h，且未发生感官性状变化的，应按本规范要求再加热后方可供餐。

8.1.4 宜按照标签标注的温度等条件，供应预包装食品。食品的温度不得超过标签标注的温度+3℃。

8.1.5 供餐过程中，应对食品采取有效防护措施，避免食品受到污染。使用传递设施（如升降笼、食梯、滑道等）的，应保持传递设施清洁。

8.1.6 供餐过程中，应使用清洁的托盘等工具，避免从业人员的手部直接接触食品（预包装食品除外）。

**8.2 用餐服务**

8.2.1 垫纸、垫布、餐具托、口布等与餐饮具直接接触的物品应一客一换。撤换下的物品，应及时清洗消毒（一次性用品除外）。

8.2.2 消费者就餐时，就餐区应避免从事引起扬尘的活动（如扫地、施工等）。

## 8.3 食品配送

### 8.3.1 一般要求

8.3.1.1 不得将食品与有毒有害物品混装配送。

8.3.1.2 应使用专用的密闭容器和车辆配送食品，容器的内部结构应便于清洁。

8.3.1.3 配送前，应清洁运输车辆的车厢和配送容器，盛放成品的容器还应经过消毒。

8.3.1.4 配送过程中，食品与非食品、不同存在形式的食品应使用容器或独立包装等分隔，盛放容器和包装应严密，防止食品受到污染。

8.3.1.5 食品的温度和配送时间应符合食品安全要求。

### 8.3.2 中央厨房的食品配送

8.3.2.1 食品应有包装或使用密闭容器盛放。容器材料应符合食品安全国家标准或有关规定。

8.3.2.2 包装或容器上应标注中央厨房的名称、地址、许可证号、联系方式，以及食品名称、加工制作时间、保存条件、保存期限、加工制作要求等。

8.3.2.3 高危易腐食品应采用冷冻（藏）方式配送。

### 8.3.3 集体用餐配送单位的食品配送

8.3.3.1 食品应使用密闭容器盛放。容器材料应符合食品安全国家标准或有关规定。

8.3.3.2 容器上应标注食用时限和食用方法。

8.3.3.3 从烧熟至食用的间隔时间（食用时限）应符合以下要求：

a）烧熟后2h，食品的中心温度保持在60℃以上（热藏）的，其食用时限为烧熟后4h；

b）烧熟后按照本规范高危易腐食品冷却要求，将食品的中心温度降至8℃并冷藏保存的，其食用时限为烧熟后24h。供餐前应按本规范要求对食品进行再加热。

### 8.3.4 餐饮外卖

8.3.4.1 送餐人员应保持个人卫生。外卖箱（包）应保持清洁，并定期消毒。

8.3.4.2 使用符合食品安全规定的容器、包装材料盛放食品，避免食品受到污染。

8.3.4.3 配送高危易腐食品应冷藏配送，并与热食类食品分开存放。

8.3.4.4 从烧熟至食用的间隔时间（食用时限）应符合以下要求：烧熟后2h，食品的中心温度保持在60℃以上（热藏）的，其食用时限为烧熟后4h。

8.3.4.5 宜在食品盛放容器或者包装上，标注食品加工制作时间和食用时限，并提醒消费者收到后尽快食用。

8.3.4.6 宜对食品盛放容器或者包装进行封签。

8.3.5 使用一次性容器、餐饮具的，应选用符合食品安全要求的材料制成的容器、餐饮具，宜采用可降解材料制成的容器、餐饮具。

## 9 检验检测

### 9.1 检验检测计划

9.1.1 中央厨房和集体用餐配送单位应制定检验检测计划，定期对大宗食品原料、加工制作环境等自行或委托具有资质的第三方机构进行检验检测。其他的特定餐饮服务提供者宜定期开展食品检验检测。

9.1.2 鼓励其他餐饮服务提供者定期进行食品检验检测。

### 9.2 检验检测项目和人员

9.2.1 可根据自身的食品安全风险分析结果，确定检验检测项目，如农药残留、兽药残留、致病性微生物、餐用具清洗消毒效果等。

9.2.2 检验检测人员应经过培训与考核。

## 10 清洗消毒

### 10.1 餐用具清洗消毒

10.1.1 餐用具使用后应及时洗净，餐饮具、盛放或接触直接入口食品的容器和工具使用前应消毒。

10.1.2 清洗消毒方法参照《推荐的餐用具清洗消毒方法》（见附录J）。宜采用蒸汽等物理方法消毒，因材料、大小等原因无法采用的除外。

10.1.3 餐用具消毒设备（如自动消毒碗柜等）应连接电源，正常运转。定期检查餐用具消毒设备或设施的运行状态。采用化学消毒的，消毒液应现用现配，并定时测量消毒液的消毒浓度。

10.1.4 从业人员佩戴手套清洗消毒餐用具的，接触消毒后的餐用具前应更换手套。手套宜用颜色区分。

10.1.5 消毒后的餐饮具、盛放或接触直接入口食品的容器和工具，应符合GB 14934《食品安全国家标准 消毒餐（饮）具》的规定。

10.1.6 宜沥干、烘干清洗消毒后的餐用具。使用抹布擦干的，抹布应专用，并经清洗消毒后方可使用。

10.1.7 不得重复使用一次性餐饮具。

### 10.2 餐用具保洁

10.2.1 消毒后的餐饮具、盛放或接触直接入口食品的容器和工具，应定位存放在专用的密闭保洁设施内，保持清洁。

10.2.2 保洁设施应正常运转，有明显的区分标识。

10.2.3 定期清洁保洁设施，防止清洗消毒后的餐用具受到污染。

### 10.3 洗涤剂消毒剂

10.3.1 使用的洗涤剂、消毒剂应分别符合GB 14930.1《食品安全国家标准 洗涤剂》和GB 14930.2《食品安全国家标准 消毒剂》等食品安全国家标准和有关规定。

10.3.2 严格按照洗涤剂、消毒剂的使用说明进行操作。

## 11 废弃物管理

### 11.1 废弃物存放容器与设施

11.1.1 食品处理区内可能产生废弃物的区域，应设置废弃物存放容器。废弃物存放容器与食品加工制作容器应有明显的区分标识。

11.1.2 废弃物存放容器应配有盖子，防止有害生物侵入、不良气味或污水溢出，防止污染食品、水源、地面、食品接触面（包括接触食品的工作台面、工具、容器、包装材料等）。废弃物存放容器的内壁光滑，易于清洁。

11.1.3 在餐饮服务场所外适宜地点，宜设置结构密闭的废弃物临时集中存放设施。

## 11.2 废弃物处置

11.2.1 餐厨废弃物应分类放置、及时清理,不得溢出存放容器。餐厨废弃物的存放容器应及时清洁,必要时进行消毒。

11.2.2 应索取并留存餐厨废弃物收运者的资质证明复印件(需加盖收运者公章或由收运者签字),并与其签订收运合同,明确各自的食品安全责任和义务。

11.2.3 应建立餐厨废弃物处置台账,详细记录餐厨废弃物的处置时间、种类、数量、收运者等信息。

# 12 有害生物防制

## 12.1 基本要求

12.1.1 有害生物防制应遵循物理防治(粘鼠板、灭蝇灯等)优先,化学防治(滞留喷洒等)有条件使用的原则,保障食品安全和人身安全。

12.1.2 餐饮服务场所的墙壁、地板无缝隙,天花板修葺完整。所有管道(供水、排水、供热、燃气、空调等)与外界或天花板连接处应封闭,所有管、线穿越而产生的孔洞,选用水泥、不锈钢隔板、钢丝封堵材料、防火泥等封堵,孔洞填充牢固,无缝隙。使用水封式地漏。

12.1.3 所有线槽、配电箱(柜)封闭良好。

12.1.4 人员、货物进出通道应设有防鼠板,门的缝隙应小于6mm。

## 12.2 设施设备的使用与维护

12.2.1 灭蝇灯

12.2.1.1 食品处理区、就餐区宜安装黏捕式灭蝇灯。使用电击式灭蝇灯的,灭蝇灯不得悬挂在食品加工制作或贮存区域的上方,防止电击后的虫害碎屑污染食品。

12.2.1.2 应根据餐饮服务场所的布局、面积及灭蝇灯使用技术要求,确定灭蝇灯的安装位置和数量。

12.2.2 鼠类诱捕设施

12.2.2.1 餐饮服务场所内应使用粘鼠板、捕鼠笼、机械式捕鼠器等装置,不得使用杀鼠剂。

12.2.2.2 餐饮服务场所外可使用抗干预型鼠饵站,鼠饵站和鼠饵必须固定安装。

12.2.3 排水管道出水口

排水管道出水口安装的笼子宜使用金属材料制成,笼子缝隙间距或网眼应小于10mm。

12.2.4 通风口

与外界直接相通的通风口、换气窗外,应加装不小于16目的防虫筛网。

12.2.5 防蝇帘及风幕机

12.2.5.1 使用防蝇胶帘的,防蝇胶帘应覆盖整个门框,底部离地距离小于2cm,相邻胶帘条的重叠部分不少于2cm。

12.2.5.2 使用风幕机的,风幕应完整覆盖出入通道。

## 12.3 防制过程要求

12.3.1 收取货物时,应检查运输工具和货物包装是否有有害生物活动迹象(如鼠粪、鼠咬痕等鼠迹,蟑尸、蟑粪、卵鞘等蟑迹),防止有害生物入侵。

12.3.2 定期检查食品库房或食品贮存区域、固定设施设备背面及其他阴暗、潮湿区域是否存在有害生物活动迹象。发现有害生物，应尽快将其杀灭，并查找和消除其来源途径。

12.3.3 防制过程中应采取有效措施，防止食品、食品接触面及包装材料等受到污染。

**12.4 卫生杀虫剂和杀鼠剂的管理**

12.4.1 卫生杀虫剂和杀鼠剂的选择

12.4.1.1 选择的卫生杀虫剂和杀鼠剂，应标签信息齐全（农药登记证、农药生产许可证、农药标准）并在有效期内。不得将不同的卫生杀虫剂制剂混配。

12.4.1.2 鼓励使用低毒或微毒的卫生杀虫剂和杀鼠剂。

12.4.2 卫生杀虫剂和杀鼠剂的使用要求

12.4.2.1 使用卫生杀虫剂和杀鼠剂的人员应经过有害生物防制专业培训。

12.4.2.2 应针对不同的作业环境，选择适宜的种类和剂型，并严格根据卫生杀虫剂和杀鼠剂的技术要求确定使用剂量和位置，设置警示标识。

12.4.3 卫生杀虫剂和杀鼠剂的存放要求

不得在食品处理区和就餐场所存放卫生杀虫剂和杀鼠剂产品。应设置单独、固定的卫生杀虫剂和杀鼠剂产品存放场所，存放场所具备防火防盗通风条件，由专人负责。

## 13 食品安全管理

**13.1 设立食品安全管理机构和配备人员**

13.1.1 餐饮服务企业应配备专职或兼职食品安全管理人员，宜设立食品安全管理机构。

13.1.2 中央厨房、集体用餐配送单位、连锁餐饮企业总部、网络餐饮服务第三方平台提供者应设立食品安全管理机构，配备专职食品安全管理人员。

13.1.3 其他特定餐饮服务提供者应配备专职食品安全管理人员，宜设立食品安全管理机构。

13.1.4 食品安全管理人员应按规定参加食品安全培训。

**13.2 食品安全管理基本内容**

13.2.1 餐饮服务企业应建立健全食品安全管理制度，明确各岗位的食品安全责任，强化过程管理。

13.2.2 根据《餐饮服务预防食物中毒注意事项》（见附录G）和经营实际，确定高风险的食品品种和加工制作环节，实施食品安全风险重点防控。特定餐饮服务提供者应制定加工操作规程，其他餐饮服务提供者宜制定加工操作规程。

13.2.3 制订从业人员健康检查、食品安全培训考核及食品安全自查等计划。

13.2.4 落实各项食品安全管理制度、加工操作规程。

13.2.5 定期开展从业人员健康检查、食品安全培训考核及食品安全自查，及时消除食品安全隐患。

13.2.6 依法处置不合格食品、食品添加剂、食品相关产品。

13.2.7 依法报告、处置食品安全事故。

13.2.8 建立健全食品安全管理档案。

13.2.9 配合市场监督管理部门开展监督检查。

13.2.10 食品安全法律、法规、规章、规范性文件和食品安全标准规定的其他要求。

### 13.3 食品安全管理制度

13.3.1 餐饮服务企业应建立从业人员健康管理制度、食品安全自查制度、食品进货查验记录制度、原料控制要求、过程控制要求、食品安全事故处置方案等。

13.3.2 宜根据自身业态、经营项目、供餐对象、供餐数量等，建立如下食品安全管理制度：

a) 食品安全管理人员制度；
b) 从业人员培训考核制度；
c) 场所及设施设备（如卫生间、空调及通风设施、制冰机等）定期清洗消毒、维护、校验制度；
d) 食品添加剂使用制度；
e) 餐厨废弃物处置制度；
f) 有害生物防制制度。

13.3.3 定期修订完善各项食品安全管理制度，及时对从业人员进行培训考核，并督促其落实。

### 13.4 食品安全自查

13.4.1 结合经营实际，全面分析经营过程中的食品安全危害因素和风险点，确定食品安全自查项目和要求，建立自查清单，制定自查计划。

13.4.2 根据食品安全法律法规和本规范，自行或者委托第三方专业机构开展食品安全自查，及时发现并消除食品安全隐患，防止发生食品安全事故。

13.4.3 食品安全自查包括制度自查、定期自查和专项自查。

13.4.3.1 制度自查

对食品安全制度的适用性，每年至少开展一次自查。在国家食品安全法律、法规、规章、规范性文件和食品安全国家标准发生变化时，及时开展制度自查和修订。

13.4.3.2 定期自查

特定餐饮服务提供者对其经营过程，应每周至少开展一次自查；其他餐饮服务提供者对其经营过程，应每月至少开展一次自查。定期自查的内容，应根据食品安全法律、法规、规章和本规范确定。

13.4.3.3 专项自查

获知食品安全风险信息后，应立即开展专项自查。专项自查的重点内容应根据食品安全风险信息确定。

13.4.3.4 对自查中发现的问题食品，应立即停止使用，存放在加贴醒目、牢固标识的专门区域，避免被误用，并采取退货、销毁等处理措施。对自查中发现的其他食品安全风险，应根据具体情况采取有效措施，防止对消费者造成伤害。

### 13.5 投诉处置

13.5.1 对消费者提出的投诉，应立即核实，妥善处理，留存记录。

13.5.2 接到消费者投诉食品感官性状异常时，应及时核实。经核实确有异常的，应及时撤换，告知备餐人员做出相应处理，并对同类食品进行检查。

13.5.3 在就餐区公布投诉举报电话。

### 13.6 食品安全事故处置

13.6.1 发生食品安全事故的，应立即采取措施，防止事故扩大。

13.6.2 发现其经营的食品属于不安全食品的，应立即停止经营，采取公告或通知的方式告知消费者停止食用、相关供货者停止生产经营。

13.6.3 发现有食品安全事故潜在风险，及发生食品安全事故的，应按规定报告。

### 13.7 公示

13.7.1 将食品经营许可证、餐饮服务食品安全等级标识、日常监督检查结果记录表等公示在就餐区醒目位置。

13.7.2 网络餐饮服务第三方平台提供者和入网餐饮服务提供者应在网上公示餐饮服务提供者的名称、地址、餐饮服务食品安全等级信息、食品经营许可证。

13.7.3 入网餐饮服务提供者应在网上公示菜品名称和主要原料名称。

13.7.4 宜在食谱上或食品盛取区、展示区，公示食品的主要原料及其来源、加工制作中添加的食品添加剂等。

13.7.5 宜采用"明厨亮灶"方式，公开加工制作过程。

### 13.8 场所清洁

13.8.1 食品处理区清洁

13.8.1.1 定期清洁食品处理区设施、设备。

13.8.1.2 保持地面无垃圾、无积水、无油渍，墙壁和门窗无污渍、无灰尘，天花板无霉斑、无灰尘。

13.8.2 就餐区清洁

13.8.2.1 定期清洁就餐区的空调、排风扇、地毯等设施或物品，保持空调、排风扇洁净，地毯无污渍。

13.8.2.2 营业期间，应开启包间等就餐场所的排风装置，包间内无异味。

13.8.3 卫生间清洁

13.8.3.1 定时清洁卫生间的设施、设备，并做好记录和展示。

13.8.3.2 保持卫生间地面、洗手池及台面无积水、无污物、无垃圾，便池内外无污物、无积垢、冲水良好，卫生纸充足。

13.8.3.3 营业期间，应开启卫生间的排风装置，卫生间内无异味。

## 14 人员要求

### 14.1 健康管理

14.1.1 从事接触直接入口食品工作（清洁操作区内的加工制作及切菜、配菜、烹饪、传菜、餐饮具清洗消毒）的从业人员（包括新参加和临时参加工作的从业人员，下同）应取得健康证明后方可上岗，并每年进行健康检查取得健康证明，必要时应进行临时健康检查。

14.1.2 食品安全管理人员应每天对从业人员上岗前的健康状况进行检查。患有发热、腹泻、咽部炎症等病症及皮肤有伤口或感染的从业人员，应主动向食品安全管理人员等报告，暂停从事接触直接入口食品的工作，必要时进行临时健康检查，待查明原因并将有碍食品安全的疾病治愈后方可重新上岗。

14.1.3 手部有伤口的从业人员，使用的创可贴宜颜色鲜明，并及时更换。佩戴一次性手套后，可从事非接触直接入口食品的工作。

14.1.4 患有霍乱、细菌性和阿米巴性痢疾、伤寒和副伤寒、病毒性肝炎（甲型、戊型）、活动性肺结核、化脓性或者渗出性皮肤病等国务院卫生行政部门规定的有碍食品安全疾病的人员，不得从事接触直接入口食品的工作。

### 14.2 培训考核

餐饮服务企业应每年对其从业人员进行一次食品安全培训考核，特定餐饮服务提供者应每半年对其从业人员进行一次食品安全培训考核。

14.2.1 培训考核内容为有关餐饮食品安全的法律法规知识、基础知识及本单位的食品安全管理制度、加工制作规程等。

14.2.2 培训可采用专题讲座、实际操作、现场演示等方式。考核可采用询问、观察实际操作、答题等方式。

14.2.3 对培训考核及时评估效果、完善内容、改进方式。

14.2.4 从业人员应在食品安全培训考核合格后方可上岗。

### 14.3 人员卫生

14.3.1 个人卫生

14.3.1.1 从业人员应保持良好的个人卫生。

14.3.1.2 从业人员不得留长指甲、涂指甲油。工作时，应穿清洁的工作服，不得披散头发，佩戴的手表、手镯、手链、手串、戒指、耳环等饰物不得外露。

14.3.1.3 食品处理区内的从业人员不宜化妆，应戴清洁的工作帽，工作帽应能将头发全部遮盖住。

14.3.1.4 进入食品处理区的非加工制作人员，应符合从业人员卫生要求。

14.3.2 口罩和手套

14.3.2.1 专间的从业人员应佩戴清洁的口罩。

14.3.2.2 专用操作区内从事下列活动的从业人员应佩戴清洁的口罩：
a）现榨果蔬汁加工制作；
b）果蔬拼盘加工制作；
c）加工制作植物性冷食类食品（不含非发酵豆制品）；
d）对预包装食品进行拆封、装盘、调味等简单加工制作后即供应的；
e）调制供消费者直接食用的调味料；
f）备餐。

14.3.2.3 专用操作区内从事其他加工制作的从业人员，宜佩戴清洁的口罩。

14.3.2.4 其他接触直接入口食品的从业人员，宜佩戴清洁的口罩。

14.3.2.5 如佩戴手套，佩戴前应对手部进行清洗消毒。手套应清洁、无破损，符合食品安全要求。手套使用过程中，应定时更换手套，出现14.4.2条款要求的重新洗手消毒的情形时，应在重新洗手消毒后更换手套。手套应存放在清洁卫生的位置，避免受到污染。

### 14.4 手部清洗消毒

14.4.1 从业人员在加工制作食品前，应洗净手部，手部清洗宜符合《餐饮服务从业人员洗手消毒方法》（见附录1）。

14.4.2 加工制作过程中，应保持手部清洁。出现下列情形时，应重新洗净手部：

a）加工制作不同存在形式的食品前；

b）清理环境卫生、接触化学物品或不洁物品（落地的食品、受到污染的工具容器和设备、餐厨废弃物、钱币、手机等）后；

c）咳嗽、打喷嚏及擤鼻涕后。

14.4.3 使用卫生间、用餐、饮水、吸烟等可能会污染手部的活动后，应重新洗净手部。

14.4.4 加工制作不同类型的食品原料前，宜重新洗净手部。

14.4.5 从事接触直接入口食品工作的从业人员，加工制作食品前应洗净手部并进行手部消毒，手部清洗消毒应符合《餐饮服务从业人员洗手消毒方法》（见附录I）。加工制作过程中，应保持手部清洁。出现下列情形时，应重新洗净手部并消毒：

a）接触非直接入口食品后；

b）触摸头发、耳朵、鼻子、面部、口腔或身体其他部位后；

c）14.4.2条款要求的应重新洗净手部的情形。

### 14.5 工作服

14.5.1 工作服宜为白色或浅色，应定点存放，定期清洗更换。从事接触直接入口食品工作的从业人员，其工作服宜每天清洗更换。

14.5.2 食品处理区内加工制作食品的从业人员使用卫生间前，应更换工作服。

14.5.3 工作服受到污染后，应及时更换。

14.5.4 待清洗的工作服不得存放在食品处理区。

14.5.5 清洁操作区与其他操作区从业人员的工作服应有明显的颜色或标识区分。

14.5.6 专间内从业人员离开专间时，应脱去专间专用工作服。

## 15 文件和记录

### 15.1 记录内容

15.1.1 根据食品安全法律、法规、规章和本规范要求，结合经营实际，如实记录有关信息。

15.1.1.1 应记录以下信息：从业人员培训考核、进货查验、原料出库、食品安全自查、食品召回、消费者投诉处置、餐厨废弃物处置、卫生间清洁等。存在食品添加剂采购与使用、检验检测等行为时，也应记录相关信息。

15.1.1.2 餐饮服务企业应如实记录采购的食品、食品添加剂、食品相关产品的名称、规格、数量、生产日期或者生产批号、保质期、进货日期以及供货者名称、地址、联系方式等内容，并保存相关记录。宜采用电子方式记录和保存相关内容。

15.1.1.3 特定餐饮服务提供者还应记录以下信息：食品留样、设施设备清洗维护校验、卫生杀虫剂和杀鼠剂的使用。

15.1.1.4 实行统一配送经营方式的，各门店也应建立并保存收货记录。

15.1.2 制定各项记录表格，表格的项目齐全，可操作。填写的表格清晰完整，由执行操作人员和内部检查人员签字。

15.1.3 各岗位负责人应督促执行操作人员按要求填写记录表格，定期检查记录内容。食品安全管理人员应每周检查所有记录表格，发现异常情况时，立即督促有关人员采取整改措施。

### 15.2 记录保存时限

15.2.1 进货查验记录和相关凭证的保存期限不得少于产品保质期满后6个月；没有明确保质期的，保存期限不得少于2年。其他各项记录保存期限宜为2年。

15.2.2 网络餐饮服务第三方平台提供者和自建网站餐饮服务提供者应如实记录网络订餐的订单信息，包括食品的名称、下单时间、送餐人员、送达时间以及收货地址，信息保存时间不得少于6个月。

### 15.3 文件管理

特定餐饮服务提供者宜制定文件管理要求，对文件进行有效管理，确保所使用的文件均为有效版本。

## 16 其他

### 16.1 燃料管理

16.1.1 尽量采购使用乙醇作为菜品（如火锅等）加热燃料。使用甲醇、丙醇等作燃料，应加入颜色进行警示，并严格管理，防止作为白酒误饮。

16.1.2 应严格选择燃料供货者。应制定火灾防控制度和应急预案，明确防火职责，定期组织检查，定期检测设备，及时更换存在安全隐患的老旧设备。宜安装有效的通风及报警设备。

16.1.3 应加强从业人员培训，使其能正确使用煤气、液化气、电等加热设备，防止漏气、漏电；安全进行燃料更换（木炭、醇基燃料等），防止烫伤。

### 16.2 消费提示

16.2.1 鼓励对特殊加工制作方式（如煎制牛排、制作白切鸡、烹制禽蛋、自行烹饪火锅或烧烤等）及外卖、外带食品等进行消费提示。

16.2.2 可采用口头或书面等方式进行消费提示。

### 16.3 健康促进

16.3.1 鼓励实行科学营养配餐，对就餐人群进行健康营养知识宣传，更新饮食观念。

16.3.2 鼓励对成品的口味（甜、咸、油、辣等）进行差异化标示。

# 附录 A
# 餐饮服务场所相关名词关系图
## （资料性附录）

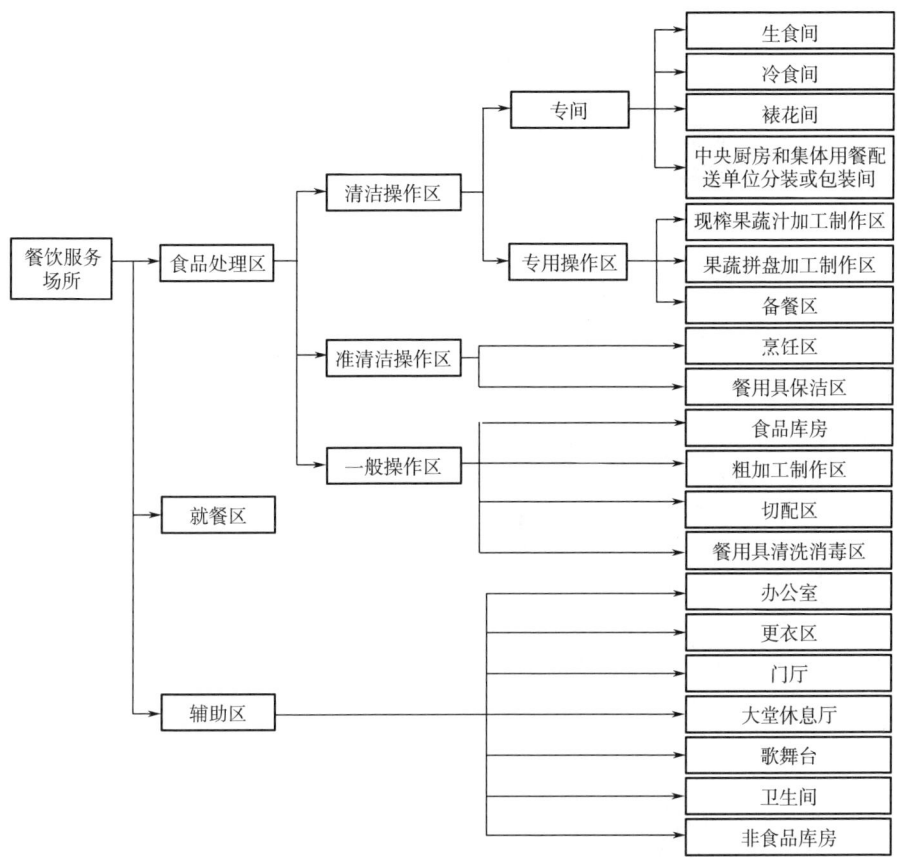

## 附录 B
## 进货查验记录表格示例
## (资料性附录)

| 序号 | 进货日期 | 产品名称 | 规格 | 数量 | 生产批号或日期 | 生产者 | 地址及联系方式（电话等） | 供货者 | 地址及联系方式（电话等） | 随货证明文件查验 ||||| 入库检查 ||| 记录人 | 备注 |
|---|---|---|---|---|---|---|---|---|---|---|---|---|---|---|---|---|---|---|
| | | | | | | | | | | 许可证（如有） | 营业执照（如有） | 购货凭证 | 该批产品检验报告 | 其他合格证明（如有） | 外观检查 | 温度检查（如需） | 自检或委检情况 | | |
| | | | | | | | | | | | | | | | | | | | |
| | | | | | | | | | | | | | | | | | | | |
| | | | | | | | | | | | | | | | | | | | |
| | | | | | | | | | | | | | | | | | | | |
| | | | | | | | | | | | | | | | | | | | |
| | | | | | | | | | | | | | | | | | | | |
| | | | | | | | | | | | | | | | | | | | |
| | | | | | | | | | | | | | | | | | | | |
| | | | | | | | | | | | | | | | | | | | |
| | | | | | | | | | | | | | | | | | | | |
| | | | | | | | | | | | | | | | | | | | |

## 附录 C
## 食品留样记录表表格示例
（资料性附录）

| 序号 | 留样食品名称 | 留样时间<br>(\*月\*日\*时\*分) | 留样量/g | 保存条件 | 留样保存至<br>(\*月\*日\*时\*分) | 订餐单位 | 送餐时间 | 留样人 |
|---|---|---|---|---|---|---|---|---|
|  |  |  |  |  |  |  |  |  |
|  |  |  |  |  |  |  |  |  |
|  |  |  |  |  |  |  |  |  |
|  |  |  |  |  |  |  |  |  |
|  |  |  |  |  |  |  |  |  |
|  |  |  |  |  |  |  |  |  |
|  |  |  |  |  |  |  |  |  |
|  |  |  |  |  |  |  |  |  |
|  |  |  |  |  |  |  |  |  |
|  |  |  |  |  |  |  |  |  |
|  |  |  |  |  |  |  |  |  |
|  |  |  |  |  |  |  |  |  |
|  |  |  |  |  |  |  |  |  |

## 附录 D
## 食品添加剂使用记录表格示例
## （资料性附录）

| 序号 | 使用日期 | 食品添加剂名称 | 生产者 | 生产日期 | 使用量/g | 功能（用途） | 制作食品名称 | 制作食品量 | 使用人 | 备注 |
|---|---|---|---|---|---|---|---|---|---|---|
| | | | | | | | | | | |
| | | | | | | | | | | |
| | | | | | | | | | | |
| | | | | | | | | | | |
| | | | | | | | | | | |
| | | | | | | | | | | |
| | | | | | | | | | | |
| | | | | | | | | | | |
| | | | | | | | | | | |
| | | | | | | | | | | |
| | | | | | | | | | | |
| | | | | | | | | | | |

# 附录 E
# 废弃物处置记录表格示例
## （资料性附录）

| 日期 | 废弃物种类 | 数量/kg | 处理时间 | 处理单位 | 处理人及联系方式 | 记录人 | 备注 |
|---|---|---|---|---|---|---|---|
| | | | | | | | |
| | | | | | | | |
| | | | | | | | |
| | | | | | | | |
| | | | | | | | |
| | | | | | | | |
| | | | | | | | |
| | | | | | | | |
| | | | | | | | |
| | | | | | | | |
| | | | | | | | |
| | | | | | | | |
| | | | | | | | |
| | | | | | | | |
| | | | | | | | |
| | | | | | | | |
| | | | | | | | |
| | | | | | | | |
| | | | | | | | |
| | | | | | | | |
| | | | | | | | |
| | | | | | | | |
| | | | | | | | |

## 附录 F
## 卫生间清洁记录表格示例
### （资料性附录）

| 日期 | 时间 | 台面 | 洗手池 | 洗手液 | 擦手纸或干手器 | 镜面 | 地面 | 便池 | 卫生纸 | 纸篓 | 门 | 窗 | 记录人 | 备注 |
|------|------|------|--------|--------|----------------|------|------|------|--------|------|----|----|--------|------|
|      |      |      |        |        |                |      |      |      |        |      |    |    |        |      |
|      |      |      |        |        |                |      |      |      |        |      |    |    |        |      |
|      |      |      |        |        |                |      |      |      |        |      |    |    |        |      |
|      |      |      |        |        |                |      |      |      |        |      |    |    |        |      |
|      |      |      |        |        |                |      |      |      |        |      |    |    |        |      |
|      |      |      |        |        |                |      |      |      |        |      |    |    |        |      |
|      |      |      |        |        |                |      |      |      |        |      |    |    |        |      |
|      |      |      |        |        |                |      |      |      |        |      |    |    |        |      |
|      |      |      |        |        |                |      |      |      |        |      |    |    |        |      |
|      |      |      |        |        |                |      |      |      |        |      |    |    |        |      |

# 附录 G
# 餐饮服务预防食物中毒注意事项
# （资料性附录）

## 一、食物中毒常见原因

**（一）细菌性食物中毒**

1. 贮存食品不当。如在 8~60℃ 条件下存放熟制的高危易腐食品 2h 以上，或在不适当温度下长时间贮存高危易腐的原料或半成品；

2. 未烧熟煮透食品。因烹饪前未彻底解冻食品、熟制时食品的体积较大或熟制时间不足等，导致加工制作时食品的中心温度未达到 70℃ 以上；

3. 未充分再加热食品。经长时间贮存的食品，在食用前未充分再加热至食品的中心温度达到 70℃ 以上；

4. 生熟交叉污染。如熟制后的食品被生的食品原料污染，或被接触过生的食品原料的表面（如操作台、容器、手等）污染；接触熟制后食品的操作台、容器、手等被生的食品原料污染；

5. 进食未彻底清洗、消毒的生食品；

6. 从业人员污染食品。从业人员患有消化道传染病或是消化道传染病的带菌者，或手部有化脓性或渗出性伤口，加工制作时由于手部接触等原因污染食品。

**（二）化学性食物中毒**

1. 在种植或养殖过程中，食用农产品受到化学性物质污染，或在食用前，食用农产品中的农药或兽药残留剂量较多；

2. 在运输、贮存、加工制作过程中，食品受到化学性物质污染。如使用盛放过有机磷农药的容器盛放食品，导致食品受到有机磷农药污染；

3. 误将化学性物质作为食品、食品添加剂食用饮用或使用。如误将甲醇燃料作为白酒饮用，误将亚硝酸盐作为食盐使用；

4. 食品中的营养素发生化学变化，产生有毒有害物质。如食用油脂酸败后，产生酸、醛、酮类及各种氧化物等；

5. 在食品中添加非食用物质，或超剂量使用食品添加剂。

**（三）真菌性食物中毒**

食品贮存不当，受到真菌污染，在适宜的条件下污染的真菌生长繁殖、产生毒素。如霉变的谷物、甘蔗等含有大量真菌毒素。

**（四）动物性食物中毒**

1. 食用天然含有有毒成分的动物或动物组织。如食用野生河鲀、未经农产品加工企业加工的河鲀，织纹螺、鱼胆、动物甲状腺；

2. 在一定条件下，可食的动物性食品产生了大量有毒成分。如组氨酸含量较高的鲐鱼等鱼类在不新鲜或发生腐败时，产生大量组胺。

## （五）植物性食物中毒

1. 食用天然含有有毒成分的植物或其制品。如食用有毒菌、鲜白果、曼陀罗果实或种子及其制品等；

2. 在一定条件下，可食的植物性食品产生了大量有毒成分，加工制作时未能彻底去除或破坏有毒成分。如马铃薯发芽后，幼芽及芽眼部分产生大量龙葵素，加工制作不当未能彻底去除龙葵素；

3. 植物中天然含有有毒成分，加工制作时未能彻底去除或破坏有毒成分。如烹饪四季豆的时间不足，未能完全破坏四季豆中的皂素等；煮制豆浆的时间不足，未能彻底去除豆浆中的胰蛋白酶抑制物。

## 二、预防食物中毒的基本方法

### （一）预防细菌性食物中毒的基本原则和措施

预防细菌性食物中毒，应按照防止食品受到病原菌污染、控制病原菌繁殖和杀灭病原菌三项基本原则，采取下列主要措施：

1. 避免污染。主要指避免熟制后的食品受到病原菌污染。如避免熟制后的食品与生的食品原料接触；从业人员经常性清洗手部，接触直接入口食品的从业人员还应在清洗手部后进行手部消毒；保持餐饮服务场所、设施、设备、加工制作台面、容器、工具等清洁；消灭鼠类、虫害等有害生物，避免其接触食品；

2. 控制温度。采取适当的温度控制措施，杀灭食品中的病原菌或控制病原菌生长繁殖。如熟制食品时，使食品的中心温度达到70℃以上；贮存熟制食品时，将食品的中心温度保持在60℃以上热藏或在8℃以下冷藏（或冷冻）；

3. 控制时间。尽量缩短食品的存放时间。如当餐加工制作食品后当餐食用完；尽快使用完食品原料、半成品；

4. 清洗和消毒。如清洗所有接触食品的物品；清洗消毒接触直接入口食品的工具、容器等物品；清洗消毒生吃的蔬菜、水果；

5. 控制加工制作量。食品加工制作量应与加工制作条件相吻合。食品加工制作量超过加工制作场所、设施、设备和从业人员的承受能力时，加工制作行为较难符合食品安全要求，易使食品受到污染，引起食物中毒。

### （二）预防常见化学性食物中毒的措施

1. 农药引起的食物中毒。使用流水反复涮洗蔬菜（油菜等叶菜类蔬菜应掰开后逐片涮洗），次数不少于3次，且先洗后切。接触农药的容器、工具等做到物品专用，有醒目的区分标识，避免与接触食品的容器、工具等混用；

2. 亚硝酸盐引起的食物中毒。禁止采购、贮存、使用亚硝酸盐（包括亚硝酸钠、亚硝酸钾），避免误作食盐使用。

### （三）预防常见真菌性食物中毒的措施

严把采购关，防止霉变食品入库；控制存放库房的温度、湿度，尽量缩短贮存时间，定期通风，防止食品在贮存过程中霉变；定期检查食品，及时清除霉变食品；加工制作前，认真检查食品的感官性状，不得加工制作霉变食品。

**（四）预防常见动物性食物中毒的措施**

1. 河鲀引起的食物中毒。禁止采购、加工制作所有品种的野生河鲀和未经农产品加工企业加工的河鲀；

2. 鲐鱼引起的食物中毒。采购新鲜的鲐鱼；在冷冻（藏）条件下贮存鲐鱼，并缩短贮存时间；加工制作前，检查鲐鱼的感官性状，不得加工制作腐败变质的鲐鱼。

**（五）预防常见植物性食物中毒的措施**

1. 有毒菌引起的食物中毒。禁止采摘、购买、加工制作不明品种的野生菌；

2. 四季豆引起的食物中毒。烹饪时先将四季豆放入开水中烫煮 10min 以上再炒，每次烹饪量不得过大，烹饪时使四季豆均匀受热；

3. 豆浆引起的食物中毒。将生豆浆加热至 80℃ 时，会有许多泡沫上涌，出现"假沸"现象。应将上涌泡沫除净，煮沸后再以文火维持煮沸 5min 以上，可彻底破坏豆浆中的胰蛋白酶抑制物；

4. 发芽马铃薯引起的食物中毒。将马铃薯贮存在低温、无阳光直射的地方，避免马铃薯生芽。

# 附录 H
# 推荐的餐饮服务场所、设施、设备及工具清洁方法
（资料性附录）

| 场所、设施、设备及工具 | 频率 | 使用物品 | 方法 |
| --- | --- | --- | --- |
| 地面 | 每天完工或有需要时 | 扫帚、拖把、刷子、清洁剂 | 1. 用扫帚扫地<br>2. 用拖把以清洁剂拖地<br>3. 用刷子刷去余下污物<br>4. 用水冲洗干净<br>5. 用干拖把拖干地面 |
| 排水沟 | 每天完工或有需要时 | 铲子、刷子、清洁剂 | 1. 用铲子铲去沟内大部分污物<br>2. 用清洁剂洗净排水沟<br>3. 用刷子刷去余下污物<br>4. 用水冲洗干净 |
| 墙壁、门窗及天花板（包括照明设施） | 每月一次或有需要时 | 抹布、刷子、清洁剂 | 1. 用干抹布去除干的污物<br>2. 用湿抹布擦抹或用水冲刷<br>3. 用清洁剂清洗<br>4. 用湿抹布抹净或用水冲洗干净<br>5. 用清洁的抹布抹干/风干 |
| 冷冻（藏）库 | 每周一次或有需要时 | 抹布、刷子、清洁剂 | 1. 清除食物残渣及污物<br>2. 用湿抹布擦抹或用水冲刷<br>3. 用清洁剂清洗<br>4. 用湿抹布抹净或用水冲洗干净<br>5. 用清洁的抹布抹干/风干 |
| 排烟设施 | 表面每周一次，内部每年2次以上 | 抹布、刷子、清洁剂 | 1. 用清洁剂清洗<br>2. 用刷子、抹布去除油污<br>3. 用湿抹布抹净或用水冲洗干净<br>4. 风干 |
| 工作台及洗涤盆 | 每次使用后 | 抹布、刷子、清洁剂、消毒剂 | 1. 清除食物残渣及污物<br>2. 用湿抹布擦抹或用水冲刷<br>3. 用清洁剂清洗<br>4. 用湿抹布抹净或用水冲洗干净<br>5. 用消毒剂消毒<br>6. 用水冲洗干净<br>7. 风干 |

续表

| 场所、设施、设备及工具 | 频率 | 使用物品 | 方法 |
|---|---|---|---|
| 餐厨废弃物存放容器 | 每天完工或有需要时 | 刷子、清洁剂、消毒剂 | 1. 清除食物残渣及污物<br>2. 用水冲刷<br>3. 用清洁剂清洗<br>4. 用水冲洗干净<br>5. 用消毒剂消毒<br>6. 风干 |
| 设备、工具 | 每次使用后 | 抹布、刷子、清洁剂、消毒剂 | 1. 清除食物残渣及污物<br>2. 用水冲刷<br>3. 用清洁剂清洗<br>4. 用水冲洗干净<br>5. 用消毒剂消毒<br>6. 用水冲洗干净<br>7. 风干 |
| 卫生间 | 定时或有需要时 | 扫帚、拖把、刷子、抹布、清洁剂、消毒剂 | 1. 清除地面、便池、洗手池及台面、废弃物存放容器等的污物、废弃物<br>2. 用刷子刷去余下污物<br>3. 用扫帚扫地<br>4. 用拖把以清洁剂拖地<br>5. 用刷子、清洁剂清洗便池、洗手池及台面、废弃物存放容器<br>6. 用消毒剂消毒便池<br>7. 用水冲洗干净地面、便池、洗手池及台面、废弃物存放容器<br>8. 用干拖把拖干地面<br>9. 用湿抹布抹净洗手池及台面、废弃物存放容器<br>10. 风干 |

# 附录 I
# 餐饮服务从业人员洗手消毒方法
# （资料性附录）

## 一、洗手程序

（一）打开水龙头，用自来水（宜为温水）将双手弄湿。

（二）双手涂上皂液或洗手液等。

（三）双手互相搓擦20s（必要时，以洁净的指甲刷清洁指甲）。工作服为长袖的应洗到腕部，工作服为短袖的应洗到肘部。

（四）用自来水冲净双手。

（五）关闭水龙头（手动式水龙头应用肘部或以清洁纸巾包裹水龙头将其关闭）。

（六）用清洁纸巾、卷轴式清洁抹手布或干手机干燥双手。

## 二、标准的清洗手部方法

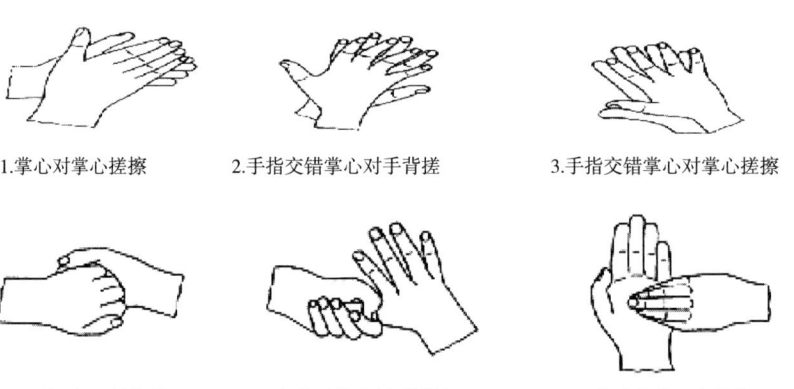

1. 掌心对掌心搓擦　　2. 手指交错掌心对手背搓　　3. 手指交错掌心对掌心搓擦

4. 两手互握互搓指背　　5. 拇指在掌中转动搓擦　　6. 指尖在掌心中搓擦

## 三、标准的消毒手部方法

消毒手部前应先洗净手部，然后参照以下方法消毒：

方法一：将洗净后的双手在消毒剂水溶液中浸泡20~30s，用自来水将双手冲净。（餐饮服务化学消毒常用消毒剂及使用注意事项见附录K）

方法二：取适量的乙醇类速干手消毒剂于掌心，按照标准的清洗手部方法充分搓擦双手20~30s，搓擦时保证手消毒剂完全覆盖双手皮肤，直至干燥。

# 附录 J
# 推荐的餐用具清洗消毒方法
# （资料性附录）

## 一、清洗方法

**（一）采用手工方法清洗的，应按以下步骤进行：**

1. 刮掉餐用具表面的食物残渣；
2. 用含洗涤剂的溶液洗净餐用具表面；
3. 用自来水冲去餐用具表面残留的洗涤剂。

**（二）采用洗碗机清洗的，按设备使用说明操作。**

## 二、消毒方法

**（一）物理消毒**

1. 采用蒸汽、煮沸消毒的，温度一般控制在100℃，并保持10min以上；
2. 采用红外线消毒的，温度一般控制在120℃以上，并保持10min以上；
3. 采用洗碗机消毒的，消毒温度、时间等应确保消毒效果满足国家相关食品安全标准要求。

**（二）化学消毒**

主要为使用各种含氯消毒剂（餐饮服务化学消毒常用消毒剂及使用注意事项见附录K）消毒，在确保消毒效果的前提下，可以采用其他消毒剂和参数。

方法之一：

使用含氯消毒剂（不包括二氧化氯消毒剂）的消毒方法：

1. 严格按照含氯消毒剂产品说明书标明的要求配制消毒液，消毒液中的有效氯浓度宜在250mg/L以上；
2. 将餐用具全部浸入配制好的消毒液中5min以上；
3. 用自来水冲去餐用具表面残留的消毒液。

方法之二：

使用二氧化氯消毒剂的消毒方法：

1. 严格按照产品说明书标明的要求配制消毒液，消毒液中的有效氯浓度宜在100~150mg/L；
2. 将餐用具全部浸入配置好的消毒液中10~20min；
3. 用自来水冲去餐用具表面残留的消毒液。

## 三、保洁方法

1. 餐用具清洗或消毒后宜沥干、烘干。使用抹布擦干的，抹布应专用，并经清洗消毒方可使用，防止餐用具受到污染；
2. 及时将消毒后的餐用具放入专用的密闭保洁设施内。

# 附录 K
# 餐饮服务化学消毒常用消毒剂及使用注意事项
## （资料性附录）

## 一、常用消毒剂及使用方法

### （一）漂白粉
主要成分为次氯酸钠，此外还含有氢氧化钙、氧化钙、氯化钙等。配制水溶液时，应先加少量水，调成糊状，再边加水边搅拌成乳液，静置沉淀，取澄清液使用。漂白粉可用于环境、操作台、设备、餐饮具等的涂擦和浸泡消毒。

### （二）次氯酸钙（漂粉精）、二氯异氰尿酸钠（优氯净）、三氯异氰尿酸
使用时，应将其充分溶解在水中。普通片剂应碾碎后，加入水中，充分搅拌溶解。泡腾片可直接加入水中溶解。使用范围同漂白粉。

### （三）次氯酸钠
使用时，应将其在水中充分混匀。使用范围同漂白粉。

### （四）二氧化氯
因配制的水溶液不稳定，应在使用前加入活化剂，且现配现用。使用范围同漂白粉。因氧化作用极强，使用时应避免其接触油脂，防止加速其氧化。

### （五）乙醇
浓度为75%的乙醇可用于操作台、设备、工具、手部等涂擦消毒。

### （六）乙醇类免洗速干手消毒剂
取适量的乙醇类速干手消毒剂于掌心，按照标准洗手方法，充分搓擦双手20~30s。

## 二、消毒液配制方法举例

以每片含有效氯0.25g的漂粉精片配制1L的有效氯浓度为250mg/L的消毒液为例：
（一）在专用容器中事先标好1L的刻度线。
（二）在专用容器中加自来水至刻度线。
（三）将1片漂粉精片碾碎后加入水中。
（四）搅拌至漂粉精片充分溶解。

## 三、化学消毒注意事项

（一）使用的消毒剂应处于保质期，并符合消毒产品相关标准，按照规定的温度等条件贮存。
（二）严格按照规定浓度进行配制。
（三）固体消毒剂应充分溶解使用。
（四）餐饮具和盛放直接入口食品的容器在消毒前，应先清洗干净，避免油垢影响消毒效果。

（五）餐饮具和盛放直接入口食品的容器消毒时应完全浸没于消毒液中，保持5min以上，或者按消毒剂产品使用说明操作。

（六）使用时，定时测量消毒液中有效消毒成分的浓度。有效消毒成分浓度低于要求时，应立即更换消毒液或适量补加消毒剂。

（七）定时更换配置好的消毒液，一般每4h更换一次。

（八）消毒后，餐饮具和盛放直接入口食品的容器表面的消毒液应冲洗干净，并沥干或烘干。

# 附录 L
# 餐饮服务业特定的生物性危害、相关食品及控制措施
## （资料性附录）

附表 1 　　　　　　　　　特定的细菌、相关食品及控制措施

| 细菌 | 相关食品 | 控制措施 |
|---|---|---|
| 蜡样芽孢杆菌（由耐热的催吐毒素引起的中毒；由不耐热的腹泻毒素引起的感染） | 肉，家禽，淀粉类食物（米饭，土豆），布丁，汤，煮熟的蔬菜 | 烹饪，冷却，保持冷藏或冷冻，保持加热 |
| 空肠弯曲杆菌 | 家禽，生牛乳 | 烹饪，洗手，防止交叉污染 |
| 肉毒杆菌 | 真空包装食品，低氧包装食品，加工过程中的罐头食品，大蒜-油混合物，烤土豆/炒洋葱的烹制时间或温度不当 | 热处理（时间+压力），冷却，保持冷藏或冷冻，保持加热，酸化和干燥等 |
| 产气荚膜梭菌 | 熟制的肉和家禽，熟制的肉和家禽制品（包括砂锅菜、肉汁） | 冷却，保持冷藏或冷冻，再加热，保持加热 |
| 大肠杆菌 O157：H7（其他产生志贺毒素的大肠杆菌） | 生的碎牛肉，生芽菜，生牛乳，未经高温消毒的果汁，被感染者通过粪口途径污染的食品 | 烹饪，不使用裸手接触即食食品，从业人员健康管理，洗手，防止交叉污染，对果汁进行巴氏灭菌或处理 |
| 单核细胞增生李斯特菌 | 生肉和家禽，新鲜的软奶酪，面团，烟熏的海鲜，熟肉，熟食沙拉 | 烹饪，标注时间，保持冷藏或冷冻，洗手，防止交叉污染 |
| 沙门氏菌属 | 肉和家禽，海鲜，鸡蛋，生芽菜，生蔬菜，生牛乳，未经高温消毒的果汁 | 烹饪，使用巴氏杀菌后的鸡蛋，从业人员健康管理，不使用裸手接触即食食品，洗手，果汁进行巴氏灭菌或处理 |
| 志贺氏菌 | 生蔬菜和草药，被感染者通过粪口途径污染的其他食品 | 烹饪，不使用裸手接触即食食品，从业人员健康管理，洗手 |
| 金黄色葡萄球菌（产生的耐热毒素） | 使用裸手接触烹制后的即食食品，且食品的存放温度或时间不当 | 冷却，保持冷藏或冷冻，保持加热，不使用裸手接触即食食品，洗手 |
| 弧菌属 | 海鲜，甲壳类动物 | 烹饪，食品来源可靠，防止交叉污染，保持冷藏或冷冻 |

附表2　　　　　　　　　　特定的寄生虫、相关食品及控制措施

| 寄生虫 | 相关食品 | 控制措施 |
| --- | --- | --- |
| 简单异尖线虫 | 各种鱼类（鳕鱼、黑线鳕、浮鱼、太平洋鲑鱼、鲱鱼、比目鱼、安康鱼） | 烹饪，冷冻 |
| 绦虫 | 牛肉，猪肉 | 烹饪 |
| 旋毛虫 | 猪肉，熊，海豹肉 | 烹饪 |

附表3　　　　　　　　　　特定的病毒、相关食品及控制措施

| 病毒 | 相关食品 | 控制措施 |
| --- | --- | --- |
| 甲肝病毒和戊肝病毒 | 贝类，被感染者通过粪口途径污染的任何食品 | 食品来源可靠，不使用裸手接触即食食品，尽量减少裸手接触非直接入口食品，从业人员健康管理，洗手 |
| 其他病毒（轮状病毒，诺如病毒，呼吸道肠道病毒） | 被感染者通过粪口途径污染的任何食品 | 不使用裸手接触即食食品，尽量减少裸手接触非直接入口食品，从业人员健康管理，洗手 |

注：本附录表格源自美国《Food Code 2017》附录4 零售业特定的生物性危害、相关食品和控制措施。

# 附录 M
# 餐饮服务业食品原料建议存储温度
# （资料性附录）

1. 蔬菜类

| 种类 | 环境温度 | 涉及产品范围 |
| --- | --- | --- |
| 根茎菜类 | 0~5℃ | 蒜薹、大蒜、长柱山药、土豆、辣根、芜菁、胡萝卜、萝卜、竹笋、芦笋、芹菜 |
| | 10~15℃ | 扁块山药、生姜、甘薯、芋头 |
| 叶菜类 | 0~3℃ | 结球生菜、直立生菜、紫叶生菜、油菜、奶白菜、菠菜（尖叶型）、茼蒿、小青葱、韭菜、甘蓝、抱子甘蓝、菊苣、乌塌菜、小白菜、芥蓝、菜心、大白菜、羽衣甘蓝、莴笋、欧芹、茭白、牛皮菜 |
| 瓜菜类 | 5~10℃ | 佛手瓜和丝瓜 |
| | 10~15℃ | 黄瓜、南瓜、冬瓜、冬西葫芦（笋瓜）、矮生西葫芦、苦瓜 |
| 茄果类 | 0~5℃ | 红熟番茄和甜玉米 |
| | 9~13℃ | 茄子、绿熟番茄、青椒 |
| 食用菌类 | 0~3℃ | 白灵菇、金针菇、平菇、香菇、双孢菇 |
| | 11~13℃ | 草菇 |
| 菜用豆类 | 0~3℃ | 甜豆、荷兰豆、豌豆 |
| | 6~12℃ | 四棱豆、扁豆、芸豆、豇豆、豆角、毛豆荚、菜豆 |

2. 水果类

| 种类 | 环境温度 | 涉及产品范围 |
| --- | --- | --- |
| 核果类 | 0~3℃ | 杨梅、枣、李、杏、樱桃、桃 |
| | 5~10℃ | 橄榄、芒果（催熟果） |
| | 13~15℃ | 芒果（生果实） |
| 仁果类 | 0~4℃ | 苹果、梨、山楂 |
| 浆果类 | 0~3℃ | 葡萄、猕猴桃、石榴、蓝莓、柿子、草莓 |
| 柑橘类 | 5~10℃ | 柚类、宽皮柑橘类、甜橙类 |
| | 12~15℃ | 柠檬 |
| 瓜类 | 0~10℃ | 西瓜、哈密瓜、甜瓜和香瓜 |
| 热带、亚热带水果 | 4~8℃ | 椰子、龙眼、荔枝 |
| | 11~16℃ | 红毛丹、菠萝（绿色果）、番荔枝、木菠萝、香蕉 |

3. 畜禽肉类

| 种类 | 环境温度 | 涉及产品范围 |
| --- | --- | --- |
| 畜禽肉（冷藏） | -1~4℃ | 猪、牛、羊和鸡、鸭、鹅等肉制品 |
| 畜禽肉（冷冻） | -12℃以下 | 猪、牛、羊和鸡、鸭、鹅等肉制品 |

4. 水产品

| 种类 | 环境温度 | 涉及产品范围 |
| --- | --- | --- |
| 水产品（冷藏） | 0~4℃ | 罐装冷藏蟹肉、鲜海水鱼 |
| 水产品（冷冻） | -15℃以下 | 冻扇贝、冻裹面包屑虾、冻虾、冻裹面包屑鱼、冻鱼、冷冻鱼糜、冷冻银鱼 |
| 水产品（冷冻） | -18℃以下 | 冻罗非鱼片、冻烤鳗、养殖红鳍东方鲀 |
| 水产品（冷冻生食） | -35℃以下 | 养殖红鳍东方鲀 |

# 附录二

## DB12/T 559—2019 天津市地方标准 冷链物流 保温容器技术要求

### 前 言

本标准按照 GB/T 1.1—2009 给出的规则起草。

本标准代替 DB12/T 559—2015《冷链物流 保温容器技术要求》；本标准与 DB12/T 559—2015《冷链物流 保温容器技术要求》相比，除编辑性修改外主要技术变化如下：

——3 术语和定义中保冷箱和保冷柜的定义合并为保冷容器；

——3.2 蓄冷器的定义中增加"未使用时处于蓄冷状态，使用时释放冷能。"

——4 规格中增加"保冷箱或保冷柜通用尺寸应匹配标准化托盘模数"要求，并把保冷箱和保冷柜的通用尺寸作为"注"列出；

——4.1 中保温容器不再限定为保冷箱和保冷柜，并去掉形状为立方体或长方体的描述；

——5.3 中增加蓄冷器应符合食品安全规定，宜采用可回收、可降解材料的内容；

——6.1 中的环境温度由"35℃"改为"20~35℃"；

——6.3.1.2 中删除"尺寸变化不应超过2%"的内容；

——6.3.4 中删除"箱（柜）体的防护等级应达到 IP53"的内容；

——7.4 和 7.5 合并，内容改为"防尘和防水采用目测方法检查，结果应符合本标准6.3.4 的要求"；

——7.6.1 中环境温度由"35℃"改为"20~35℃"，删除"偏差在±1℃内"；

——7.7 改为第八章，内容改为"持续观察日常运输所记录的保温容器温度。当温度异常时须重新检测效能，针对同批保温容器进行抽检测试，在保温容器内嵌温度传感器，持续记录容器温度。"

本标准由天津市商务局提出并归口。

本标准起草单位：天津市标准化研究院、天津交通职业学院、天津交通与物流协会、中国仓储与配送协会。

本标准主要起草人：郑广远、杨克亮、张楠、高玉斌、唐梅、申娜娜、牛晓红、李雪涛、孙彩英、李长霞。

本标准所代替标准的历次版本发布情况为：——DB12/T 559—2015。

# 冷链物流　保温容器技术要求

## 1　范围

本标准规定了低温食品运输保温容器的规格、材料、性能、测试方法和日常监测要求。本标准适用于不带供电装置的低温食品运输保温容器，其他物品可参照使用。

## 2　规范性引用文件

下列文件对于本文件的应用是必不可少的。凡是标注日期的引用文件，仅注日期的版本适用于本文件。凡是不注日期的引用文件，其最新版本（包括所有的修改单）适用于本文件。

GB/T 2934—2007 联运通用平托盘主要尺寸及公差。

## 3　术语和定义

下列术语和定义适用于本文件。

### 3.1　保温容器 cold container

适用于冷链配送使用的保持低温的容器，包括保冷柜、保冷箱等。

### 3.2　蓄冷器 cold packs

内含蓄冷剂的一种容器，可在温度较低时吸收并储存冷能，而在温度较高时放出冷能，保持自身及周围小范围内的低温环境。未使用时处于蓄冷状态，使用时释放冷能。

## 4　规格

4.1　低温食品保温容器包括保冷箱和保冷柜等，组成为容器内置蓄冷器。

4.2　保温容器尺寸应配合 GB/T 2934—2007 中的托盘尺寸设计。

4.3　保冷箱或保冷柜通用尺寸应匹配标准化托盘模数，其它尺寸可配合不同产品及其运输条件视情况而定。

注：保冷箱通用尺寸为 600mm（长）×500mm（宽）和 500mm（长）×300mm（宽）；保冷柜通用尺寸为 1200（长）mm×1000mm（宽）。

## 5　材料

5.1　箱体和柜体应采用吸水性低、透气性小、热传导率小、具有良好温度稳定性的保温材料。

5.2　保冷箱和保冷柜的外壳应使用防水防尘材质，且易清洗；隔热材料应使用吸水性低、透气性小、热传导系数小、抗腐蚀性好且符合国家环保要求的发泡材质；内胆应使用符合食品安全规定的材质。

5.3　蓄冷器应符合食品安全规定，采用安全无毒、无污染的材料，宜采用可回收、可降解的材料。

## 6 性能

### 6.1 温度稳定性

搭配蓄冷器的保温容器进行无负载测试时,在 20~35℃的环境中保持密封下,应用时间范围内容器内的平均温度差应在 ±1℃以内。

### 6.2 保温时效

6.2.1 分为一般性保温时效和依目的性区分的保温时效。

6.2.2 一般性保温时效见表 1。

表 1 一般性保温时效

| 项目 | 保冷箱（保冷柜） |
|---|---|
| 冷冻货品 | -18℃以下保温 8h |
| 冷藏货品 | 0~10℃保温 8h |

6.2.3 目的性区分的保温时效见表 2。

表 2 目的性区分的保温时效

| 项目 | | 城际运输（长途>10h） | 城市配送（中途5~10h） | 宅配快递（短途<5h） |
|---|---|---|---|---|
| 保冷箱（保冷柜） | 冷冻货品 | ≥12h | 6~12h | ≥6h |
| | 冷藏货品 | ≥12h | 6~12h | ≥6h |

注：依实际运输时效需求而订。

### 6.3 坚固性

6.3.1 抗冲击力

6.3.1.1 保冷箱（保冷柜）装入最大载重产品时,每面、边及角应能承受不低于 1m 跌落测试。

6.3.1.2 经外力冲击和跌落测试,外箱无破裂,尺寸无明显变化。

6.3.2 载重力

箱（柜）内装入最大载重产品（含蓄冷器）,从提把处将箱（柜）体悬吊 1h,应不变形。

6.3.3 耐压

箱（柜）体应能承受运输中堆码的压力,箱（柜）体上方应能承受 5kPa 的压强 1h,外箱尺寸变化不应超过 1%。

6.3.4 防尘防水

箱（柜）体应在封闭状态下,具有防尘防水功能。

### 6.4 蓄冷器性能

6.4.1 抗冲击力

蓄冷器完全冻结至其冻结点以下时,每面、边及角应能承受 2m 跌落测试,无破损；蓄冷器在非冻结时,每面、边及角应能承受 1m 跌落测试,且无漏水。

#### 6.4.2 耐压
蓄冷器承受外部压力时，外包装应无破损；解冻的蓄冷器，表面应能承重≥80kg。

#### 6.4.3 抗变形
蓄冷器冻结后外包装体积增加应小于12%，局部隆起应小于15%。

#### 6.4.4 相变温度
实际相变温度应与蓄冷器外包装标示一致，最大允许误差值为±1℃。

## 7 测试方法

### 7.1 抗冲击测试
箱（柜）体进行荷载碰撞与跌落测试，结果应符合本标准6.3.1的要求。

### 7.2 载重测试
保冷箱（柜）进行悬吊试验，结果应符合本标准6.3.2的要求。

### 7.3 耐压测试
实际荷载堆码测试，结果应符合本标准6.3.3的要求。

### 7.4 防尘和防水测试
防尘和防水采用目测方法检查，结果应符合本标准6.3.4的要求。

### 7.5 效能测试

#### 7.5.1 空箱（柜）测试
测试时应符合本标准表1、表2的参数，环境温度设定于20～35℃，保温测试操作步骤如下：

- 将测试对象（保冷箱或保冷柜）放置于产品要求的储存温度环境中，预冷至少半小时；
- 将3个温度记录仪分别放置保冷箱（柜）内的中心、上端、下端3点位置，测量点见图1、图2；
- 将预冷好的蓄冷器放置于保冷箱（柜）内；
- 盖上保冷箱箱盖（柜门）；
- 将箱（柜）体移至放有温度记录仪的测试环境空间内；
- 设定测试时间；
- 停止测试后，读取温度数据，查看环境温度和产品内温度是否符合要求。

#### 7.5.2 实体测试
测试时应符合本标准表1、表2的参数，环境温度设定于20～35℃，保温测试操作步骤如下：

将冷冻、冷藏食品或模拟物和测试对象（保冷箱或保冷柜）放置于产品要求的储存温度环境中，预冷至少半小时；

- 在产品要求的储存温度环境下将预冷的冷冻、冷藏食品或模拟物放入预冷过的测试对象（保冷箱或保冷柜）内，并放入其容量的二分之一的数量；
- 将3个温度记录仪分别放置保冷箱（柜）内的中心、上端、下端3点位置，测量点见图1、图2；
- 把预冷好的蓄冷器放置于保冷箱（柜）内；

- 盖上保冷箱箱盖（柜门）；
- 将箱（柜）体移至放有温度记录仪的测试环境空间内；
- 设定测试时间；
- 停止测试后，读取温度数据，查看环境温度和产品内温度是否符合要求。

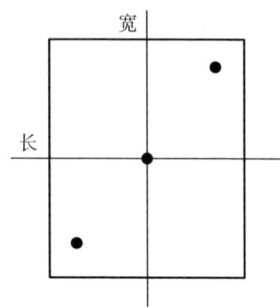

图1　保冷箱的温度测量点（俯视）

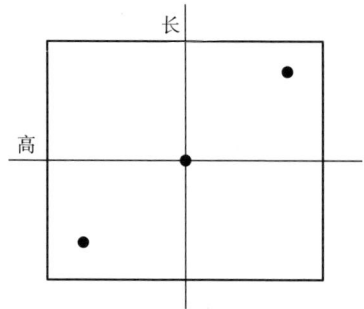

图2　保冷箱的温度测量点（侧视）

## 8　日常监测要求

持续观察日常运输所记录的保温容器温度。当温度异常时须重新检测效能，针对同批保温容器进行抽检测试，在保温容器上内嵌温度传感器，持续记录容器温度。

# 参考文献

[1] 王存山,何至伟. 中国餐饮业中央厨房与餐饮食品工业化发展研究[M]. 北京:中国农业大学出版社,2018.

[2] 肖岚,何江红. 中央厨房与快餐[M]. 成都:四川民族出版社,2017.

[3] 冯霖,屠振华,朱大洲. 中央厨房设计概论[M]. 北京:北京科学技术出版社,2016.

[4] 何江红. 中西式快餐[M],上海:上海交通大学出版社,2011.

[5] 何江红. 快餐产品设计与制作[M]. 北京:科学出版社,2010.

[6] 唐发. 成都美视国际学校营养套餐的开发与应用[C]. 四川省营养学会2003年学术会议专题报告及论文摘要汇编. 四川省:四川省营养学会,2003:56.

[7] 王红梅. 中央厨房在中式连锁餐饮企业中的运行优势及发展趋势[J]. 美食研究,2015,32(03):37-39.

[8] 刁勇. 连锁餐饮中央厨房应告别四个知识误区[N]. 中国食品报,2013-10-31(005).

[9] 陈汉友. 大型体育赛事后勤保障特征研究——以南京青奥会志愿者餐饮保障为例[J]. 体育科技文献通报,2015,23(06):120-121.

[10] 符向军. 高校餐饮管理要多些服务思维[N]. 中国质量报,2016-12-14(003).

[11] 关爱到胃. 武汉公交一线员工配餐实现全覆盖[J]. 城市公共交通,2017(12):50.

[12] 金石. 承包员工餐的经营之道[J]. 农村百事通,2010(18):18-19.

[13] 杨力,胡安胜. 部队伙食满意度调查与分析——以某部队食堂为例[J]. 南方农机,2018,49(17):171-172+183.

[14] 张思佩. 昌乐县净菜加工现状及对策[D]. 中国农业科学院,2009.

[15] 石竹青,赵梓璠. 融媒时代"中央厨房"呼唤新生力量[J]. 新媒体研究,2020,6(03):79-80.

[16] 刘维政. 餐饮企业员工关系构建:"经济人"和"社会人"互动成长机制的研究[D]. 北京:北京理工大学,2015.

[17] 冯霖,屠振华,朱大洲. 中央厨房设计概论[M]. 北京:北京科学技术出版社,2016.

[18] 甘竹林. 航空配餐体系的构建研究[D]. 集美大学,2015. 配餐体系的构建研究[D]. 厦门:集美大学,2015.

[19] 赵帅,李学工. 中央厨房冷链质量安全标准及可追溯信息技术应用[M]. 标准科学,2016(5):75~79.

[20] 颜博. 中小餐饮连锁企业物流配送研究[D]. 昆明:云南大学,2016.

[21] 王敏. "互联网+餐饮"模式下物流评价体系研究[D]. 成都:西南交通大

学，2018.

[22] 许庆生. 浅谈大众餐饮中央厨房的精细化管理 [J]. 当代经济, 2015 (02): 66-67.

[23] 刘铮铮. 我国食品行业冷链探微 [J]. 物流技术, 2006 (08): 67-68.

[24] 廖美林, 吴德洲. 如何做好食品安全管理 [J]. 食品安全导刊, 2016 (3): 46.

[25] 法书. 试析快速检测技术在食品安全检测中的应用 [J]. 中国科技投资, 2016 (30): 302.

[26] 刘海虹, 申超群, 蔡若纯, 等. 食品快速检测产品评价技术规范研究与应用 [J]. 食品安全质量检测学报, 2019, 10 (13): 4036-4042.

[27] 李汴生. 热杀菌与非热杀菌特性与方法 [J]. 粮油加工与食品机械, 2001 (07): 14-15.

[28] 丁伟华. 蔬菜真空预冷理论与试验研究 [D]. 上海: 上海海事大学, 2007.

[29] 肖九梅. 探叙气体置换包装的食品保鲜新技术 [J]. 塑料包装, 2017, 27 (01): 15-22.

[30] 李进卫. 国外食品包装的安全与保鲜技术 [J]. 肉类工业, 2015 (09): 36-42.

[31] 邓滏炎, 魏佳. 压力设备在食品行业中的应用 [J]. 科技创新导报, 2015, 12 (20): 234.

[32] 郝秦锋, 许洪高, 高彦祥. 超高压灭菌及其对食品品质的影响 [J]. 食品科学, 2009, 30 (23): 498-503.

[33] 王嵘, 王仲礼. 液氮在禽类食品速冻中的应用 [J]. 肉类工业, 2007 (06): 40-41.

[34] 徐振立, 陶乐仁, 郑志皋, 等. 西兰花液氮流态化速冻的实验研究及理论分析 [J]. 工程热物理学报, 2007 (S2): 49-51.

[35] 方卉. 食品无菌包装技术的开发与应用 [J]. 产业与科技论坛, 2015 (5): 41-42.

[36] 沈昊. 高技术企业知识管理中风险预警系统的研究 [D]. 西安: 西安工业大学企业管理, 2006.

[37] 马韶蕾. 人工智能在物联网中的应用 [J]. 科技传播, 2018, 10 (16): 5-6.

[38] 张丽芳. 浅述人工智能在智能控制领域的应用 [J]. 企业技术开发, 2014, 33 (11): 73-74.

[39] 陈必鸣. 餐厨垃圾预处理技术综述 [J]. 环境卫生工程, 2015, 23 (05): 10-12.

[40] 郭晓慧. 餐厨垃圾厌氧消化产甲烷工艺特性及其微生物学机理研究 [D]. 杭州: 浙江大学, 2014.

[41] 朱海霞, 岳燕霞. 冷杀菌技术在食品生产中的重要性探讨 [J]. 食品界, 2017 (09): 138-140.

[42] 章银良, 夏文水. 超高压对腌鱼保藏的影响 [J]. 安徽农业科学, 2007 (09): 2636-2638.

[43] 焦宇知. 冷杀菌技术在果汁饮料生产中的应用研究 [J]. 食品科技, 2006 (09): 8-11.

[44] 叶建新. 浅谈室内空气污染及空气净化技术 [J]. 广东化工, 2009, 36 (06): 124-126.

[45] 杜国付, 刘志国, 张瑞雪, 等. 某金融中心新风系统进风口污染模拟优化分析 [J]. 建筑技术开发, 2016, 43 (02): 99-102.

[46] 万雄峰, 喻李葵, 侯华波. 厨房烟气对室内空气品质的影响及其改善方法 [J]. 建筑热能通风空调, 2005 (03): 27-31.

[47] 王科瑜, 杨宏旭, 王超英, 等. 烘烤、蒸煮和微波加热技术在动物源性食品加工中的应用 [J]. 食品工业科技, 2018, 39 (13): 325-330.